Mordiendo manzanas y besando sapos

Mordiendo manzanas y besando sapos

Lecciones de las princesas para la mujer moderna

DOLY MALLET

Grijalbo

Mordiendo manzanas y besando sapos
Lecciones de las princesas para la mujer moderna

Primera edición en México en rústica: noviembre, 2010
Primera edición en México en tapa dura: noviembre, 2010
Primera edición en Estados Unidos: noviembre, 2010

www.rhmx.com.mx

Comentarios sobre la edición y el contenido de este libro a:
literaria@rhmx.com.mx

ISBN 978-607-310-220-9 (rústica)
ISBN 978-607-310-219-3 (tapa dura)
ISBN 978-030-788-191-5 (Random House Inc.)

Impreso en México / *Printed in Mexico*

Distributed by Random House Inc.

Índice

1. ¿Qué princesa eres?

"Los cuentos tienen la culpa", oí decir.

"Ellos nos han metido la imagen del vivieron felices para siempre y eso no es cierto. Bueno fuera."

"Sí, pensamos que seríamos como Cenicienta, rescatadas por un príncipe, o que, como Blanca Nieves, seríamos despertadas con un beso de amor y nos iríamos a un castillo en un corcel blanco... Y seguimos esperando."

Yo, callada, escuchaba estas conversaciones que, créeme, he oído no una, sino varias veces.

"Además las 'princesas' son unas mustias. Dizque muy recatadas y en realidad son bien aventadas, ¡se van con el primero que encuentran!"

¡Vaya! Hay un gran resentimiento contra las heroínas que todas tuvimos en la infancia. ¿Pero por qué? ¿Nos fallaron? ¿Nos mintieron? ¿O la realidad es que nosotras mismas nos engañamos y traicionamos? Y ahora les echamos la culpa a unos cuentos de nuestra infancia.

Yo, como tantas niñas, crecí "educada" por estas princesas.

No me acuerdo, pero mis papás me cuentan que la primera película que vi en cine fue *Blanca Nieves y los siete enanos*.

Dicen que me la pasé parada la hora y media sin cansarme (tenía tres años, según me informan) y que abrazaba el sillón de enfrente de los nervios de lo que iba a pasar.

Tampoco me acuerdo, pero mi mamá me comenta que, sin saber leer, ya me había aprendido de memoria el libro de *La Bella Durmiente*. Que pasaba las páginas en el momento adecuado, como si de verdad las estuviera leyendo. La emoción de mi madre era tanta, que me grabó en un casete.

Disneylandia es y sigue siendo uno de mis lugares de diversión favoritos. Y lo digo sin culpa, porque sé que el tuyo y el de muchas personas más también lo es. Nos regresa a la infancia y nos recuerda que los sueños se pueden volver realidad.

Pero según mis amigas no. Son patrañas. Así que me pregunté: ¿en verdad estas heroínas rompieron aquellos sueños con los que crecimos? Había que averiguarlo con bases teóricas.

Mientras estudiaba la carrera de Ciencias de la Comunicación y buscaba un tema para mi tesis, pensé que con éste tendría la oportunidad de llegar al fondo del asunto. ¿De dónde vienen las princesas de cuento? ¿Por qué están descritas así? ¿Qué mensaje nos quieren dar? ¿Con qué objeto?

Olvidémonos de los hermanos Grimm y Charles Perrault. La realidad es que los cuentos los conocemos gracias a las películas de Walt Disney. Él y su compañía los hicieron masivos.

Y el cine, como cualquier medio de comunicación, siempre tiene un mensaje social. Disney siempre fue muy activo en eso, en el buen sentido de la palabra, pero ahora la gente tiene rencor, porque resulta ser que el príncipe del que nos platicó, no llegó.

Mi primera tarea entonces consistía en entender qué pasaba en el momento histórico en que las películas de princesas vieron luz. ¿Qué sucedía con las mujeres que fueron a ver el estreno de *Blanca Nieves* o de *La Bella Durmiente*? ¿Cómo vivían? ¿Esas heroínas eran acordes a ellas? ¿Se identificaban?

Porque a nosotras ya nos tocó el bikini y el pelo rojo y alborotado de la Sirenita. Y nos tocó la Mulán que salva un país, y disfrazada de hombre se va a la guerra. ¿Eso hubiera sido permitido en los años treinta o cuarenta?

La primera pregunta que debemos respondernos es: ¿de dónde vienen las princesas?, ¿cuál fue su tiempo histórico?

Te juro que me apasioné con el tema. Descubrí cosas que jamás imaginé, prejuicios y tabúes que vienen desde varias décadas atrás; verdades que han ido saliendo poco a poco, y que muchos han querido ocultar.

Créeme que ahora entiendo por qué tú y yo somos así. De dónde venimos. Y por qué mi mamá es así, y por qué mi abuela era así. Finalmente somos también producto de nuestra época, y de todo el pasado que hemos cargado. Se me prendió el foco muchas veces, y otras tuve coraje y enojo, por la gente que vivió con creencias tan falsas y fue infeliz… ¡y lo sigue siendo! ¿Quieres continuar con esos mitos?

Por lo pronto una parte del tema estaba resuelto: cada princesa es resultado del momento social en que se creó. Pero había un gran "pero". Nosotras no nacimos ni vivimos en los treinta, cuarenta, cincuenta, etcétera. Y sin embargo vimos *Blanca Nieves*, *Cenicienta* y *La Bella Durmiente*. Crecimos con ellas, y nos influyeron igual. Sí, teníamos más opciones para escoger. Nos podíamos disfrazar de Jazmín enseñando el abdomen, o de Aurora con un gran vestido rosa. Nosotros escogíamos qué princesa queríamos ser, ¿no? Entonces, ¿por qué nos sentimos traicionadas?

Es cierto que después de esta investigación yo veía en mi abuela a una extraordinaria Blanca Nieves. Cocinaba espectacularmente y nos tenía siempre alrededor de la mesa. Le gustaba bailar y sí se fue con su príncipe y vivió feliz para siempre en su castillo, porque tuvo una actitud feliz ante la vida. Sin embargo siempre festejó mi libertad.

Pero entraba en *shock* cuando veía a una Blanca Nieves de mi edad. Y me sorprendía al ver que existían, como si me hubiera topado con el mismísimo Santa Claus. No, no están en peligro de extinción. Estas mujeres jóvenes, encantadas con atender al marido y su casa, que toman clases de cocina para siempre servir bien, cuentan con servicio doméstico (porque ni creas que Blanca Nieves hacía el quehacer sola) y su casa es su más grande orgullo.

Sí. Uno pensaría que ya no se encuentran Cenicientas en esta época, pero no lo niego y no lo niegues tú tampoco. Todas, y en serio TODAS, tenemos en nuestro inconsciente colectivo aquella fantasía femenina —reforzada por las comedias románticas hollywoodenses— de ir a una fiesta de noche, con un súper vestido, y que todos se nos queden viendo, y así, partiendo plaza, que el "príncipe" atraviese el salón vestido con esmoquin (para modernizar el concepto) y nos saque a bailar ante la envidia de los invitados.

Y sí, como la Bella Durmiente queremos quedarnos acostaditas y tranquilas, y que de pronto llegue el galán, toque a nuestra puerta, nos bese y nos pida matrimonio. Qué sencillo sería, ¿verdad?

Pues estas "princesas" están junto a mí, comprando un café en Starbucks, o en el súper consiguiendo los ingredientes de un pastel, o en el cine, de la mano de su príncipe. Aquí están. No son de los años treinta o cuarenta. Y me caen rebien.

También existen las Mulanes (se oye raro en plural) que ganan más que el marido y lo mantienen. También las conozco y admiro. Y las Pocahontas, que prefieren terminar una relación porque más vale estar solas que mal acompañadas. O las Bellas que aman estudiar por sobre todas las cosas, o las Arieles que se atreven a desafiar a la autoridad. Las Megaras seductoras; las Janes que se lanzan a la selva con Tarzán y las "encantadas" Giselles que han pasado por todas estas etapas.

Pero si la primera conversación que te conté fue el inicio de mi tesis, la segunda que suelo escuchar es la que me eriza los pelos y la que me hizo buscar que este libro llegara a ti: la *Guerra de princesas*. ¿Quién es mejor y por qué?

En una reunión de Blanca Nieves y Cenicientas, en la que hay varios cubiertos de plata y se toma el té en tacitas de porcelana con manteles de encaje, oigo decir:

"Esa tonta de Pocahontas dejó ir al partidazo de John Smith. Él, que era extranjero, rubio, alto, ¡conquistador! ¡Con mucho oro! Qué babosa. Perdió su oportunidad. Ha de ser terrible quedarse soltera."

O... "Mulán me da mucha pena. La pobrecita pues no es muy agraciada y su arreglo no le ayuda. Necesita un *fashion emergency* ya. Y luego es medio masculina y le interesan más las cosas de hombres... ¿no será del otro lado?"

O... "De qué le sirve a Bella tanto estudio, si rechaza a Gastón. ¿Para qué tanto éxito profesional si está sola?"

Pero también he ido a las reuniones de las Pocahontas y las Mulanes, más sencillas, sentadas entre cojines en el suelo, una pijamada en un departamento con alteros de libros sin recoger y abiertos todos. La cosa se voltea:

"Pobre Cenicienta. Ella que pensó que se había casado con el Príncipe y dicen que sólo la tiene lavando y limpiando. Pensó que la trataría como una reina y la usa como sirvienta."

O... "¡Ay, es horrible ir a la fiesta de Blanca Nieves! No tiene tema de conversación. Sólo nos plática de sus siete enanos, sus gorritos y zapatitos, ¡queeeeee flojera!"

Y... "Esta Aurora es una floja, no hace nada en todo el día. Se la pasa durmiendo y cantando. Claro, como no tiene una carrera... el Príncipe se debe aburrir mucho con alguien así. Estará muy bonita pero no tiene nada en el cerebro..."

¿Por qué? Tú dime. ¿Desde cuándo las princesas se atacan unas a otras? ¿Por qué no son del mismo equipo? ¿Por qué se comportan como enemigas en vez de como aliadas? ¿Por qué creen que un tipo de princesa es mejor que otro?

Eso, querida princesa, también tiene que ver con nuestra historia. Con el pasado que traemos cargando. Además de tu historia personal (que sólo tú sabes bien), me refiero a NUESTRA historia, la de las mujeres.

No es justo. Tantos años de lucha por nuestros derechos como para que seamos nosotras mismas las que lo echemos a perder y nos volquemos en nuestra contra.

Cada princesa tiene derecho a ser como quiere ser, y así ser feliz, sin importar lo que digan los demás. Cada princesa tiene derecho a ser escuchada y desarrollarse como mejor crea. Nadie —más que las brujas amargadas— tiene derecho a juzgar la vida, el cuento, que cada princesa ha elegido. Y creo que cada princesa es digna de admiración.

Hay un problema de inicio cuando estamos enojadas con nuestro "final antifeliz". ¿Te has preguntado quiénes somos? ¿Y qué queremos? ¿Qué quieres tú? De verdad qué quieres.

Olvídate de la opinión de Maléfica o de Úrsula, la bruja del mar. ¿Cuál es TU idea de final feliz? ¿Por qué? ¿Porque te dijeron que así debía ser? ¿O porque en verdad lo sientes?

Si eres Pocahontas, no puedes aspirar a tener el fi[illegible] de Blanca Nieves. Te traicionarías a ti misma. Por eso hay tantas Pocahontas divorciadas —y por fin contentas—, porque descubrieron que habían aspirado a un final "feliz" que no era el suyo.

Si eres Cenicienta no puedes esperar irte a la guerra con una espada a luchar. No es tu esencia.

Entonces, para saber quién eres, hay que saber de dónde vienes y, después, a dónde vas. Ésa es una de las principales cualidades de TODA princesa. Saben quiénes son y lo que quieren en la vida. Así tengan que luchar o vender su voz por un par de piernas.

Pero, como en todo cuento, se requiere de arrojo y valentía para descubrirlo, para preguntártelo.

Yo tomé la aventura que aquí te comparto. Y descubrí, ante mis muy incrédulos ojos, que tengo algo de todas las princesas. A pesar de ser hija de la posrevolución sexual tengo dentro de mí una parte de Blanca Nieves, Cenicienta y Aurora. Y a partir de entender esa parte mía he comprendido mucho mejor a estas princesas. Y las admiro más, también.

Todas somos princesas. Todas. Pero somos diferentes, con metas y sueños distintos. No por eso somos mejores o peores. Somos princesas. ¿Por qué no unirnos para alcanzar nuestro reinado?

Atrévete a escribir tu propio cuento. ¿Qué princesa eres tú?

LAS PRINCESAS SEGÚN OTRAS PRINCESAS…

"A las mujeres de Occidente les gusta buscar imágenes con las cuales definir su identidad. El problema de los arquetipos femeninos es que estas figuras en los cuentos de hadas han sido formadas por el hombre, y por lo mismo, no representan la idea de la mujer de lo femenino... Cuando la heroína se comporta de cierto modo es para proponer un modelo funcional." [Marie Louise von Franz, *The Feminine in Fairy Tales*]

"Princesa significa 'la que ocupa el primer puesto' y viene de principio y excelencia.

"Son seres solitarios. Se consideran extrañas incluso dentro de sus familias y para ellas es una ventaja. Las mujeres fuertes parecen reservadas, misteriosas... No dudan de sus deseos; sienten que tienen derecho a que se cumplan y aprovechan su potencial... Se relajan en presencia del peligro, se comportan como si ya hubieran triunfado porque no creen que puedan perder. Su mayor poder procede de liberarse de aquello que les avergonzaba y convertir el viejo temor en motivo de orgullo." [Harriet Rubin, *La princesa: Maquiavelo para mujeres*]

"Todos los mitos y cuentos de hadas continúan siendo relevantes porque hay en ellos una resonancia de verdad sobre la experiencia humana compartida. Si una mujer es completa en sí misma, estará motivada por la necesidad de seguir sus propios valores, de hacer lo que tiene sentido para ella, con independencia de lo que piensen los demás.

"... Las heroínas, siendo niñas, se vieron de alguna manera como protagonistas de un terrible drama y tomaban decisiones. Mantuvieron una percepción sobre sí mismas al margen de cómo se les trataba. Decidían cómo reaccionar en el presente y hacían planes para el futuro. La mujer no heroína, por el contrario, se acomoda a la decisión de cualquier otra persona." [Jean Shinoda Bolen, *Las diosas de cada mujer*]

2. El pasado nos condena...

Entre más investigaba sobre nuestra historia, más me impresionaba seguir viviendo y viendo situaciones que son como de principios del siglo xx. Y eso es porque o el pasado nos condena, o tenemos mala memoria.

Estoy segura de que tú también has viajado en la máquina del tiempo al oír comentarios, tabúes y mitos de personas de la época actual que se quedaron instaladas hace décadas; lo único que te puedo decir es: "Dime tu anécdota o tu creencia y te diré en qué década te estancaste". Y por ende, qué princesa la vivió.

Soy mamá, y no me pagan: principios de siglo

En una ocasión una prima se reía comentando que su hija de 10 años le dijo: "De grande quiero ser como tú, ser mamá". Mi prima, súper orgullosa, sonrió y le preguntó por qué, y su hija contestó: "Para no hacer nada".

Todas nos reímos de la anécdota porque sabemos que ser mamá es trabajo de tiempo completo. Por supuesto, las que tienen hijos comenzaron a listar las múltiples actividades que realizan, y que, claro, no se les paga.

Nuestras choznas y antepasadas de principios del siglo XX, en Europa, también tenían este tipo de conversaciones. Incluso se movilizaron para que el gobierno les pagara por ser mamás. Ahí las tienes, con el sombrero grande, la pluma, el guante, el encaje, el moño, la sombrilla para pasear y todo el numerito; pero no eran tan abnegadas como creías. Sí consiguieron esa paga. Cuando se los comenté a mis primas pusieron cara de "¿y por qué yo no tengo ese dinero?", pero les conté que el "final feliz" no lo fue tanto:

El resultado fue que le bajaron el salario a los "príncipes" (porque ya no las tenían que mantener), y por obvias razones ya no lo querían compartir. También estaban las "listas" que pensaron que la mejor chamba posible era tener hijos, aunque fueran solteras, para ganar un "dinerito" extra. Total que la idea sonaba muy bonita, pero la realidad ya no lo fue tanto (como los cuentos), y se acordó que quien tenía hijos, lo hacía por gusto y punto.

Esa carrera es "de hombres"

Me quedé fría cuando el papá de una amiga nos dijo que no le pagaría la carrera a su hija si estudiaba cosas "de hombres". La chica quería ser ingeniera industrial.

Como no me iba a poner a discutir con el señor no le conté que los primeros trabajos que hubo bien pagados para la mujer fueron precisamente de ingenieras. Ni más ni menos que en la primera Guerra Mundial, en Estados Unidos.

Adiós sombrero y corsé. Relucen las guerreras con trabajos rudos en Europa: químicas, electricistas, ingenieras en metalurgia, conductoras de tranvías, auxiliares del ejército; mujeres combatientes o empleadas en la Marina, el Ejército del Aire y el Ministerio de Guerra. ¿Creíste que Mulán era sólo de los años noventa?

Las mujeres ayudaban a los hombres que se habían ido a la guerra, se sentían útiles no solamente para su país, sino para ellas mismas. Ganaban bien. Podían ser independientes y mantenerse solas.

Claro, la sociedad las criticó. Digo, si todavía hay personas que piensan así… imagínate en esa época: que renegaban de su feminidad, que eran inmorales al usar pantalones, que se comportaban como "viudas alegres" y que tenían la culpa de la mortalidad infantil. Así lo dijo Ernest Hemingway, la guerra era "un festival de desorden femenino".

Los hombres regresaron con postestrés de la guerra; apanicados, deprimidos, con la autoestima hasta el suelo por haber matado, por haber visto morir y, quizás, por quedar heridos. Perdieron la confianza y la fe, se sentían vulnerables. Llegaron creyendo que su princesa estaba en una torre alta del castillo, con un velo, rezando por ellos. Y para su sorpresa las encontraron trabajando en sus puestos. Ha de haber sido muy fuerte. Es como si de pronto se te presentara el marido en falda y sacudiendo los muebles. Hay un *shock*. Es el primer momento en que se eliminan las barreras entre trabajo masculino y femenino.

Pero así como el papá de mi amiga, que no le pagó la carrera "de hombres", el gobierno tuvo que arreglar esa "aberrante" situación. Finaliza la guerra (el 11 de noviembre de 1918), y con ella termina el trabajo para la mujer. Hay que "regresarlas" a su casita (o sea correrlas), adonde pertenecen, para que los hombres recuperen sus puestos (y sus pantalones).

Y había que darles premios por regresar: el Día de las Madres inventado, obvio, por los estadounidenses, y una medalla de honor para las mamás que tuvieran más de cinco hijos (eso le habría gustado mucho a mi sobrinita, ser mamá y ser premiada). Urgía repoblar.

Tu imagen rebelde o todo empezó en los años veinte

Tengo una prima que piensa de forma abierta, tiene un cuerpazo, pero dice que le cuesta trabajo ponerse una falda corta, o una blusa con escote, o un vestido entallado. Su forma de pensar no se refleja tanto en su vestimenta, que es más sobria.

En los años veinte la única forma que las mujeres tenían para mostrar su pensamiento (ya que las habían corrido del trabajo y regresado a sus casas) era a través de su ropa. Eso lo sabía muy bien Coco Chanel, quien impuso un imperio en la moda, rebelándose de su condición.

Se cortaron el pelo a la Louise Brooks (era como Katie Holmes), para expresar su forma masculina de pensar; usaron las primeras faldas cortas a la rodilla, los vestidos muy sueltos (que disfrazaban su feminidad) y pantalones por gusto y comodidad. Era una rebeldía.

La moda antes la dictaban los hombres, a partir de ahora se volvió una elección de la mujer. Las quitaron de los trabajos, pero se rebelaron de otra forma. Como la hija de aquel señor "anticarreras de hombre": se alejó de la ingeniería, se casó para "hacer cosas de mujer" y, finalmente, se divorció.

Mitos de los años veinte

- Si te cortas el pelo y te rasuras la nuca (estilo bob) te sale dermatitis.
- Si fumas, tomas o trabajas, tu alma femenina se funde con la masculina, y corres el riesgo de convertirte en asexuada o lesbiana. Por supuesto te quedas soltera.
- La predestinación biológica convierte la maternidad en obligación.

Los años veinte según...

El Ministerio Interior de Alemania (1917):
"Cuando hoy en día se observa a las mujeres que trabajan en las tareas más duras, es necesario mirar atentamente para saber si lo que se tiene enfrente es mujer u hombre."

Un sexólogo de la época:
"Las mujeres que viven solas, en especial las que no hacen esfuerzo por encontrar un marido, tienen dispareunia (el término técnico de frigidez). Son obstinadas y eso cancela su antigua sumisión. Se niegan a ser felices porque niegan que el hombre las ha salvado, que le deben prácticamente todo."
[Weith Knudsen]

La revista *Harper's* (1929), artículo "La mujer profesional":
"En la calle ya no reconocerás a las típicas solteronas; en cambio encontrarás a una nueva mujer alerta, inteligente, muy bien vestida, con un espíritu en alto."

Una mujer actual:
"La sexología de los años veinte se basó en los términos de la frigidez y el lesbianismo, para lo que los "doctores" encontraban pruebas "científicas". Lo único que nos comprobaron es que la libertad femenina era demasiado aterradora para ellos, tan impensable, que había que tratarla como una enfermedad." [Betsy Israel, *Bachelor Girl*]

A pesar de ese panorama prejuicioso, esta época tuvo muchos beneficios y cambios en la sociedad, por ellos puedes decir:

¡Benditos años!

A partir de principios de siglo puedes:

- ¡Fumar! Antes de 1908, el gobierno penalizaba a una mujer si encendía un cigarrillo. ¿Y te quejabas de la ley antitabaco?
- Obligar por ley a que el padre de tu hijo lo mantenga, fuera o dentro del matrimonio (Francia, 1912).
- ¡Puedes estudiar ingeniería! (Francia, 1914), asistir a La Sorbona y a Oxford, y terminar una carrera (10 mil mujeres se graduaron en 1921).

Años veinte

- Tener radio, usar reloj de pulsera, tener cocina de gas y plancha eléctrica.
- Afiliarte a un sindicato, conservar tu nacionalidad en caso de matrimonio con un extranjero, firmar contratos, abrir cuentas en el banco, y pedir pasaporte sin la autorización del marido.

- Votar por tu partido político de preferencia. (En esa época sólo en Europa Septentrional y América del Norte.)
- Ser una mujer ministro (1924).
- Solicitar el divorcio por adulterio masculino (1923).
- Usar tampones (inventados por las enfermeras en la guerra).
- Llevar a tus hijos a guarderías.

Prohibido trabajar o los controladores años treinta

Ahora que estamos en crisis, lo que se espera de la mujer es que se ponga las pilas y trabaje igual que el marido para ayudar con los gastos de la casa. Dos salarios siempre son mejores que uno. Tengo una amiga que vive con su esposo y su bebé en un departamento súper padre, con muchas comodidades; gracias a que los dos son trabajadores de tiempo completo y le echan muchísimas ganas.

De hecho, todavía hay eternas discusiones sobre si ella debe renunciar o no; si las mamás deben trabajar o no, si es bueno o es malo, etcétera. Digamos que en la actualidad hay dilemas que ya cada mujer resolverá como mejor le convenga. Pero en los años treinta no lo podían ni pensar, estaba prohibido… Y eso que había crisis.

La Gran Depresión llegó (no a las mujeres sino al mundo, y, bueno, por ende a ellas también), pero no les permitían trabajar ni ayudar al marido. Estaba mal visto: significaba quitarle el puesto a un hombre que "de verdad" lo necesitara. Aunque sigo sin entender a qué hombre se le antojaría sentarse, cruzar las piernas y tomar dictado en taquigrafía, pero bueno…

Si te contrataban era para pagarte una miseria, con el pretexto de que no eras fuerte y no aguantabas. Si eras soltera, era mejor que te consiguieras un marido. Y si eras casada, había una ley desde 1932 que te prohibía trabajar. Si ya te mantenían, ¿para qué pues?

Lo importante: que te casaras lo más pronto, repoblaras rápidamente, y fueras perfecta ama de casa y madre. O sea, fingir demencia ante los problemas económicos de la crisis. Y los hombres, a trabajar el doble. Sonaba cómodo, pero era angustiante. Ahora conozco mujeres que ganan más que el marido. En esa época se habrían tenido que conformar.

Lo bueno habrá sido que si no tenías trabajo no se te cuestionaba, sino hasta te felicitaban... Y jamás hubieras sido juzgada como una chica "mientras me caso".

Los mitos de los años treinta

- La universidad es una fábrica de solteronas.
- Ninguna mujer es lo suficientemente independiente para vivir sola. O terminan casadas, o en una esquina bajo un farol.
- El trabajo de la mujer es el origen de todos los males: el descenso de la tasa de natalidad, la mortalidad infantil, la separación de las familias y el abandono del padre.
- Las abogadas no son dignas de ser juezas.

Los años treinta según...

Un sexólogo:
"La mujer frustrada que no ha logrado casarse a los 25 años puede aún quitarse su frigidez: debe casarse y tener 10 hijos." [Walter Heape, 1928]

Una escritora:
"La sociedad está construida por un hombre y una mujer en pareja, casados. La soltera que tiene como pareja a su trabajo, no entra. La realidad es que el mundo no aprueba a una mujer que va sola por la vida." [Margaret Culkin Banning, 1929]

Un profesor:
"Si se me preguntara cuál es la mayor revolución a la que hemos asistido desde la guerra, respondería que es la invasión de las mujeres a la universidad; de tal suerte que uno se pregunta con inquietud si después de haber sido nuestras amantes no irán a convertirse en nuestros amos." [Gustave Cohen, Facultad de Letras de París, 1930]

3. Blanca Nieves: salvada por un pastel de piña

Si me dejan vivir en su casa, les serviré de mucho: sé lavar, coser, barrer y cocinar.

Blanca Nieves, 1937

Blanca Nieves es el resultado del modelo ideal de la mujer de los treinta: la que es bella, hacendosa y ordenada, la que no piensa en trabajar más que para el hogar, la que tiene como mayor sueño casarse con quien la mantenga para poderse dedicar a su familia.

Pero es también la que empieza a ser líder, la que sabe que la necesitan, lo que vale, y la que consigue sutilmente lo que quiere.

La belleza es un arma de doble filo

"Aunque cubierta de harapos, nada sobrepasa su belleza."

¡Órale! Todas quisiéramos que así nos describieran. Y que el Espejo Mágico (o sea la percepción de nosotras mismas, reflejada en la sociedad), y los enanos, los cazadores y los príncipes confirmen que somos las más bellas del reino.

Suena bien, pero también acarrea envidias. Imagínate tener a la ex reina de belleza tratando de matarte... La verdad, nunca me pasó. Eso de ir parando el tráfico por la vida no es mi área, soy normalita. La ventaja es que nadie me quiere matar, la desventaja es que si solicito asilo en una cabaña con enanos, no tengo la entrada segura. Y si me muero, es muy poco probable que me dejen varios meses en una caja de cristal para que me vean.

Aunque sí conozco a esas mujeres envidiadas y admiradas a la vez, que atraen príncipes, y por otro lado, hechizos en contra suya. Pero las verdaderas Blanca Nieves son muy sencillas. No se basan en su físico. Saben que son así, lo valoran, lo gozan, pero no le dan demasiada importancia. No por eso son mejores. La Reina creía que sí y ése fue su error. Pero es que los treinta (la década, no la edad) era un momento en el que el valor de la belleza se recalcaba.

Me acuerdo que me traumé con *El mago de Oz*, que es básicamente de la misma época (1939), cuando Glinda, la bruja buena del norte, le explica a Dorothy que sólo las brujas feas son malas (y por lo tanto las bonitas son buenas). ¡Qué tal! ¡Qué mensajes más macabros de aquellos tiempos!

El valor de la belleza: ¿la culpa la tiene Blanca Nieves? No. Ella no es quien le pone atención a eso... Más bien la lección es que por más "reina" que estés, te conviertes en bruja por vanidosa y envidiosa.

El secreto para obtener lo que quieres

Leí *El secreto* muchos años después de haber visto *Blanca Nieves* por primera vez, pero ahora me doy cuenta de que

Disney conocía la formulita, y a sus princesas les funcionaba de maravilla: Blanca Nieves cantaba, pedía lo que quería con lista de características, visualizaba, daba por hecho que lo tendría, y así era.

Vamos al grano. Ella lo que quería en la vida era casarse. Y no nada más así, sino con un príncipe, con castillo y toda la cosa. Tiene clara su meta, lo cual es muy bueno.

Así que si tu objetivo es el mismo, pon mucha atención a las palabritas mágicas que hay que decir (o cantar, porque supongo que ese punto es importante, ya que todas lo hacen) para que llegue el susodicho:

> Deseo que un *gentil galán* me entregue su amor.
> Quisiera oírle cantar su *intensa pasión*.
> Deseo que no tarde más, que venga mi bien.

¡Ándale pues!, Blanca Nieves no se anda con rodeos: quiere "intensa pasión". Está bien, no es hipócrita, es directa a la hora de pedir, y ¿qué crees? El Príncipe aparece al instante ofreciéndole serenata (cantando su intensa pasión).

Pero las cosas se complican porque la chica debe huir de la Reina y le pierde la pista al galán, así que en otra escena ella insiste:

> Un día encantador, mi príncipe vendrá
> y dichosa en sus brazos iré
> a un *castillo* hechizado de amor.
> Un día volverá, rendido de pasión [insiste en la pasión]
> y por fin mi sueño se realizará,
> lo siento en mi corazón.

Tú te preguntarás... ¿y por qué a ella se le cumplía tan fácil, si tú lo has pedido frente a la foto de él, frente a tu espejo, frente a un *collage*? ¿Ya cantaste?... ¿frente a un pozo?

Los placeres del hogar

Blanca Nieves es la esposa ideal de los treinta (y yo creo que de ahorita también): Blanca Nieves quiere intensa pasión y encuentra que "es un gozo el trabajar, es un placer cualquier quehacer", pues así canta mientras limpia la cabaña de los enanitos. ¡Bueno! Pues con razón el Príncipe se le apareció luego luego.

Imagínate decir: "Es que siento un gran gozo al agarrar la escoba. De verdad es un placer cuando lavo los trastes, ¡el trapeador es lo máximo!", y para rematar: "¡Oh, qué emocionante es sacudir..."

Yo barro y no me sale basura, no porque no esté sucio, sino porque no sé usar la escoba. Agradezco enormemente al inventor de la aspiradora y otros medios más sencillos para gente inútil como yo. Uno lo hace porque pues quiere que su casa esté limpia; pero así como sentir "gozo y placer", pues no sé tú, pero yo no lo comparto.

Y Blanca Nieves me va a perdonar, pero tampoco comparto su percepción de la limpieza. Cuando llega a la cabaña de los enanitos y no están, ella les dice a los animalitos del bosque: "Por lo que veo en esta mesa, aquí viven siete niñitos muy desordenados. La escoba debería usarla la mamá, ¿no creen?"

A ver, a ver. Déjenme ver si entendí: ¿la limpieza es un deber de la mamá? Es decir, ¿los "niñitos" no tienen ninguna obligación de alzar? Suerte con tus hijos, Blanca.

"¿Y si no tienen mamá? ¡Pobrecitos, son huerfanitos!"

O sea: si una casa está desordenada, es porque no hay mujer en ella. El valor principal de los años treinta: La mujer DEBE estar en la casa, alzando y recogiendo todo.

"¿Y si limpiamos todo y les damos una sorpresa? Tal vez así dejen que me quede."

La belleza nunca es suficiente. Obtendrás asilo solamente si además de ser bella sabes limpiar. Pero también hay que aclarar que Blanca Nieves no se complica haciéndolo todo ella; siempre contrata ayuda... de los animalitos. Da las órdenes, reparte las labores y con una canción nos quiere convencer de que las actividades domésticas son algo atractivo.

Por el contrario, si eres sucia, eres una bruja: la Reina tiene su covacha llena de telarañas y polvo. ¡Qué miedo!

Los enanitos, al ser hombres, tienen disculpa por no limpiar... ¡pero la Reina! ¡Mujer y sucia! ¡Uuuuh, qué mala!

La lección: los únicos personajes destinados a las labores de limpieza son las mujeres y los animalitos. Y si no lo haces... eres una bruja.

Los conquistas por el estómago

Aquel viejo mito (¿o realidad?) que nos pone en un gran peligro a las que se nos quema el agua. Me acuerdo una vez que en una reunión yo llevé palomitas de microondas, y las quemé. Dejé oliendo el departamento de mis amigos a humo como por dos días. Tengo en claro que no soy Blanca Nieves. Pero sí conozco a varias, y son de admirarse. Mi abuela para empezar, de la que ya te había platicado. Nos servía como ocho platillos, uno más bueno que el otro, y nos tenía a todos alrededor de la mesa.

Pero también las Blanca Nieves actuales. Su casa impecable (siempre con ayuda, claro está); entras y te reciben con una deliciosa botana, para luego pasarte a una mesa con varios cubiertos (aprendí en *Titanic* [1997], que hay que empezar por el último); tres tipos diferentes de copas, y como cuatro platos. Panes variados, entrada, plato medio, guarnición, plato fuerte y postres a elegir. El té con galletas a las 5:00 p.m. si la sobremesa continúa. Además ellas cocinan y lo disfrutan. Por supuesto los "enanitos" llegan felices a comer.

Los enanitos de la película trabajaban en la mina y cantaban: "Para aprender, muchos años hay que practicar..." (O sea que quien no tenga práctica en las labores "masculinas" no debe trabajar).

Toca el reloj, y se van enseguida: "¡Hei-ho, hei-ho, nos vamos a cenar!" Pero mi duda es: ¿quién cocinaba antes de que llegara Blanca Nieves?

Ya me imagino: entran a la cabaña, encuentran a Doly, les hace unas palomitas, las quema y la corren de la casa... Mi destino habría sido terrible en aquella época. Qué bien que nací después. Pero con Blanca Nieves, de entrada encuentran todo limpio, luego se tranquilizan porque es muy bonita, y además les promete cocina de *gourmet*.

Por cierto, me da mucha risa que cuando Blanca Nieves se despierta y los encuentra observándola, se tapa con las sábanas. No entiendo por qué, si siempre tiene el vestido puesto... El caso es que los saluda, y cuando Gruñón contesta molesto, la princesa se pone feliz porque...

"¡Ay, qué bueno! ¡Saben hablar!" ¿De qué les vio cara? ¿De mudos o de tarados?

Adivina sus nombres, les explica quién es, y comienza la estrategia de convencimiento, que, para mi desgracia, jamás podré hacer:

—Si me dejan vivir en su casa, les serviré de mucho: sé lavar, coser, barrer y cocinar.

—¡¿Cocinar?! ¿Sabes hacer puchero gallego? —preguntan emocionados los enanos.

—Sí, y pizza y pastel de piña también.

—¿¡Pastel de piña!? ¡Bravo, se queda!

Blanca Nieves no es aceptada por su belleza o por su juventud (como pensaría la reina), sino por los valores principales de la década de los treinta: la cocina y la limpieza. Era el mensaje para la mujer: lo único que te puede salvar es el regreso al hogar… a que prepares pastel de piña.

Pero Blanca Nieves no es tonta y sabe que tiene "la sartén por el mango" literal y metafóricamente. Así que empieza a dar órdenes…

"¡Vayan afuera a lavarse o ninguno probará el puchero!"

Es la nueva líder, la mujer que después de haber trabajado durante la guerra sabe el poder que tiene, y sabe que los hombres la necesitan.

Lección: ya sabes qué hacer para tener a siete hombres —o niñitos, como sea— bajo tus pies: pastel de piña.

¿Por qué los hombres aman a las Blanca Nieves?

Una Blanca Nieves que conozco tenía pretendientes como desde los 12 años de edad (te digo que son muy hermosas), pero ella aspiraba a su príncipe ideal.

Lo curioso es que tenía la táctica de ser siempre muy amable con los que rechazaba; entonces ellos no se podían enojar. Salía con ellos, los trataba muy bien, pero les aclaraba que por ahora no estaba dispuesta a formalizar. Y todos la querían.

Así le hacía la protagonista de la película. Los enanitos, no nos hagamos, estaban enamorados. Pero bueno, si ella dudó de sus capacidades para hablar, está claro que no los veía como prospectos. Sin embargo, para tenerlos contentos (y que la siguieran teniendo en su casa), le hacía un pay a Gruñón con su nombre, bailaba y cantaba con ellos por diversión de vez en cuando, y eso sí, siempre les aclaró que ya tenía un pretendiente que vendría por ella: "Comprendí que aquel *hermoso* príncipe me amaba sólo a mí".

¿Cómo lo comprendió si nunca cruzó palabra con él?

Además les recalca insistentemente que es guapo:

—¿Era *fuerte y buen mozo*? —pregunta Doc, dizque entusiasmado.

—¿Era *apuesto y alto*? —sigue Estornudón.

—En el mundo no hay otro como él, *apuesto y gentil.*

O sea, los enanos se tendrán que conformar con pays y con bailecitos. Da igual si hay un pretendiente real o no, tú diles eso. Tienes altas expectativas, ¿qué tiene de malo, pues?

Y para que lo sepas, en el caso real: sí, sí llegó el príncipe apuesto, alto y gentil por ella.

Una manzana no resuelve tu vida

Parecería obvio: si llega una vieja desconocida, te da una manzana y te dice que la muerdas para que tus sueños se vuelvan realidad, tú dirás que no, ¿verdad? Pues no te creas tan lista. Hemos caído no una, sino varias veces en ese tipo de cosas, cuando nos ofrecen leernos la mano, el café, o hacernos una limpia. O nos compramos el vestido tal que anuncian, el maquillaje equis, la mascarilla milagrosa, la faja, el aparato de ejercicio, el jabón que te baja de talla al "¡Llame ya!" porque también eso nos "cumplirá nuestros sueños". Nos han estafado la cartera, pero Blanca Nieves casi se nos muere.

Y una compañera de la escuela también: por tomar pastillas que según la bajarían de peso rápidamente y sin esfuerzo, y así "sus sueños serían realidad". No la pusieron en una caja de cristal, pero sí se desmayó varias veces, y terminó en el hospital muchas otras. Así que las manzanas están ahí, y las hemos mordido.

Seguimos queriendo creer en la magia de la manzana. Por más que sepamos que no es cierto, decimos: "Ahora sí, ésta es la buena". Y casi siempre, como Blanca Nieves, al morderla nos decepcionamos y nos vemos engañadas. La manzana no nos va a resolver los problemas. Ni siquiera en los cuentos la vida es tan fácil.

Tu final... ¿feliz?

Los enanos creen que Blanca Nieves ha muerto y "la velan eternamente", dice el narrador.

Ni tan eternamente, porque llega el Príncipe, la besa y despierta. No se dicen absolutamente nada, vaya, ni "hola"; pero la princesa se despide de los enanitos para irse con él.

"Bueno, adiós." Es todo lo que les dice a los pobres, que la salvaron de la Reina, la hospedaron en su cabaña y le cedieron sus camas (a cambio de un pastel de piña, claro está). Blanca Nieves ni las gracias les da. Les da un besito medio tibio en la cabeza y unas palmaditas. Lo único que le importa es subirse al caballo de su..., de su... ¿pareja?, para irse a un castillo en el horizonte. Y a mí que me educaron a esperar a ser invitada, ¡caray!

¿Qué tan marcado se nos quedó este final?

Si una chica, por ejemplo, está en una fiesta, llega un tipo, la besa y de inmediato van a casarse... sólo pudo suceder o en una kermés o en Las Vegas, estando los dos completamente ebrios.

Pero sí conozco algo parecido: cita a ciegas (literal y metafóricamente), príncipe y princesa urgidos de casarse. Él le paga una lujosa cena en un restaurante de gran gala. Ella queda embelesada. A la siguiente cita, él se le declara con unas rosas (gallardo y gentil), ella acepta y más que rápido hablan de boda.

El sueño de ella, de toda la vida, era casarse. Se le aparece este "príncipe" con grandes costales de dinero y con pánico a la soledad. Se casan. Compran una gran casa con acabados de caoba, mármol y cantera. Con alberca y gimnasio. "Algo pequeño para el principio", me decían mientras me la enseñaban "humildemente".

Resultado: están divorciados y él ya encontró otra "princesa" a quien también le puso otro castillito a los meses de conocerla.

Pero también he de decir que la mayoría de las Blanca Nieves que conozco están felizmente casadas con su príncipe. Porque supieron esperarlo, no les entró la prisa, sabían lo que querían y, ¿por qué no?, les funcionó el cántico en el pozo.

Cada quien elige su final. ¿Te estás casando por presión, por prisa, porque ya estuviste varias estaciones "muerta" en una caja de cristal y ya te aburriste, porque te va a poner un castillo, porque te comiste una manzana y seguro él llegó como resultado, o porque verdaderamente él es tu príncipe? Responder es engañoso como la manzana.

Test: ¿Eres Blanca Nieves?

No creas que porque no te gusta agarrar una escoba, ya no tienes nada en común. Contesta sinceramente y no te tragues la manzana…

1. Sinceramente: ¿qué tan hermosa eres?
   a) Creo que soy guapa. Me lo han dicho varias veces y me gusta mi físico.
   b) Pues algunos me dicen que soy hermosa, pero creo que exageran. Mis principales cualidades son otras.
   c) Soy bonita.
   d) No soy muy bonita. Pero no me importa, tengo otras cualidades.

2. Tu sueño en la vida es…
   a) Casarme y tener hijos.
   b) Casarme con alguien formal, que pueda ofrecerme algo seguro, para que no tenga que trabajar si es que no quiero. Si es guapo, pues mejor.
   c) Triunfar profesionalmente.
   d) Casarme y triunfar profesionalmente.

3. ¿La gente te envidia?
   a) Es que soy afortunada, tengo todo en la vida.
   b) No lo creo, ¿por qué habrían de hacerlo?
   c) Algunos nada más y a veces.

4. En tu casa…
   a) Tengo servicio doméstico para mantenerla en orden, sino, no tengo tiempo para mí.
   b) Soy muy hogareña, me encanta organizarla.
   c) Tengo servicio doméstico, pero yo participo limpiando y organizando porque es algo que me gusta.
   d) La limpio sólo cuando es necesario.

5. En lo que más te fijas en un hombre es…
   a) En el físico, que sea guapo o tenga personalidad.
   b) Que no sea codo.
   c) Que tenga un gran puesto, trabajador y exitoso.
   d) Que sea de buena familia, conocido, pertenezcamos al mismo grupo.
   e) Que sea amable y bueno.
   f) Su amabilidad.
   g) Que sea romántico, detallista.
   h) En la química, que me sienta muy a gusto con él.
   i) Que sea alguien que admire.

6. En tu familia, tú…
   a) No me gusta intervenir mucho en decisiones, mejor llevo la fiesta en paz.
   b) Me adecuo bien a lo que se va organizando.
   c) Me gusta que mi voz se escuche. Si no estoy de acuerdo con algo, lo digo.
   d) Me gusta organizar, tener responsabilidades y tomar decisiones importantes.
   e) Sé que tengo mucha influencia en lo que pueda hacer o decir.

7. Cuando te enfrentas a un problema serio...
   a) Evito los problemas.
   b) Pido ayuda. No me gusta estar sola en esto.
   c) Es mi problema. Lo afronto y lo trato de resolver lo mejor que puedo.
   d) Pido consejo para analizar la situación.

8. Para conseguir tu meta...
   a) La clave es el deseo y la visualización. Así que recalco eso todos los días.
   b) Rezo para que se me cumpla.
   c) La acción es lo fundamental. Si no haces nada, no pasa nada. Confío en mí.
   d) Confío en mi destino. Si me llega es porque es para mí. Si no, pues no.
   e) Soy persuasiva. Logro convencer a los demás de lo que quiero.

9. Tu talento especial, el que te da más satisfacciones o por el cual te ganas la vida...
   a) Algún arte.
   b) Me gusta estudiar, leer, soy culta.
   c) Soy excelente para los deportes o las actividades físicas arduas.
   d) Soy ordenada y organizada. Buena anfitriona.
   e) Soy muy buena cocinando.
   f) Soy buena para los números, hacer cuentas, administrar.

10. En tu tiempo libre...
   a) Me gusta dedicarme a algún *hobby* artístico.
   b) Organizo y ordeno mis cosas.

c) Hago ejercicio.
d) Leo o escribo.
e) Platico con mis amigos.
f) Cocino.

11. Cuando tu deseo no se te ha cumplido como tú quieres…
 a) Aceptas con enojo y con tristeza que esto no es un cuento de hadas, y que la vida no te responde como te gustaría.
 b) Luchas por él y encuentras todas las formas de que se te cumpla.
 c) Es un poquito cansado, empiezas a perder la fe poco a poco, aunque te quieres aferrar.
 d) Si no es por ahí, buscas otras opciones.
 e) Tarde o temprano llegará. Simplemente todavía no ha sido el momento.

12. Para conquistar a un hombre, es importante…
 a) Arreglarte y verte lo mejor posible.
 b) Darte a desear, hacerte la difícil.
 c) Atenderlo y darle gusto con detalles que le agraden.
 d) Adularlo, levantarle el ego.
 e) Ser como soy, si le gusto, qué bueno, y si no, ni modo.

13. Cuando tienes pretendientes que no te gustan…
 a) ¿Cuáles pretendientes?
 b) ¡Ay, qué molesto! Los evito a toda costa, no les contesto, ley del hielo.
 c) De plano los trato mal hasta que se cansen.
 d) Siempre es bueno tener pretendientes. Te suben la autoestima y pueden hacer cosas útiles por ti, así que los dejo ser. Claro, sin ningún compromiso.

e) Los conservo como amigos.
f) Me porto educada y cortés, pero les dejo ver que no son mi tipo.

14. Quieres o quisiste casarte porque…
a) Es la vocación y realización de toda mujer.
b) No concibo mi vida como soltera.
c) Hay que sentar cabeza y establecerse.
d) Es el siguiente paso en mi vida.
e) Encontré al mega amor de mi vida.
f) No puedo dejar ir a este partidazo.
g) Para tener hijos y formar mi propia familia.
h) Para no estar sola.
i) No me casaría, a menos que en verdad encontrara al hombre ideal.
j) ¿Quién dice que quiero casarme?

Puntuación de las respuestas

1.
a) 3
b) 5
c) 4
d) 2

2.
a) 4
b) 5
c) 0
d) 1

3.
a) 0
b) 5
c) 3

4.
a) 3
b) 5
c) 4
d) 1

5.
a) 5
b) 5
c) 5
d) 4
e) 3
f) 1
g) 2
h) 1
i) 0

6.
a) 1
b) 2
c) 3
d) 4
e) 5

7.
a) 4
b) 5
c) 1
d) 0

8.
a) 5
b) 5
c) 0
d) 3
e) 4

9.
a) 3
b) 0
c) 0
d) 5
e) 5
f) 2

10.
a) 4
b) 5
c) 0
d) 0
e) 5
f) 5

11.
a) 0
b) 1
c) 1
d) 2
e) 5

12.
a) 1
b) 1
c) 5
d) 0
e) 3

13.
a) 0
b) 0
c) 0
d) 5
e) 3
f) 4

14.
a) 5
b) 5
c) 4
d) 5
e) 2
f) 5
g) 4
h) 5
i) 0
j) 0

Resultados de Blanca Nieves

Suma todos tus resultados, el máximo es 70. Tu resultado multiplícalo por 10 y divídelo entre 70. Ése es tu porcentaje de Blanca Nieves.

¡Espejito, espejito! Enséñamos más sobre la Blanca Nieves actual:

- Ha crecido con el máximo sueño de casarse, así se le educó y ella tiene la total convicción de que es lo mejor para cualquier mujer. De hecho le cuesta trabajo entender que pueda haber otra vocación en la vida.
- Disfruta mucho atendiendo a su familia y su hogar. Se dedica sólo a ello porque pone todo su empeño y está orgullosa de esa labor.
- En su casa es la líder. Aunque es consentidora, servicial y amable, también sabe poner sus límites. Idealiza

a su pareja y es una romántica empedernida que tiene fe en el amor y en la vida.

- Es ingenua y espera lo mejor de la gente. Es muy positiva y siempre ve el lado bueno de las cosas. No importa lo que le pase, ella es feliz.
- Le gusta convivir en reuniones, atender, y divertirse. Es excelente anfitriona.

Close up de Blanca Nieves

Cualidades principales de Blanca Nieves:	Bella, excelente cocinera, amante del orden y la limpieza.
Meta en la vida:	Casarse con un príncipe (hermoso, gentil y con castillo).
Conflicto:	Sabes que tienes enemigos, pero no les das mucha importancia, prefieres alejarte de los problemas y hacer más amigos que te ayudarán si se los pides. Si no has llegado a tu meta, tu fe es lo que te ayuda a seguir adelante. Nunca dejes de creer ni pierdas tu actitud positiva.
Puntos débiles:	Cuidado con la ingenuidad, puedes ser fácilmente engañada, tanto por las brujas envidiosas o charlatanas; como irte con el primer galán que pase, del cual no sabes sus intenciones, y te puede salir un patán.
	No te guíes por el físico y el dinero; averigua un poco más quién es él. Conócelo bien.
El hombre debe:	Ser guapo, ser rico (tener un castillo), conquistar con bellas palabras, una serenata y un beso. (Es bien fácil para él.)

LOS AÑOS CUARENTA: EL SEGUNDO SEXO... EN LA CIUDAD

Si creías que Carrie Bradshaw, de la serie de televisión *Sex and the City* (1998), fue la primera mujer en escribir abiertamente sobre nuestros problemas e inquietudes de forma liberal y abierta, es que no conoces a Simone de Beauvoir.

En lugar de *Sexo en la ciudad* (novela escrita en realidad por Candace Bushnell en 1996), De Beauvoir escribió *El segundo sexo* (1949), y ni más ni menos que por petición de su amante, Jean Paul Sartre (ése sí que era un Mr. Big, más grande que el de Carrie).

Al igual que Carrie, Simone era soltera, y tenía más de 30 años (41 para ser exacta). No era columnista en un periódico de Nueva York, pero sus escritos cambiaron el pensamiento femenino, aunque en un principio fue atacada. Decía las cosas sin pelos en la lengua, demasiado moderna y escandalosa, incluso para la actualidad. Sus declaraciones dejan a Carrie como una mojigata en comparación.

Ya me cayó uno de los muchos escupitajos que las historiadoras y feministas me están mandando. Por favor, no se malentienda la comparación. Obvio, Carrie es un personaje creado y adorado por la cultura pop; mientras que De Beauvoir es considerada filósofa, pensadora y revolucionaria. Soy fan de Carrie, pero mucho más de Simone... y es que ubícate en el contexto de ambas:

- Carrie tiene una situación un tanto privilegiada en Nueva York, donde la sexualidad de la mujer ya es completamente abierta y aprobada por la mujer, y ella sin embargo se sigue cuestionando acerca de los prejuicios y complicaciones que tiene que vivir una soltera exitosa.

- Para Simone había terminado la segunda Guerra Mundial (en 1945); que para no hacerte el cuento largo, fue muy parecida a la primera: lanzó a una nueva generación de mujeres a trabajar. Le recordó al mundo de lo que eran capaces. Y el mundo lo aprovechó, que bien le servía.

Pocos años después de firmarse la paz, apareció la *Declaración Universal de los Derechos del Humanos* (1948) en la que se hablaba directamente de la igualdad entre los sexos y entre los esposos. Por fin se le dio la plena ciudadanía política a la mujer, se quitó la obediencia como uno de los deberes de la esposa (en el código francés) y siguieron los contratos de trabajo.

La modernidad estaba en su apogeo pero Simone, como Carrie, se cuestionaba y no se dejaba engañar: decía que era bueno que hubiera trabajo, pero que era mal pagado, y por lo mismo, el matrimonio seguía siendo por conveniencia económica; y finalmente predijo que la "mujer nueva" no tardaría en aparecer... cuando hubiera igualdad económica, moral, social y cultural; cuando se rompiera el "mito de lo que debe ser femenino". ¿Somos esa mujer? ¿Ya llegamos a ese punto? Se lo preguntaré si me viene a jalar las patas mientras duermo por la comparación con un personaje ficticio... Pero Simone: es con cariño y admiración, desde lo más *kitsch* que llevo dentro.

Mitos de los años cuarenta

- Las latinas siguen subordinadas al marido, a quien siempre deben obedecer.
- El adulterio deber ser más sancionado si lo comete la mujer.
- En México, las mujeres no deben votar, porque los que eligen al gobernante son quienes toman las armas.

Las mujeres no son eficientes en el trabajo porque:

- Distraen al llevar blusas transparentes.
- Se tardan demasiado en el baño y eso pierde calidad en su desempeño.
- Llegan de mal humor por estar "en sus días".

(Debido a esto se pagaba poco —menos de 65 centavos la hora en algunos casos—.)

Los años cuarenta según...

Mujeres clásicas de la época:

"Aquellas que siguen su propio camino, no importa cuán valioso, y que no participan en la reconstrucción de la sociedad casándose, para criar hijos americanos, son unas egoístas." [*Hijas de la Revolución Americana*, 1947]

"Una muchacha puede seguir teniendo un trabajo y ganarse su vida a los 23 años. Después de esa edad, solamente continuará haciéndolo si es una estrella de cine o del escenario." [Elizabeth Hawes, *Anything but Love*, 1948]

"Planea lo que comprarás en el mercado, aspira, limpia, dedícate a tu casa. Estas habilidades las tienes que dominar; si tienes la oportunidad ahora que estás sola, practica. Aunque tengas un trabajo, practica." [JEAN VAN EVER, *How to Be Happy*, 1949]

Mujeres revolucionarias:

"Las mujeres no sólo están atrapadas en una cultura patriarcal, sino que no hay ganancias para ellas." [CLARA THOMPSON, *The Role of Women in This Culture*, 1941]

"La mujer mantenida no está liberada del macho, aunque tenga en sus manos una papeleta electoral. Las mujeres no han ganado sino aquello que los hombres les han querido conceder. Ellos han intentado frenar su liberación, porque las ven como peligrosas competidoras. El prohibirles trabajar y mantenerlas en el hogar es defenderlas contra sí mismas." [SIMONE DE BEAUVOIR, *El segundo sexo*, 1949]

Como puedes ver, en los años cuarenta hubo muchos cambios favorables en la vida de la mujer, por ellos puedes decir:

¡Benditos años cuarenta!
Gracias a los años cuarenta tú puedes...

- Votar: los últimos países de Europa en reconocer el voto fueron Francia, Italia y Bélgica (1944). En México las mujeres solamente pueden votar en elecciones municipales (1947).
- Estudiar medicina en la Universidad de Harvard.

- Casarte por separación de bienes.
- Tener plena capacidad jurídica para firmar contratos (Estados Unidos).
- Tener igualdad con tu esposo respecto a la educación de los hijos.

Además, aparecieron las tiras cómicas de *La mujer maravilla,* en la que por primera vez se considera a un súper héroe femenino, que ayuda en la guerra y le salva la vida miles de veces a un soldado condecorado.

4. Cenicienta: esperando al hada madrina

> ¿Por qué no he de ir? Es un mandato del rey que todas las jóvenes casaderas vayan. ¿O acaso no pertenezco a la familia?
>
> *Cenicienta*, 1950

Cenicienta es la mujer de la posguerra que es regresada al hogar, o que trabaja con muy mala paga, y a raíz de esto comienza a cuestionarse. Está atrapada en su contexto y lo trata de aceptar, pero aunque tiene mucha fuerza, apenas la está descubriendo.

¿Y tú? ¿Estás encerrada esperando a que te prueben la zapatilla?

Aceptando tu destino

Nunca he entendido por qué Cenicienta se dejó. Ella era heredera nata de un hombre rico, vivía feliz y lo tenía todo, pero cuando muere su padre, la madrastra y hermanastras le quitan sus pertenencias y la tratan como esclava. Y ella lo acepta sin objeción.

¿Por qué Cenicienta les da tanto poder? ¿Por qué les permite que la traten así? ¿Es la creencia de que si somos "buenas" (o sea, si nos dejamos mangonear) la vida nos premiará? ¡Vaya con esa educación! Muy de la época, por cierto.

Muchas de nuestras abuelas, o señoras ya grandes, aceptaban malos tratos de sus esposos, porque sentían que era su deber aguantarlos, que no les quedaba de otra, que así las educaron, o preferían eso con tal de tener casa y manutención.

Una mujer a la que admiro, que creció en ese entonces, lo tenía todo en la vida, y cuando se casó su esposo no resultó ser el príncipe que creía y la trató bastante mal. Ella acepta que en ese momento pensaba que "eso le había tocado vivir" y había que acatarlo. Tuvieron que pasar muchos años para que se diera cuenta de su poder, se levantara y luchara por lo que era suyo. Y resplandeció con toda su fuerza.

Como Cenicienta, hay un momento en que quizás no tenemos todavía la autoestima suficiente para exigir lo que nos corresponde. Peor aún si nos repiten (la autoridad, el gobierno, la sociedad, las creencias) que así debemos de ser, que así somos "buenas".

La historia de Cenicienta es la más triste. No tanto por lo que le pasa, sino por lo que cree: que de ella no depende cambiar su situación. No conoce su fuerza. Sólo se evade, prefiere dormir y soñar, y regaña a los pajaritos cuando la despiertan, porque le recuerdan la realidad…

El amor que rescata

Una Cenicienta que conozco vivía una situación horrible en su casa. Ella soñaba con salir de ahí, pero la única posibilidad viable que veía era casarse. Soñaba con que un hombre la rescatara, y se la llevara para ser por fin feliz. Cuando se casó a los 20 años, los problemas de los que huyó la seguían persiguiendo de otra forma porque no se casó por la razón correcta.

La Cenicienta de la película es huérfana, y sólo la quieren los animalitos; así, cualquiera pide amor. El que sea, porque no especifica si el de un príncipe (como Blanca Nieves) o de un simple mortal. No es tan exigente, con tal de que la saquen de ahí, y de que la quieran.

La protagonista sabe que hay que "cantar" las palabritas mágicas para que se cumpla su deseo. Y te tengo una buena noticia, aquí no hay pozo. Canta en su cuarto muy normal, mientras se viste:

> Soñar, es desear la dicha, en nuestro porvenir.
> Lo que el corazón anhela, se sueña y se suele vivir.
> Si *amor es el bien deseado*, en dulces sueños llegará.
> No importa quién borre el camino, *marcado está el destino*, y el sueño se realizará.

Cenicienta tiene fe, cree que el amor le llegará. Como Blanca Nieves, está segura de que se le cumplirá. Dicen que la esperanza es lo último que muere, porque es lo que nos permite sobrevivir a la realidad. Sólo le veo un pequeño problemita a Cenicienta. Cree demasiado en el destino, pero no en ella misma.

Reprimiendo el enojo

En mi primer trabajo, ya sabes: uno le echa ganas, tiene ilusiones de su primer salario… pero es común que siendo joven, inexperta y con el terror de que "no hay empleos", una se deje mangonear. Mi jefa era como la madrastra: se oían los gritos de ¡Doly!, ¡Doly!, ¡Doly!, más que el teléfono y el tráfico (y mira que estábamos en una avenida).

En un principio yo siempre llegaba corriendo a sus llamados, con una sonrisa y lista para hacer lo imposible, y hacía labores que no me correspondían, como ser recadera, mensajera, mesera, cafetera y demás, como en *El diablo viste a la moda* (2006), pero este diablo no vestía bien y era menos glamoroso.

Me volví paranoica, porque, cuando ya me había ido a mi casa, "la madrastra" me hablaba por teléfono para seguirme dando órdenes. Y cada vez se me veía más cansada y demacrada. Un terror; y para la miseria que me pagaban... hasta que un día una compañera me lo hizo notar. Y por fin reaccioné. Me di cuenta de que ni siquiera era mi trabajo ideal, y que no quería hacer carrera en ese campo. Que ni me gustaba ese lugar y que me estaba perdiendo de otras cosas por aguantarle los gritos a esa vieja. Me fui. Es de las veces que más alivio he sentido en mi vida. Todo a su tiempo, poco después conseguí el trabajo que realmente amaba y en el que de verdad me quería desarrollar.

Obvio, mi situación era más sencilla. Todavía estaba estudiando, me pagaban una porquería y no era lo mío. Hay dilemas más fuertes, cuando el salario pesa, o el gusto, o el puesto... Pero Cenicienta, como yo, no tenía nada de eso; estaba encerrada en su propia mente, y conozco gente que se queda en esa situación (negativa por donde la veas) toda su vida. Cree que aguantando los malos tratos, siendo "buena", es como le llegará su final feliz.

Cenicienta aparentemente acepta su destino, pero tiene mucho coraje (como las mujeres de la posguerra a las que corrieron de sus trabajos, o a las que les pagaban muy poco) y está a punto de explotar en cualquier momento. Se enoja con los pobres pajaritos —que ni vela en el entierro— porque la despiertan, luego con el reloj y hasta con el gato:

"¡Oh, ese reloj! Ogro gruñón. ¡Ya te oí! ¿Qué más quieres? Él también me quiere mandar." (Como que de plano ya está hasta alucinando, ¿no?)

"Perdone su real majestad por despertarlo tan temprano", le dice sarcástica a Lucifer, el gato. "Yo por mí, lo dejaba sin desayuno, pero me lo ordenan."

¿Y por qué obedece? ¿Por qué decide estar en esa misma situación que tanto le molesta? Después de todo, es su casa en la que vive. Muchas quejas y poca acción. Hay que saber lo que uno merece e ir por ello. No esperar a que nos llegue.

¡Di lo que sientes!

No le creímos mucho a Blanca Nieves cuando nos trató de convencer de que las labores del hogar eran "un gozo y un placer". Cenicienta es más sincera, porque para ella son una carga y un castigo. Además, los ratones no la ayudan, y para colmo, el gato le vuelve a manchar el piso a propósito:

"¡Lucifer! ¡Esto sí no te lo paso! Te voy a hacer escarmentar", grita tomando la escoba de forma amenazadora.

Nunca vimos furiosa a Blanca Nieves; era líder y sí les daba órdenes a los enanitos, pero más bien actuaba desde su poder interno, no desde su enojo. Cenicienta en cambio está llena de coraje, probablemente con ella misma, y no se da cuenta. No ha dicho lo que piensa y lo que siente hasta que llega la invitación al baile del Príncipe y las hermanastras se burlan de que ella no irá.

"¿Por qué no he de ir? Es un mandato del rey que todas las jóvenes casaderas vayan. ¿O acaso no pertenezco a la familia?"

¡Por fin, Cenicienta! ¡Bien! Empiezas a reaccionar. ¿Ya te diste cuenta de que tienes derechos? ¿De que no te pueden hacer menos?

La madrastra acuerda con Cenicienta que si termina su trabajo podrá ir al baile, y lo primero que la chica hace (en lugar de terminar el trabajo, que qué horror) es ir a arreglar su vestido, pero no la dejan los gritos de sus hermanastras. Entonces los ratones deciden por fin ayudarla mientras cantan así:

—Yo manejo las tijeras —dice Jack.

—Y yo coso con la aguja —canta Gus.

—Eso *es cosa de mujeres*, tú adornos trae si quieres —contesta una ratona, que nos recuerda que el trabajo todavía está segmentado. Y coser es, definitivamente, "cosa de mujeres". Gus era más liberal.

Después de un arduo trabajo, los ratones le presentan el vestido a Cenicienta, que ilusionada se lo pone y sale corriendo para ir al baile. Pero Anastasia y Griselda se lo rompen. La joven corre desesperada al jardín y llora. Ésta es la gota que derrama el vaso:

"Ya no puedo más, todo es inútil. Ya no puedo creer en nada ni en nadie. Ya no me queda nada."

Tengo que aceptar que yo también he dicho esas palabras varias veces. Hay días en que por más que esperas lo mejor del destino, simplemente te cansas y no ves salida. Y te instalas en el papel de víctima. Pero nuestro error —y el de Cenicienta— es creer que si "somos buenas" (aceptamos todo) nos va a ir bien. Eh… no siempre.

Todas hemos perdido la fe en algún momento. Por más que cantemos en la mañana, por más que confiemos, tenemos nuestros momentos de debilidad. Y es difícil distinguir, muy difícil, si nosotros tenemos el remedio o no.

¿Dónde está el hada madrina?

A Cenicienta se le apareció pronto, pero nosotras nos hemos quedado esperando muchas veces. Aquí es cuando culpas a los cuentos, a Santa Claus, al Ratón de los dientes y a todo lo que se te ocurra, porque la vida no va tan fácil.

Pero si piensas más detenidamente, a todas se nos ha aparecido un hada madrina (o mago o lo que sea) en un momento inesperado. A veces, es una persona desconocida que desinteresadamente nos ayuda; otras sólo para decirnos lo que necesitábamos oír en ese momento. Ésas son las hadas.

Yo siempre he dicho que soy muy afortunada porque tengo a mi hada madrina particular. En realidad es mi abuelo, así que en vez de "hada", es como el mago Merlín, para no perder el toque Disney. Desde chiquita me enseñó que todo lo que se pide se cumple. Más que las películas de Walt Disney.

Él me decía que tenía contacto directo con Merlín y que eran muy buenos amigos; así que cualquier cosa que yo pidiera, él le llamaba y sucedería. Yo lo comprobaba cada vez que iba a su casa. Decía palabras mágicas, y se me aparecían un sinfín de regalitos y curiosidades. Tiempo después, descubrí que Santa Claus eran mis papás y que el mago Merlín era mi abuelo; pero esto último, en vez de entristecerme, me alegró porque es más privilegio que la magia venga directa de mi familia. Y hasta la fecha, Merlín siempre está ahí para mí. Siempre se aparece cuando más lo necesito, con sus sabias palabras y su experiencia de vida, que es la mejor magia que hay.

Sin embargo, a veces la vida te lleva por caminos en los que ni las hadas ni Merlín pueden intervenir. Y como Cenicienta, a veces pierdes la fe en el destino. Pero nunca hay que perder la fe en nosotras.

Las hadas se aparecen casi siempre cuando no tenemos la capacidad de reconocer nuestra propia fuerza y estamos demasiado cansadas; entonces nos echan la mano y nos hacen el camino más fácil. Nos dan un empujón. Y así a Cenicienta, suertudota, su hada le da un vestidazo, le convierte los ratones en caballos, y una calabaza en carroza.

Al darle las gracias a quien hizo todo por ella, dice:

—Es como un sueño maravilloso hecho realidad.

—Sí, hija mía, pero como todo sueño, no puede durar mucho.

La respuesta del hada suena muy desesperanzadora. ¿Los sueños maravillosos no duran mucho? ¿Por qué la negatividad?

Porque el sueño hubiera durado más si Cenicienta misma lo hubiera realizado. Si no hubiera esperado a que alguien la ayudara... Pero eso es algo que tiene que aprender con los años, como las mujeres de los cuarenta, con las décadas quizás.

Partiendo plaza

Lo que más se nos quedó grabado de Cenicienta es la escena del baile: cuando llega en una carroza y con un vestido deslumbrante; parte plaza en el salón principal del castillo y el Príncipe queda pasmado ante su belleza.

No la eligió por su interesante plática, ni porque tuviera una maestría, ni porque tenía un buen trabajo; vaya, ni siquiera porque sabía hacer pay de piña. En los años cuarenta sólo había que ser bonita para casarse.

No lo neguemos, todas queremos vivir esa escena, en una boda, una graduación, unos quince años, yo qué sé. Queremos, como Cenicienta, que sólo por nuestra bella cara todo sea así de fácil; que el galán nos saque a bailar y nos mande a buscar por todo el reino. La fantasía de muchas... que quedó taladrada en nuestro inconsciente colectivo.

Lo que normalmente pasa es que llegas guapísima según tú, con tu mejor vestido, mejor peinado y maquillaje, que te tardaste en arreglar como dos horas. Hasta la pestaña postiza y el tacón de plataforma. Te sientes súper segura, Cenicienta no es nada a tu lado.

Entras partiendo plaza, efectivamente todo el mundo te voltea a ver, caminas segura... y te caes por las escaleras. Por supuesto nadie te ayuda a levantarte más que el mesero. Y lo único que ligaste esa noche fueron tus ligamentos que quedaron torcidos. Tu vestido y tu *look* se volvieron andrajos antes de las 12, y como todos pensaron que estabas borracha, el único que te sacó a bailar, para a hacerte el favor, fue el tío viejito.

No es que a mí me haya pasado...

Te cantan y te enamoras

Cenicienta, como Blanca Nieves, piensa que ya está enamorada, nada más porque el Príncipe la saca a bailar:

> No hay duda ya, esto es amor, es todo cuanto yo soñé.
>
> Pasión sutil, esto es amor... Éste es el milagro aquél, que yo tanto soñé.

"¿No hay duda ya, esto es amor?" Temo desilusionarte, Cenicienta, pero no estás enamorada. Ni has hablado con el Príncipe. Ni sabes cómo se llama. Estás embelesada, que es diferente. Tan ida estás, que hasta metes la mano con guante a una fuente. El primer guapo que te canta y caes.

Son casi las 12 y están a punto de besarse en los labios. Y yo que sigo las instrucciones de JAMÁS besar a un chico en la primera cita, si quieres algo serio, porque nunca te volverá a llamar...

Y ellos ¡ni siquiera se conocen! ¿Alguien sabe cómo se llama ese Príncipe?

NO IMPORTA QUE NO LE DES EL TELÉFONO. SI ESTÁ INTERESADO, TE ENCONTRARÁ

Suenan las campanadas y la muchacha sale corriendo, no porque se diera a desear, sino porque el "sueño" se le acaba, y no quiere que el galán la vea en harapos. Cuando yo salía corriendo de las fiestas, tampoco era por darme a desear. Era porque si no lo hacía, mi papá entraba por mí a recogerme personalmente, y entonces el que desaparecía era mi galán, cual si me hubiera visto en harapos. Así que había que salir rápido y el prospecto se tenía que ver hábil si quería pedir el teléfono.

"No sé ni siquiera tu nombre, ni cómo encontrarte, ¡espera!" El Príncipe andaba tan distraído en el bailecito y la fuente, que los datos más esenciales para conocer a una persona no los había pedido... y conste que ya la iba a besar. Bendito Facebook. Bendito Google. Bendito Twitter. Ahora de plano no hay forma de que no te encuentren, si les interesas.

En esa época, a falta de número telefónico o e-mail, siempre estaba la efectiva zapatilla de cristal. Y con ella, el Príncipe da el decreto real de probársela a todas las doncellas del reino para encontrar a su "amada" (suerte que sólo Cenicienta usaba esa talla de zapato).

Lección: si no le diste tu teléfono, él encontrará el modo de hallarte (aunque sea con una zapatilla de cristal). Y si no, *"A él no le gustas tanto"* como la película (2009) o el libro (2005).

Pero lo que sí le tenemos que reclamar al Príncipe es que no fue él personalmente a buscarla. Mandó al Duque. ¿Pues no que muy interesado?

Me acuerdo que en una fiesta me presentaron a un chavo con el que platiqué muy poco. No me pidió el teléfono ni nada y me fui. Días después recibí una misteriosísima llamada a la oficina. Me decían que la asistente de un licenciado "no-sé-qué" me andaba buscando urgentemente y que me había dejado sus datos para que yo me comunicara. Pensé que era un asunto de trabajo, así que hablé rápidamente. Resultó ser que este hombre puso a su secretaria a buscar el teléfono de donde yo trabajo (era lo único que sabía de mí), y a localizarme en pocas palabras. Suena padre, pero fue raro que todo lo hiciera su asistente. Así como el Duque.

Tu final... ¿feliz?

En el camino hacia su casa, cuando Cenicienta huye, todo vuelve a la normalidad: se queda sin carroza, los caballos se vuelven ratones, y su vestido se convierte en andrajos. Como cuando te levantas de una cruda y estás fatal. Entonces se disculpa por su tardanza: "Perdonen, es que me olvidé de todo, hasta de la hora".

Hasta de preguntar cómo se llamaba el galán...

"¡Pero me sentía tan dichosa! Él era *tan guapo, y al bailar...* Estoy segura de que ni el mismo Príncipe es como él."

Cenicienta se "enamoró" del Príncipe por ser *guapo y saber bailar*. A mí también me gustaría alguien así; pero ellos dos de plano ni hablaron, vaya, ni se dio cuenta de que era el hijo del monarca. No es interesada, eso hay que reconocérselo. Antes, Blanca Nieves sólo deseaba un príncipe y un castillo.

Cuando la madrastra se entera de que viene el Duque, previene a sus hijas y encierra a la protagonista. Los animalitos le ayudan a salir del cuarto justo a tiempo para probarse la zapatilla de cristal; pero la villana provoca que se rompa. Suerte que la heroína saca el otro par que guardaba en su bolsa. (Convenientemente, lo único que quedó del encantamiento.)

El Príncipe y Cenicienta se casan. Como Blanca Nieves, se fue con un príncipe sin conocerlo ni cruzar palabra con él, más que una canción de amor. Sólo tenemos una certeza: eran guapos, cantaban y bailaban bien. Además eran ricos. ¿Para qué necesitas otra garantía? Final feliz de la época...

El problema recurrente en varias Cenicientas que conozco es que siempre creen que el hada madrina o el Príncipe les van a resolver los problemas y a traer la felicidad. Y por lo tanto esperan demasiado de los demás y muy poco de ellas mismas. Y ya con príncipe y todo, se siguen enojando con los pajaritos, el reloj y el gato, porque su verdadero problema no se ha resuelto.

Pero bueno, al menos la protagonista se dio cuenta de varias cosas en el camino: de sus derechos, sobre todo de su derecho a divertirse, y los empieza a exigir. Ése será el principio de su revolución, y su libertad.

Test: ¿Eres Cenicienta?

Odias limpiar, tu trabajo es excesivo, no tienes tiempo para ti misma ni para divertirte… puedes ser Cenicienta; sobre todo si esperas que el hada madrina sea quien resuelva tu vida.

1. La mejor forma de empezar el día es:
   a) Con calma. No me gustan las prisas ni que me presionen.
   b) Pues no es que sea la mejor forma, ni que me guste, pero me levanto temprano para trabajar.
   c) Me gusta reflexionar o meditar un poco antes de mis actividades. Me ayuda a enfrentar el día.
   d) Me gusta levantarme temprano, para aprovechar el día.

2. En el trabajo o en la escuela te llaman para que realices una función que no te encanta y que no es tu responsabilidad, tú:
   a) Lo hago con tal de recibir puntos extra, o un aumento, o dejar una buena impresión y quedar bien.
   b) Lo hago porque no me queda de otra, pero no porque quiera.
   c) Les hago saber que no estoy de acuerdo, pero lo hago.
   d) No me gusta, pero pongo mi mejor cara.

3. Cuando te castigan en tu casa o en el trabajo injustamente:
   a) No digo nada y acato órdenes, ¿para qué discutir?
   b) Me defiendo lo más posible, y si no me queda de otra, obedezco.
   c) No lo acepto y me rebelo. Si no es justo, ¿por qué aceptarlo?

4. Cuando estás muy enojada:
   a) Lloro. Soy más de llorar que de enojarme.

b) Me guardo mucho el enojo y finjo estar bien.
c) Explоto y argumento a mi favor.
d) Exploto pero en privado y grito o rompo cosas.
e) Trato de distraerme en otras cosas.

5. Para conseguir tus sueños, tú:
a) Rezo o medito en ellos todos los días. Tengo fe en que un poder superior me los dará.
b) La acción es lo más importante, trabajo en ellos.
c) Hay sueños que por más que uno los quiera, no se cumplen. Esto es la realidad, no un cuento de hadas.
d) Soy buena para convencer a la gente de que me ayude.

6. ¿Qué tan fácil te es ligar?
a) Pues es fácil, ¿no? Como mujer, los hombres llegan más fácil.
b) Pues lo normal. Como a todas. A veces ligo y a veces no.
c) Soy pésima, me pongo nerviosa y no sé cómo acercarme.
d) Si un chavo me gusta, yo voy hacia él. Me vale.

7. En lo que más te fijas en un hombre:
a) En el físico, que sea guapo o tenga personalidad.
b) Que no sea codo.
c) Que tenga un gran puesto y sea trabajador y exitoso.
d) Que sea de buena familia, conocido, y que pertenezcamos al mismo grupo.
e) Que sea amable y bueno.
f) En su inteligencia.
g) Que sea romántico.
h) Que la conversación fluya y nos interesemos en ambos.
i) En la atracción.

8. Cuando conoces a un chavo que te gusta, tú:
   a) Vivo el presente intensamente. Aprovecho cada momento y me olvido de lo demás.
   b) Le doy mi teléfono aunque no me lo pida.
   c) Me espero a que me pida mis datos.
   d) Yo le pido sus datos a él.

9. Tu sueño es…
   a) Casarme y tener hijos.
   b) Casarme con alguien formal que pueda ofrecerme algo seguro para que no tenga que trabajar si es que no quiero. Si es guapo, pues mejor.
   c) Triunfar profesionalmente.
   d) Casarme y triunfar profesionalmente.

10. Tu mejor cualidad es…
   a) Soy ordenada y organizada.
   b) Soy culta, me gusta siempre estudiar e informarme.
   c) Soy buena para algún arte.
   d) Soy deportista.
   e) Tengo buena plática.

11. En tu tiempo libre…
   a) Me gusta tejer o coser.
   b) Convivo con mi mascota.
   c) Leo libros.
   d) Hago ejercicio.
   e) Hago algo creativo o artístico.

12. Quieres o quisiste casarte porque…
   a) Es la vocación y realización de toda mujer.

b) No concibo mi vida como soltera.
c) Hay que sentar cabeza y establecerse.
d) Es el siguiente paso en mi vida.
e) Encontré al mega amor de mi vida.
f) No puedo dejar ir a este partidazo.
g) Para tener hijos y formar mi propia familia.
h) Para no estar sola.
i) No me casaría a menos que encontrara al hombre ideal.
j) ¿Quién dice que quiero casarme?

13. En tu familia tú...
a) No me gusta intervenir mucho en decisiones, mejor llevo la fiesta en paz.
b) Me adecuo bien a lo que se va organizando.
c) Me gusta que mi voz se escuche, si no estoy de acuerdo con algo lo digo.
d) Me gusta organizar, tener responsabilidades y tomar decisiones importantes.
e) Sé que tengo mucha influencia en lo que pueda hacer o decir.

Puntuación de las respuestas

1.
a) 3
b) 5
c) 4
d) 2

2.
a) 4
b) 5
c) 2
d) 3

3.
- a) 5
- b) 3
- c) 0

4.
- a) 5
- b) 4
- c) 2
- d) 3
- e) 4

5.
- a) 5
- b) 2
- c) 3
- d) 1

6.
- a) 5
- b) 3
- c) 1
- d) 2

7.
- a) 5
- b) 2
- c) 2
- d) 1
- e) 3
- f) 0
- g) 4
- h) 2
- i) 4

8.
- a) 5
- b) 2
- c) 3
- d) 0

9.
- a) 4
- b) 5
- c) 0
- d) 0

10.
- a) 5
- b) 0
- c) 3
- d) 0
- e) 1

11.

a) 5
b) 5
c) 0
d) 0
e) 3

12.

a) 5
b) 5
c) 4
d) 3
e) 1
f) 4
g) 3
h) 5
i) 0
j) 0

13.

a) 5
b) 3
c) 1
d) 1
e) 0

Resultados de Cenicienta

Tu máximo es 65. Suma tus puntos. El resultado multiplícalo por 10 y divídelo entre 65. Ése es tu porcentaje de Cenicienta.

Ya tienes tu resultado, es hora de que descubras si te queda la zapatilla de la Cenicienta actual:

- Es servicial, aunque no por gusto, sino para sentir algo de afecto a cambio, o sentirse aceptada. Invierte mucho tiempo en ayudar a los demás y muy poco en ella misma.

- Aunque es una mujer fuerte, no se da cuenta de su poder. Ella merece mucho más y lo sabe, pero sólo se queja. Pende entre la depresión y el enojo.
- Tiene mucha fe y eso la salva. Sabe que en algún momento su situación mejorará, pero no toma las riendas de su vida y se lo deja al destino.
- Parece que quiere casarse simplemente para huir de su situación, porque piensa que estará mejor así.

Close up de Cenicienta

Cualidades principales de Cenicienta:	Bella, soñadora, con fe, comienza a abogar por sus derechos.
Meta en la vida:	Encontrar el amor para que la saquen de trabajar y la rescaten de su situación.
Puntos débiles:	Estás tan descontenta con tu situación, que te puedes ir con el primero que te cante bonito y te saque a bailar. ¡Cuidado! Date tiempo de conocer más al galán, ¡averigua quién es!
	No te dejes. Siempre ten en mente tus derechos, lo que mereces y no dejes que nadie te pase por encima.
Conflicto:	Si no te gusta tu situación, ¡cámbiala tú misma! Ya sé que se dice fácil, pero también es "fácil" y muy cómodo estar esperando a una hada madrina que haga todo por ti. Y a lo mejor ella no aparece nunca.
	Reprimir parece "muy lindo y muy aceptado por la sociedad", pero es peligroso porque luego estallas. Habla de lo que sientes, expresa lo que piensas. Parece que no lo haces con tal de que los demás no se enojen, ¿y tu enojo qué? ¿Ése no vale?
El hombre debe:	Ser guapo, bailar bien y mandar a un duque o asistente a encontrar a su amada. Nada complicado.

Cenicienta, tienes muchísima fuerza dentro de ti, ¡no la reprimas y lucha por lo que es tuyo!

LOS AÑOS CINCUENTA: UN SOLO FINAL FELIZ

Somos más mujeres que hombres...

Tengo una prima que es súper bonita, trabajadora, amable y buena. Una princesa. Pero tiene 25 años y está preocupada porque de plano no hay hombres decentes como para casarse. Todo este tiempo se ha topado con gente de "sociedad" que le hace comentarios imprudentes y la culpan porque no ha encontrado un pretendiente aceptable. Tanto ha escuchado lo mismo que ahora su cuestionamiento es: ¿pues qué tengo yo de mal, que no les gusto? Cuando la pregunta debería ser: ¿qué tienen de mal esos imbéciles que no se fijan en ella?

Pero en realidad los "juicios" que ella escucha vienen de los años cincuenta. En esa época las mujeres que no se casaban y no tenían hijos lo más pronto posible "apestaban"; así que, literalmente, a los 25 ya eras quedada. Urgía repoblar. Es el *baby boom*.

¿Has oído la noticia de que hay mucho más mujeres que hombres en el mundo? Nació en esa época. Y era cierto... Obvio, en la guerra se perdieron muchos hombres. Los que regresaron tenían estrés postraumático (a los que mejor les iba) o se habían comprometido con extranjeras, o estaban mutilados.

Entonces se lanzó la terrible leyenda: "NO hay hombres, hay demasiadas mujeres. ¡Agarren al que esté vivo!" Ya lo de menos era si el tipo era "gallardo y gentil", si cantaba y bailaba bien, y mucho menos importaba si era príncipe. Había que casarse con quien se dejara.

Para reafirmar este nuevo ideal, lo primero que se hizo fue correr a las mujeres de sus puestos "por el bien de sus hogares y empleos en general" (urgía que los hombres encontraran trabajo), y también se hicieron estudios "científicos", "certeros" y "confiables" sobre lo terrible que es no tener hijos y las desgracias que suceden "biológica y psicológicamente".

Así que, como le digo a mi prima, bendita época en la que nacimos: el mundo está sobrepoblado (no hay urgencia de tener hijos), los hombres no se acabaron en la guerra, y los comentarios... son de los años cincuenta.

Rubia tonta

Doy clases en una universidad, un lugar que se presta muchísimo para los prejuicios y arquetipos (y para que éstos se comprueben o se rompan).

La Facultad de Comunicación tiene fama de que hay chicas que estudian "mientras me caso" porque creen que es una carrera fácil. Como mi materia es de semestres avanzados, ya me toca la gente que realmente está ahí por gusto (se supone) y nunca me he topado con esa "etiqueta".

En un semestre que empezaba, entré al salón y me encontré con el típico estereotipo que sería juzgado: una guapa rubia, perfectamente arreglada y maquillada, con ropa de última moda. Fue inevitable pensar: "Oh, oh, la rubia tonta".

La verdad es que me dio tiempo de pensarlo sólo unos minutos, porque en cuanto la chica empezó a hablar me di cuenta de que su cerebro era del nivel de su belleza física, o mejor aún. Sobra decir que esta alumna era sin duda de las mejores del grupo. Y me enojé conmigo por haberme guiado por un estereotipo creado en los años cincuenta: Marilyn Monroe, una rubia sexy, que no piensa mucho, no le interesa tener una carrera, ni ganar dinero; pero tiene bien claro su objetivo, desde el título de sus películas: *¿Cómo casarse con un millonario?* (1953), canta "Los diamantes son mis mejores amigos", y nos enseña que *Los caballeros las prefieren rubias* (1953).

Había que ser como ella, admirada por hombres y envidiada por mujeres. Aunque claro que me hubiera encantado nacer así, mi naturaleza me lo impide, no se me da. Lo del peróxido me da flojera, me faltan bastantes números en cuestión de medidas corporales; aunque amo mis clases de danza árabe, no sé contonear las caderas, y los tacones los chancleo. Ser Marilyn es más difícil de lo que parece.

Pero todas sabemos que, aunque se veía muy bien, los hombres siempre la "usaron" y su "final feliz" fue un suicidio a los 36 años. Estaba jugando un papel que le colgaron, la etiquetaron y tenía que representar a la mujer ideal de ese entonces. Años después diría Dolly Parton: "No me ofendo con lo de 'rubia tonta', porque sé que no soy tonta, y sé que no soy rubia".

Estadísticas y datos interesantes

- En Estados Unidos corrieron a un millón de mujeres de fábricas, medio millón de trabajos administrativos; 300 mil de comercio y 100 mil de ventas.

- Para 1951: 60% de las mujeres estadounidenses ya estaban casadas.
- En 1957: 14 millones de niñas estaban comprometidas a los 17 años, la mayoría se casaba a los 20 y tenían hijos a los 21.
- En México se obtuvieron los derechos de la mujer con total reconocimiento en 1953.

Los años cincuenta según...

Una feminista:
"Balzac aconseja, por ejemplo, tratarla como esclava, persuadiéndola de que es una reina... La mujer acepta alegremente esas mentiras que la invitan a seguir el camino más fácil, y éste es el peor crimen que se comete contra ella." [SIMONE DE BEAUVOIR, *El segundo sexo,* 1949]

Un escritor:
"En el siglo XIX, quedarse soltera era una desventaja social, una tragedia personal. Pero en los años cincuenta es una perversión." [David Reisman, *The Lonely Crowd,* 1950]

"Olvida tu carrera. La mujer que graciosamente le ha concedido su trabajo al hombre, esa maravillosa criatura que se casa más joven que nunca, que tiene más hijos y que actúa mucho más femenina que las rebeldes de los años veinte o treinta... si ella elige solamente arreglar las flores de su jardín, o hacer panquecillos, recibe más aplausos y honores que nunca antes." [*Look Magazine*, 1953]

Un libro de economía del hogar:
"Excepto por las enfermas, las mal nacidas, las deformes, o las que tienen defectos mentales, todas las mujeres deben casarse." [*How to Be a Woman*, 1954]

Revistas en general, de la época:
"La mujer trabajadora es un gran error. Puede ser que tenga cierta satisfacción en su trabajo, pero hay muchas probabilidades de que tenga daño psicológico." [*Life Magazine*, 1956]

5. La Bella Durmiente: la vida por un beso

—¿Cuándo volveré a verte?
—¡Nunca!, ¡nunca!... Bueno, tal vez algún día.
—¿Cuándo?, ¿mañana?
—¡Ay no! Esta noche, en la cabaña del bosque.
Felipe y Aurora, *La Bella Durmiente*, 1959

Aurora era rubia, pero nada tonta; aunque sí algo pasiva (se quedaba dormida más de la mitad de la película). Era bastante buena para ligar... pero además contaba con sus tías que estaban dispuestas a todo por casarla, pues si no recibía un beso de amor ¡se moría! ¡Qué terror!

Bella, talentosa y con compromiso

A veces pienso que sería muy a gusto tener esposo desde que nacemos. Crecerías, y no tendrías el agobio de tratar de ligar, de interpretar el extraño lenguaje de los hombres, leer libros de cómo conquistarlos, sufrir con la presión social, etcétera. Te quitarías de todos esos problemas. Aunque por ende también desaparecería la diversión que todo eso conlleva. Y la cosa se complicaría si te gusta otro tipo que no es el que te tocó… igualito que a Aurora.

Desde que nació (es la primera princesa que no es huérfana), sus padres la comprometieron con el Príncipe Felipe (acuérdate de la urgencia del matrimonio en los cincuenta). Y luego de grande, las cosas se complican…

Aurora ya tiene príncipe desde su cuna. Y ¡por fin! sabemos quién es el susodicho, cómo se llama y de dónde viene; a diferencia del de Blanca Nieves y del de Cenicienta que nunca supimos ni sus nombres.

Además, Aurora tiene suerte, porque en el bautizo sus hadas madrinas le regalan el don de la belleza y el de la melodiosa voz. Talentos dignos de Marilyn Monroe. Y nos quedaremos con las ganas de saber si el tercer don era la inteligencia (una melodiosa voz siempre será más importante), porque en ese momento llega la terrible Maléfica.

Y poderosa como es, está bien amargada por no haber sido invitada al evento social del año (que seguramente aparecería en las portadas de revistas)… Digo, si ya invitaron al reino entero, ¿qué les costaba un boleto más?

A nosotras lo más que nos puede pasar si no invitamos a una "bruja" de gran calibre es que nos haga chismes; pero Maléfica maldice a la pequeña princesa para que muera antes de los 16 años.

Nunca he sabido cuál es la importancia de esa edad… supongo que en los años cincuenta era cuando tenías que casarte, ¡pero ya!

El beso de amor, te salva de cualquier maldición

Te decía que nunca sabremos si el último don de regalo para Aurora era la inteligencia, porque Primavera, la tercera hada, tiene que improvisar para salvar a su ahijada de la maldición... de la maldición de morir sin casarsc. Así que, obvio, el remedio está en un beso de amor. O sea, si no te besan estás muerta.

Pero eso sí, que no fuera con cualquiera. Había que cuidar a esta muchachita, así que las madrinas se llevan a la protagonista a vivir al bosque para esconderla y protegerla de Maléfica... y de un beso que no fuera de alta alcurnia.

Por cierto, las hadas no estaban casadas, no eran rechazadas por la sociedad, nadie las juzgaba y tenían bastante más de 16 años... *¡cool!*

Para ser moderna: electrodomésticos

Blanca Nieves amaba el quehacer, a Cenicienta le chocaba pero lo hacía... las haditas tienen electrodomésticos. En los años cincuenta la modernidad se expresaba en estos maravillosos aparatos que toda mujer debía tener para facilitar el trabajo en el hogar. Hubo un gran *boom* de esta nueva tecnología, porque las fábricas de guerra se quedaron sin trabajo y se tuvieron que poner creativos... y si había que regresar a la mujer al hogar, ¿qué mejor forma que con un gran "premio"? ¡Una lavadora de trastes!

Mi abuela paterna, Tita, contaba que en una ocasión mi abuelo le regaló de cumpleaños un órgano (cosa que ella no quería, pero él sí). Como lección, en el cumpleaños de él mi abuela le regaló una aspiradora...

Los electrodomésticos eran magia pura, y las haditas tenían sus varitas mágicas. Sin embargo deciden no volverlas a usar, para que Maléfica no las encuentre. Pero Primavera, estresada, pregunta: "¿Quién lavará y quién cocinará?"

No tenemos idea de cómo sobrevivieron durante 15 años... Vaya, yo no hubiera podido. Si te digo que hasta las palomitas de microondas se me queman, no sé qué habría sido de mí sin tecnología. Mira que tuve mi etapa Blanca Nieves en la que tomé clases de costura y me hice tres vestidos; pero ahora ya no sé ni pegar un botón, menos hacer un dobladillo. Tomé clases de cocina y me ayudaron a sobrevivir, pero así que digas que me sale bien, pues no. Y eso que tengo aparatos que ayudan.

Me estresa organizar fiestas porque no sé calcular las porciones para la gente, si sobra o si falta; así que las evito a menos que sean para alguien muy especial. Lo mismo las haditas. Ellas piensan hacerle una fiesta de cumpleaños a Rosa (así le pusieron a Aurora para que Maléfica no la reconozca) hasta que cumple 16 años. Suponemos que nunca le habían hecho una, porque se meten en grandes problemas al coserle un vestido (como los ratones a Cenicienta) y al cocinarle un pastel (como Blanca Nieves a Grumpy). Entonces también podríamos pensar que los vestidos que traen... ¿los compraban? Pero ellas, como yo, sin electrodomésticos de plano no pueden.

"Tú no sabes coser y ella jamás ha cocinado", insiste Primavera. (¿Qué habrán comido todos estos años?, ¿frutas?, ¿verduras?)

Intentan hacer todo por ellas mismas, pero los resultados son un desastre, peor que mis palomitas quemadas, y terminan usando su magia. Benditos electrodomésticos, de verdad... y aun así, tengo mis errorcitos.

La sobreprotección contra príncipes desconocidos

A "Rosa" la conocemos sacudiendo y con una escoba en la mano. Ella sí es hacendosa, no como Cenicienta, que se agobia, ni como Blanca Nieves, que encontraba "gozo y placer" en los quehaceres. Digamos que lo hace naturalmente. Sus tías le encargan fresas y ella se va paseando con los animalitos del bosque. Y ¿qué crees? ¡Adivinaste!, está pidiendo su deseo: "Quisiera un alguien que pueda escuchar mi cantar y responda: te quiero, te adoro, y venga amoroso por mí".

Una buena noticia: tampoco hay un pozo "mágico" de por medio.

"No sé por qué me siguen tratando como a una niña", se queja la chica ante los animales. "Las tías Flora, Fauna y Primavera no quieren que haga amistad con nadie."

Aurora es una princesa sobreprotegida. Las tías tenían miedo de que llegara Maléfica, y por eso no querían que tuviera amigos. Yo no sé a qué le temían mis papás, pero tuve mi época de sobreprotección absoluta. Según yo, no había Maléficas rondándome, pero vaya...

Una vez, cuando tenía 15 años llegué a una fiesta en la que no había "adultos" y sólo estaban los dueños de la casa que eran dos hermanos hombres. Mi mamá no me dejó entrar hasta que llegaron varias mujeres, y les pidió que fueran ellas quienes me llevaran de vuelta a mi casa (aunque no les quedaba de camino). Me moría de la pena. Porque, obvio, cuando entré a la fiesta, los chavos me vieron como monja enclaustrada. A lo mejor nunca me enteré y realmente me salvé de pincharme con una aguja. Así que entiendo a Rosa, porque tuve que ingeniármelas, ya saben, ir por fresas al bosque y esas cosas...

"Pero, ¿saben?, las he engañado esta vez —sigue platicando la princesa con los animalitos—. Conocí a alguien muy especial. ¿A quién? ¡A un *príncipe*!... Pues es *alto, y muy guapo, y tan romántico...* Caminamos juntos y hablamos de tantas cosas bellas; y antes de despedirnos, me tomó en sus brazos y entonces... ¡desperté de mi sueño!"

Yo, como Aurora, conocí a un "príncipe", alto, guapo y romántico; con el que hablé de muchas cosas bellas... y también era un sueño. La idealización del príncipe. Para dificultarme el asunto, el mío tiene la cara de Brad Pitt, así que está muy pero muy complicado que se me aparezca. Para idealizar también soy muy buena. Cuando la gente me pregunta quién es mi tipo de hombre, y les contesto, me ven con cara de "pobre".

"Sí, sólo fue un sueño —continúa Rosa—. Pero dicen que si alguien sueña lo mismo más de una vez, es seguro que se realiza, y yo lo he visto en mis sueños tantas veces."

Yo también lo soñé muchas veces... y al menos puedo decir que se me cumplió entrevistarlo en persona. Ya es algo, ¿no? Aurora, como Blanca Nieves y Cenicienta, tiene una fe segura y certera en sus deseos. Otra experta en *el secreto*, que "visualiza" con la ayuda del búho, al que trata como si fuera el príncipe:

"Usted sabe, se supone que no debo hablar con extraños, pero ya nos habíamos conocido, ¿verdad?"

> Eres tú, el *Príncipe Azul* que yo soñé. Eres tú, tus ojos me vieron con ternura de amor.
>
> Y al mirarme así, el fuego encendió mi corazón, y mi ensoñación se *hará realidad* y te adoraré, como aconteció en mi *sueño ideal.*

Blanca Nieves quiere una "intensa pasión", Cenicienta lo describe como una "pasión sutil" y Aurora como que "el fuego la encendió". Quizá pensabas que eran muy recatadas y mira...

Si lo viste en tus sueños, no es un extraño

El Príncipe Felipe llega guiado por la "melodiosa voz" y toma el lugar del búho...

—Usted perdone, no fue mi intención asustarla.

—No me asusté. Es sólo que usted es un...

—¿Un extraño? Pero ¿no te acuerdas? Ya nos habíamos conocido antes, tú misma lo has dicho, una vez en un sueño.

En pocas palabras, ésta es la vieja técnica de: "¿Te conozco?" La verdad es que esa línea es malísima. Pero a Felipe le funcionó... será porque le empezó a hablar de "usted" y luego la tutea con gran facilidad.

Blanca Nieves, Cenicienta y Aurora se han enamorado de un extraño que resulta ser "de casualidad" un príncipe. Y serán desconocidos, pero qué rápido se les olvida cuando les cantan bonito: "Eres tú, el dulce ideal que yo soñé; eres tú, tus ojos me vieron con ternura de amor..."

Ella coquetea dizque alejándose; pero luego bailan y terminan abrazados a la sombra de un árbol (que conste que él era un desconocido).

Le fue mejor que a Blanca Nieves, que estaba vestida en harapos y limpiando la casa cuando el Príncipe llegó... además la madrastra la estaba viendo. Qué pena. La cita de Cenicienta es nuestra fantasía del baile, pero la de Aurora también está padre. Es como si un galán llegara en el súper (fuiste a recoger fresas) y ahí te sacara una conversación con el "¿te conozco?" El flechazo es inmediato y en pleno súper tienen su cita. O en el parque, paseando al perro o algo así...

Pero por más que trato de hacer memoria, sólo me acuerdo de unos tipos que nos empezaron a seguir a mis amigas y a mí en la feria y no fue nada divertido...

El "no" significa "sí"

Lo que me cae muy bien de Felipe es que es el primer galán al que "le gira la piedra" y le PREGUNTA a Rosa cómo se llama y quién es. ¡Por fin! Un príncipe más pensante que los otros que sólo se dedicaban a cantar y les valía gorro lo demás.

Esto hace reaccionar a la chica que se da cuenta de que está en brazos de un extraño: "No, no puedo decirlo". Y corre, dándose a desear...

Pero aquí nos topamos con un gravísimo problema: cuando le dices que NO a un tipo, y él cree que te estás dando a desear y que le estás diciendo que ¡¡¡sí!!! ¡Ash! Qué desesperante es esto.

Y es que varias teorías de ligue lo sostienen: primero les tienes que decir no para que te rueguen tantito, y después sí. El problema es que tooooodos los hombres creen que esto sucede siempre. ¿Lo habremos aprendido de Aurora?

—¿Cuándo volveré a verte?" —Felipe insiste.

—¡Nunca!, ¡nunca!... Bueno, tal vez algún día.

Paso uno: cerrar posibilidades, inmediatamente después, cambiar de opinión y abrir posibilidades.

—¿Cuándo?, ¿mañana?

—¡Ay no!... Esta noche, en la cabaña del bosque.

Paso dos: parecer que se cierran posibilidades, inmediatamente después proponer una cabaña en la noche...

¡¿Qué qué?! Perdón, ¿oí bien? ¿Primero dice que "nunca", y luego "esta noche en la cabaña del bosque"? Aurora no se anda con rodeos. Mis respetos para ella, yo no puedo. Yo cuando digo no, es no, y cuando digo sí, es sí… Y cuando tengo ganas de la cabaña en el bosque, no lo digo.

Otra vez mis prejuicios… creí que eso no era de "princesas", pero ya veo que bien aplicado es aceptable. Tengo bastante que aprender.

La "importancia" del apellido

Qué feo es cuando a tu familia no le gusta tu pretendiente. Tú llegas súper emocionada a contarles que conociste "una vez en un sueño" "al tipo que me encontré en el mercado mientras compraba fresas"… y lo primero que te preguntan es cómo se apellida. Y te piden que les des todos sus "generales".

Me acuerdo una vez que les conté a mis papás que iba a salir con un chavo y me preguntaron cómo se llamaba. Como les dije sólo el nombre y no sabía el apellido, me dijeron: "Muy mal, ¿qué tal si te queremos localizar?" Me reí porque la respuesta lógica era: si me quieren localizar preguntan por mí y no por él.

Ahora me doy cuenta de que yo también he salido con "desconocidos", como estas princesas… En mi familia (incluyendo mis tíos), aunque un apellido sea típico, creen que lo tienen que conocer. Si les dices: "López", te contestan: "¿No es de los López de…?" O si te hablan de alguien, primero te explican todo su árbol genealógico. Creo que tiene que ver un poco con la cultura del "matrimonio por compromiso", del "nunca hables con extraños". Como si quisieran "protegernos", tener control del círculo en el que uno se mueve. Y si resulta que sí lo conocen, mueren de emoción y felicidad.

Pues así le pasó a la pobre Rosa, que regresa "enamorada" a la cabaña y les platica a las tías del joven "que conoció en un sueño" y al que citó esa misma noche. Como las madrinas no conocen al "joven ese" (no saben el apellido) le dicen que no lo puede volver a ver.

Eso me recuerda cuando llegué de una fiesta y les platiqué a mis papás que un muchacho se me había declarado. Ellos, muy angustiados, me preguntaron cómo fue, y les conté que me había mandado llamar a un cuarto (la cabaña del bosque) y que ahí se me había declarado. He de decir que yo tenía 11 años y el niño 12. Quizás por eso mis papás se pusieron lívidos, y nerviosísimos me preguntaban mil cosas que yo ni había pensado. Ahí aprendí que es muy peligroso aceptar ir a "cabañas del bosque".

Las hadas le explican a Rosa que ella sólo se puede casar con un príncipe, porque ella es en realidad una princesa, y al enterarse se pone a llorar. Nuestros papás siempre nos verán como una princesa... y por lo tanto pensarán que sólo nos merece un príncipe. El problema es que su concepto de "realeza" puede ser distinto del nuestro.

Por eso las tías impiden la cita en la cabaña (¿qué tía no lo haría? ¡Y peor con un desconocido!) y se la llevan en contra de su voluntad. Rosa, como Cenicienta, simplemente acepta su destino. No hace nada por evitarlo. Todavía le falta fuerza. Todavía son las hadas y sus padres (la autoridad) quienes deciden por ella. Todavía es un príncipe de quien depende para salvarse.

Por su parte, él también tiene problemas con su padre para convencerlo de que lo deje casarse con una "campesina". Me pregunto si el Príncipe, también Felipe, de España, habrá convencido a sus papás así de casarse con Letizia...

—Eres un príncipe y tienes que casarte con una princesa.

—Estás viviendo en el pasado —refuta Felipe—. Estamos en pleno siglo XIV y hoy en día…

—El Rey soy yo y te ordeno que uses la cabeza y que…

—Me case con la que amo —interrumpe Felipe para luego huir galopando.

Te digo que las bodas eran de una rapidez… Pero, bueno, es obvio que el muchacho esté muy emocionado: la proposición de la cabaña es muy tentadora.

ANTE EL TEMOR A LA SOLTERÍA, SIEMPRE TENDRÁS TÍAS CASAMENTERAS

Imagínate que tu galán va a tu cita nocturna, y a quien se encuentra es a tu tía amargada. Bueno, pues eso le pasó al pobre de Felipe; que llegó emocionadísimo a la cabaña y fue secuestrado por Maléfica. Ella se lo lleva a su castillo en la Montaña Prohibida, y no pienses mal, no era para hacer nada prohibido; simplemente lo encierra. Maléfica será muy poderosa y todo, pero mira que hacer todo este numerito nada más porque no la invitaron a un bautizo… qué *looser*, que se consiga una vida.

Para ese entonces Aurora ya estaba desmayada por haber tocado la aguja de una rueca (así era el hechizo, no me pregunten por qué). Sin príncipe en el camino, el destino de la pobre muchacha era quedar dormida para siempre (en la inconciencia) hasta que despertara con un beso de amor.

Pero las madrinas se enteran de que el Príncipe y "el joven ese" son la misma persona, y van corriendo a rescatarlo (como ya tiene "apellido", ya les gustó). Otra vez son las hadas quienes hacen la mayor parte del trabajo: le dan la espada de la verdad y el escudo de la virtud (nunca he entendido qué virtud) para que pueda defenderse. Y lo siguen ayudando durante todo el escape y la lucha con el dragón (Maléfica transformada) para que no lo mate.

Felipe es mucho más activo que los dos galanes de las películas anteriores, pero aún no puede solo. De que las tías quieren que el galán llegue, harán todo lo posible e insistirán.

Como mis tías, que cuando ven que yo de plano ya me estoy quedando dormidota en los asuntos del amor llegan a conseguirme varios "príncipes" para que me rescaten de mi "inconciencia".

Un día una de ellas me quería presentar a uno con el que juraba que me iba a casar, porque compartíamos aficiones. Por una cosa o por otra, no nos podíamos contactar. Bueno, mi tía luchó y luchó para que la cita se hiciera: le volvió a hablar a él, me volvió a hablar a mí, nos insistió a ambos, checó horarios, disponibilidad, etcétera, y arregló todo. Hasta nos quería acompañar para presentarnos (cosa que ya no se hizo). Por supuesto el día de la cita habló puntualmente para ver cómo nos había ido (y cuándo sería la boda).

Qué maravilla tener tías así. Que no permitirán bajo ningún motivo que me quede dormidota y encerrada en un castillo. Que darán espadas, escudos, palabras mágicas (le informaron al "príncipe" lo que me gustaba), todo. Está increíble. Lo malo es que a diferencia del cuento, en esta ocasión este "príncipe" no era "el azul que yo soñé" y "el fuego no encendió mi corazón".

Pero ellas continúan en la búsqueda… contra los espinos y dragones que me rodean y que impiden que "despierte".

Sin un beso, morirás (o sin esposo, o sin hijos)

Después de tanta lucha, Felipe por fin entra al castillo, da el primer beso de "amor", y es cuando la bella "despierta" literal y metafóricamente. El haber encontrado a una pareja le vuelve a la vida. Se reconocen, los malentendidos se acaban, y se dan cuenta de que además los dos son de alta alcurnia, lo que mejora todo.

El reino, que también se había dormido por la magia de las hadas, despierta de nuevo (qué felicidad para la familia que la niña "ya salió"), y Aurora y Felipe bailan su primer vals. Mientras, la tía Fauna llora: "Es que los finales felices me encantan".

El "final feliz" es casi siempre el principio de un matrimonio, ¿y luego qué? Ya van tres cuentos que nos plantean el asunto como sencillo, pides estándares de alta calidad: "Príncipe, alto, guapo, romántico, gallardo y gentil, que baile y cante bien". Lo cantas, lo visualizas y te llega. Cruzas unas palabras (o una canción) con él y ya estás para casarte Era lo más importante para esa época, y suena como muy inverosímil e improbable, pero conozco dos casos así... modernos. De los años dos mil, vaya. Curiosamente las dos son hermanas de amigas mías.

En el primero, tal como Aurora, ella estaba en la playa, el "desconocido" llegó con el "¿te conozco?", intercambiaron teléfonos y fueron novios de inmediato. Él vivía en otro estado de la República y por eso era difícil para la familia saber quién era "el joven ese". Pero luchó y mostró ser un "príncipe"; le dio el anillo a la "princesa" en tres meses, y se casaron antes de un año. He seguido de cerca su matrimonio y son muy felices con dos hijitas.

En el otro caso, ella se sentía verdaderamente con dragones y espinos alrededor, porque no había hombres que lucharan. Sus "hadas" le presentaban prospectos, pero ninguno funcionaba. De pronto conoció a uno, justo promovido por un familiar, y en menos de un año se casaron. Para que te tranquilices, ambas tenían bastante más de 16 años. Y las dos se enamoraron de verdad, conocieron a sus galanes de forma intensiva y ellos demostraron a la familia que eran dignos de sus hijas. De que sucede, sucede. O como dicen por ahí, cuando te toca, te toca. Sólo hay que saber distinguir entre realidad y urgencia para casarte.

Blanca Nieves jamás cruzó palabra con su príncipe, sólo escuchó su serenata y se casaron. Cenicienta cantó y bailó con el suyo, y fue un duque el que le propuso matrimonio a nombre del galán. Felipe, un poco más hábil y bastante más interesado, preguntó su nombre a Rosa (aunque no se lo dijo), le pidió una cita, fue a buscarla a la cabaña (el de la Cenicienta hubiera mandado al Duque) y la rescató del hechizo de Maléfica. Un hombre mucho más activo. ¡Y al menos conversaron! Ésa ya es una gran ventaja. Las parejas de los cuentos ya se van conociendo más. ¡Ah!, y la familia lo conocía. Eso de que les guste a tus papás (y a tus tías) es de una importancia...

Test: ¿Eres Aurora?

A lo mejor no eres tan sobreprotegida, a lo mejor no tienes tías "hadas madrinas", pero puede ser que te parezcas a Aurora más de lo que crees. Y no sólo porque te gusta dormir. Resuelve este test y verás qué tan similares son:

1. Conociste a tu pareja:
   a) Es un conocido de la familia de toda la vida.
   b) Lo conocí al azar, y resultó que teníamos gente muy cercana en común.
   c) Lo conocí en la escuela, o en una reunión íntima de amigos o me lo presentaron; digamos que pertenecemos al mismo grupo.
   d) Era un completo desconocido, y por eso me gustó, porque es diferente a todo lo que me han dicho.
   e) No lo he conocido, sólo en sueños.

2. Tu belleza es:
   a) La gente me dice que estoy guapa y me gusta mi físico.
   b) Creo que soy bonita.
   c) Tengo encantos más importantes que la belleza.
   d) Digamos que soy normal.

3. Uno de tus mayores talentos sería:
   a) Mi don tiene que ver con las artes.
   b) Soy muy estudiosa, soy culta.
   c) Tengo don de gentes, me sé relacionar muy bien.
   d) Mi plática es interesante.
   e) Soy excelente para los deportes.
   f) Soy amable, servicial y detallista. Soy buena para atender a la gente.

4. Tu primer beso fue:
   a) Entre 15-16 años.
   b) Entre 17-20 años.
   c) Después de los 21.
   d) Antes de los 15.

5. En tu familia, tú…
   a) No me gusta intervenir mucho en decisiones, mejor dejo la fiesta en paz.
   b) Me adecuo bien a lo que se va organizando.
   c) Me gusta que mi voz se escuche, si no estoy de acuerdo con algo lo digo.
   d) Me gusta organizar, tener responsabilidades y tomar decisiones importantes.
   e) Sé que tengo mucha influencia en lo que pueda hacer y decir.

6. Tu deseo máximo en la vida es:
   a) Tener hijos.
   b) Tener una pareja que me ame.
   c) Superarme profesionalmente.
   d) Tener una carrera y una familia.
   e) Casarme y tener hijos.

7. En lo que más te fijas en un hombre:
   a) En el físico, que sea guapo o tenga personalidad.
   b) Que tenga un buen puesto y sea trabajador y exitoso.
   c) Que sea de buena familia, conocido.
   d) En su inteligencia.
   e) Que sea romántico, caballeroso, detallista, que me cuide.
   f) Que sea simpático y tenga buen humor.
   g) En la atracción.
   h) En la plática, que fluya bien.

8. Para conquistar a un hombre es importante…
   a) Arreglarte y verte lo mejor posible.
   b) Darte a desear, hacerte la difícil.

c) Atenderlo y darle gusto con detalles que le agraden.
d) Adularlo, levantarle el ego.
e) Ser como soy, si le gusto, qué bueno, si no, ni modo.

9. ¿Cómo reaccionas cuando un deseo no sale como esperabas?
   a) Lloro y pues me resigno. Ni modo, así son las cosas.
   b) Me enojo muchísimo, hago berrinche y me desahogo lo más posible.
   c) Soy más racional y fría. Analizo las cosas con cuidado.
   d) Voy en caliente a luchar o a tratar de resolverlo a la de ya.
   e) Me alejo un poco a descansar. Después de un tiempo lo retomo.

10. ¿Qué es lo más importante para conseguir tu meta?
    a) La clave es el deseo y la visualización. Así que recalco eso todos los días.
    b) Rezar para que se me cumpla.
    c) La acción es lo fundamental. Si no haces nada, no pasa nada.
    d) Confío, si me llega es porque es para mí. Si no, pues no.

11. En tu tiempo libre…
    a) Me gusta ordenar mis cosas.
    b) Camino tranquilamente por la calle o en un parque.
    c) Cuido a algún animal o convivo con ellos.
    d) Hago ejercicio o deporte.
    e) Hago algo creativo.
    f) Leo.
    g) Salgo a platicar con alguien.

12. Quieres o quisiste casarte porque…
    a) Es la vocación y realización de toda mujer.

b) No concibo mi vida como soltera.
c) Hay que sentar cabeza y establecerse.
d) Es el siguiente paso en mi vida.
e) Encontré al mega amor de mi vida.
f) No puedo dejar ir a este partidazo.
g) Para tener hijos y formar mi propia familia.
h) Para no estar sola.
i) No me casaría, a menos que en verdad encontrara al hombre ideal.
j) ¿Quién dice que quiero casarme?

Puntuación de las respuestas

1.
a) 4
b) 5
c) 3
d) 2
e) 3

2.
a) 5
b) 4
c) 2
d) 1

3.
a) 5
b) 0
c) 3
d) 1
e) 0
f) 4

4.
a) 5
b) 3
c) 1 (¡no te quedes dormida!)
d) 4

5.
a) 5
b) 5

6.
a) 3
b) 5

c) 3
d) 2
e) 1

c) 0
d) 1
e) 4

7.
a) 5
b) 4
c) 2
d) 1
e) 5
f) 4
g) 5
h) 3

8.
a) 3
b) 5
c) 1
d) 1
e) 4

9.
a) 5
b) 2
c) 1
d) 0
e) 0

10.
a) 5
b) 5
c) 0
d) 4

11.
a) 4
b) 5
c) 5
d) 0
e) 3
f) 0
g) 5

12.
a) 5
b) 5
c) 4
d) 5
e) 2
f) 3
g) 3
h) 5
i) 0
j) 0

Resultados

Suma tus puntos. Lo máximo que puedes tener es 60. Tu resultado multiplícalo por 10 y divídelo entre 60. Ése será tu porcentaje de Aurora.

No te quedes dormida y demos un vistazo a la Aurora actual:

- Es hacendosa, pero no ve los deberes domésticos ni como un placer, ni como un castigo, simplemente como algo que debe hacerse. Sus principales cualidades: la belleza y el canto, sirven para agradar a los demás.
- Es tranquila de carácter, pacífica, no busca problemas, y por lo mismo no se rebela ante la autoridad, que le dice lo que tiene que hacer. Sólo llora si no le parece, pero trata de adecuarse en su tristeza.
- Ya que conoce a su prospecto, se da a desear muy bien, y tiene la habilidad de conseguir una cita formal.
- Su familia la influencia de que debe casarse con un príncipe, y no con un extraño. Por eso tiene muy altas expectativas.

Close up de Aurora

Cualidades principales de Aurora:	Bella ("cabellos dorados cual rayos de sol, y rojos labios cual carmín" según descripción de Maléfica).
	Melodiosa voz.
	Soñadora, con mucha fe.
	Hacendosa.

	Coqueta, pero se da a desear y se deja conquistar.
Meta en la vida:	Encontrar a un príncipe: alto, guapo y romántico.
	Sin que ella lo sepa, la meta de los demás es que la heroína consiga un beso... o morirá.
Conflicto:	Su deseo es encontrar una pareja que la ame... y que sea guapo. Sueña con él, pero no hace nada para conseguirlo, porque no le han permitido buscarlo. Como está tan sobreprotegida, se le facilita más soñar que vivir en la realidad. Se resguarda en su fe y sabe que el galán llegará así como así (qué bien que tiene tías que la ayudan).
Puntos débiles:	Idealizas el amor, piensas que es algo que se da muy fácil: lo ves, te ve, se gustan y se enamoran. Puedes confiar demasiado rápido en un extraño y dejarte ir por el enamoramiento superficial.
	Desgraciadamente la autoridad no siempre elegirá bien por ti, aunque quieran tu bienestar. A lo mejor sus conceptos de "príncipe" son diferentes a los tuyos. Tienes que preguntarte qué es lo que quieres tú, y no elegir por complacer a los demás; luchar tú misma por lo que tú quieres.
El hombre debe:	Ser guapo, alto y romántico. Conquistar a la mujer con bellas palabras, un buen baile, una canción y un beso. Conquistar a sus tías y familiares. ¡Preguntar quién es ella y cómo puede localizarla! ¡Luchar por ella! (Ya se les va complicando un poquito.)

Ya te había dicho que conozco varias Auroras —y hasta cantan bonito—, pero la magia de la vida me llevó a conocer a la original. Gracias a mi trabajo, para el suplemento "Top Magazzine" del periódico *Reforma* (5 octubre 2008), entrevisté por teléfono a Mary Costa, quien le dio voz a la Bella Durmiente en su época. Me parece importante compartir contigo un breve fragmento de la plática, porque ¿quién más experta que ella en el tema de las princesas?: "Aurora es una joven con una enorme imaginación, que fue fomentada por sus tres hadas madrinas, que tenían mucha influencia en ella", me describe a su personaje. "Ella amaba la naturaleza y a los animales. Tenía mucha capacidad de amar. Se sentía completa, no le faltaba nada. Sueña con el Príncipe, pero creo que es porque sus tías le metieron la idea en la cabeza; pero ella es feliz. No teme jugar y expresarse."

Aunque acepta que la Bella Durmiente es el ideal de los cincuenta, también insiste en que sigue muy viva en la actualidad: "Aurora es atemporal. Es una mujer clásica, con mucha imaginación. Quizás habla distinto de las heroínas actuales, tiene otra velocidad, es más pausada. Pero representa la feminidad de cualquier mujer".

LOS AÑOS SESENTA, SETENTA Y OCHENTA: LAS PRINCESAS EN LA REVOLUCIÓN SEXUAL

Las tres princesas clásicas compartían un deseo en común. Lo único que querían era amor. Que llegara un príncipe y las rescatara de su situación. A las tres se les cumplió rápidamente, sin que lucharan demasiado para conseguirlo. Las tres eran ingenuas, se enamoraban del amor e idealizaban a su pareja. Se basaban en la fe y la confianza en el destino. Tenían que enfocarse en el hogar (las tres eran hacendosas) y su fin último era ser esposas.

Pero viene la revolución sexual, que nos trae a tres nuevas y muy diferentes princesas. Una, con el pelo suelto y alborotado que usa bikini. La otra, con grandes ambiciones intelectuales. La tercera, con un sensual traje que enseña el abdomen y que no quiere casarse. Las tres desean libertad. Como las mujeres que se rebelaron en esa época, las que vivieron la onda hippie del "amor y paz", las que experimentaron de todo para liberarse, las que presenciaron que no hay barreras si se puede llegar a la luna. Muchas de nuestras madres lo vivieron y nosotras nacimos en estas últimas décadas.

Pero así como a estas princesas, a todas nos llega el momento de soltarnos el pelo y buscar libertad. Hayas nacido en el momento que sea. Ésta es tu búsqueda personal. No lo que te dijeron que tenías qué hacer.

Las princesas en los años sesenta, ¡a liberarse!

Cuando mi mamá era niña, sus series favoritas eran *Hechizada* (1964) y *Mi bella genio* (1965). Y es que las protagonistas ya tenían súper poderes y una gran influencia en las decisiones de los hombres... Las mujeres ya empezaban a elegir poco a poco su "final feliz". Y lo decidían, para empezar, con cuatro cosas básicas que las revolucionaron:

La píldora y la educación sexual

Me acuerdo que me impacté cuando era puberta y el dermatólogo me recetó unos anticonceptivos para el acné. Ahora resulta que tienen otros beneficios. Y sí... porque además de que la piel me mejoró, también el pelo se me hizo más brillante y mis ciclos eran perfectamente regulares. Bendito invento. Y más para otras, porque mientras a mí me hacía efectos milagrosos en las cuestiones estéticas, a algunas más les daba una poderosa arma de libertad.

Apareció en 1960, y cambió por completo las relaciones de pareja, pues ahora tú decides si te quieres embarazar o no y cuándo. Fue la primera vez que los hombres perdieron ese pequeño poder. La decisión ahora está en nosotras. Y por lo mismo, el concepto de familia y de virginidad cambió. La situación era como la del chiste en que una muchacha de la época reza: "Virgencita, tú que concebiste sin pecar, concédeme que pueda pecar sin concebir". Con la píldora era casi concedido.

Pero evidentemente éstos eran temas súper tabúes en la escuela de monjas en la que estudié. Se supone que desde los años sesenta la educación sexual ya era un tema que se hablaba libremente (aunque no en los países más conservadores, como el nuestro). Sin embargo, si mis amigas y yo veíamos de chiquitas (tres décadas después) algún programa "escandaloso" donde la protagonista se embarazaba, las monjas nos regañaban por andar viendo cosas de pecado. Y había mamás que prohibían las telenovelas... podíamos descubrir muchas cosas a través de ellas.

Desde los sesenta se supone que las revistas también hablaban con mucho más libertad de cómo manejar tu sexualidad libremente. Tres décadas después, a mí me encantaba una en particular (que sigue existiendo y que, por cierto, una amiga mía la edita), donde en la portada aparece una pareja conformada por dos artistas del momento. A todas las chamacas nos encantaba, era la última moda. Y claro, que un día me cacha la monja leyéndola (era un artículo sobre cómo besar) y me lleva a la dirección. Me la quita y me dice que a través de esas lecturas entraban las tentaciones... probablemente tenía razón, si el que enseñaba a besar era Luis Miguel.

Curiosamente, años más tarde yo terminé colaborando en una revista de ese tipo, para adolescentes mujeres. Pero mis artículos eran bien fresas. No quería que a ninguna chavita le quitaran la revista en el recreo... y menos por mi culpa.

La minifalda y el bikini

Es increíble que apenas la década pasada se prohibiera la minifalda en Guadalajara. Y eso que se puso de moda desde 1964. Pero es chistoso el concepto que se sigue teniendo de ella. Cuando te pones una, la actitud de la gente cambia. Depende la minifalda, obvio, pero a veces te preguntan que por qué tan elegante o que cuál es la ocasión... y es sólo una falda, no importa si es de mezclilla. Los hombres te voltean a ver de otra forma completamente distinta que si traes pantalones. Eso puede ser, según la persona, halagador o muy incómodo. Y algunas mujeres te ven con desprecio ("qué atrevida, parece de farol").

Es curioso cómo una prenda ya antigua sigue causando controversia. Y es que cuando te la pones es como si le gritaras al mundo qué tan cómoda estás con tu cuerpo; eso puede ser para muchos una agresión. Como el bikini que, increíblemente, sigue siendo objeto de discusiones.

En mi familia siempre fue un tabú. Ninguno de mis tíos dejaba a mis primas ponerse bikini, mi papá tampoco, por supuesto. Y estamos hablando de los noventa. Yo veía que todas mis compañeras (que son muy buenas chicas) lo usaban, y me empecé a preguntar por qué mi familia lo veía tan mal. Mi proceso fue tardado y por pasos. Y es que una de las cosas más incómodas de comprar es un traje de baño. Es un ejercicio mayor para olvidarte de tus complejos y de tus tabúes mentales.

Primero fui a comprar, como gran osadía, un bikini de shorts hasta la cintura y con el *top halter* como de nadadora profesional, cero escote. Se me veían como cinco centímetros de abdomen y yo ya sentía que me había rebelado. Mi papá así lo sintió también… mi tío el más moderno hasta me felicitó… pero lo cierto es que yo parecía recién salida de una foto de los cincuenta, que es cuando la nadadora Esther Williams lo empezó a usar y la censuraron. También lo prohibieron en el concurso Miss Mundo.

Pero conmigo ya no podían hacer nada. Así que, después de años, me compré otro con el short más corto y más a la cadera, y el top, aunque de natación, más corto también. Ya enseñaba como 10 triunfantes centímetros de abdomen. Y después de haber visitado países en los que las mujeres caminaban *topless* felizmente sin que nadie las volteara a ver (no sé si eso es bueno o malo), compré uno *strapless*. Hasta mis amigas me acompañaban a las tiendas para ayudarme a escoger. Me da risa que en mi caso fue un logro de largo plazo y procesado.

Y así fue en su historia, pues lo inventaron los griegos antes de Cristo, luego el francés Louis Réard lo lanzó en 1946, fue censurado y prohibido, y finalmente se popularizó en los sesenta con actrices icónicas como Bridgett Bardot y Úrsula Andress, la chica Bond. Y mis tíos y mi papá terminaron acostumbrándose a que lo usáramos todas las primas. Pero digo, si hasta Ariel, que es princesa, lo usa.

Estadísticas de los sesenta

Estados Unidos:

- Nueve millones de casas son lideradas por mujeres.
- Tres millones de mujeres son divorciadas o separadas (cifra duplicada desde 1952).
- Un millón y medio de mujeres son solteras.

Los años sesenta según...

Una revista:
"La mujer de hoy no encuentra su identidad a través del hombre. Ellas tienen el trabajo que quieren y pueden hacer." [Gloria Steinem, *Esquire*, 1962]

Una novela que se volvió película:
"La mujer actual es bonita, lista, al pendiente de las noticias, le gusta leer, y también cocinar. Puede estudiar historia del arte o literatura. Trabaja mucho y vive sola en un departamento sexy. Es muy popular, pero muy selectiva y difícil de conquistar." [Helen Gurley Brown, *Sex and the Single Girl*, 1963]

Un tratado feminista:
"Debemos dejar atrás el estado de víctima y movilizarnos en nuestro nuevo poder, para encontrar las prioridades en nuestra vida." [Betty Friedan, *The Feminine Mystique*, 1963]

Las princesas en los setenta

Me acuerdo que de muy niña me encantaba la serie de *La mujer maravilla.* Y he de aclarar, antes de que me empieces a calcular la edad, que en México yo la veía en los ochenta, no sé si la pasaban atrasada o era repetición. Pero yo no había nacido cuando realmente se estrenó en Estados Unidos (1976-1979). Claro que en la televisión empezó hasta este entonces, pero el personaje de los cómics de DC se creó en otro momento en que la mujer comenzaba a encontrar su valor: 1941.

El punto es que todas las niñas queríamos ser como ella. Yo tenía el disfraz, por supuesto, aunque no me parezco en lo absoluto. Y es que esa es la primera imagen remota que tengo de una mujer poderosa.

La verdad es que ya no me acordaba ni de qué se trataba, pero hace poco vi que vendían las temporadas a un buen precio (me enteré de que eran tres) y me las compré en un arrebato de regreso a la infancia.

Ella era la mujer que teníamos como ejemplo las niñas de entonces. Y me impresionó porque incluso hoy en día me parece un personaje revolucionario. Yo con mis problemas del bikini, y esta mujer en traje de baño y botas va por la vida libremente sintiéndose cómoda con su cuerpo (obvio, la actriz Linda Carter era Miss Mundo), mientras ayudaba y resolvía todos los problemas de un aparente héroe, el Mayor Steve Trevor, al que incluso rescataba. Qué Angelina Jolie ni qué nada.

Además el contexto es interesante porque ella vive en La Isla Paraíso, nombrada así, según su reina, ¡porque no hay la maldad de los hombres! Y las amazonas que la habitan tienen un poder indestructible que se llama "feminine", que es el poder que los villanos buscan. Describe perfectamente lo que sucedía con la mujer de aquella época, la que por fin ya se había dado cuenta del poder y la fuerza que tenía y estaba dispuesta a defenderlo de quien fuera...

Quemando brasieres

A muchas chavitas les emocionó comprar su primer brasier porque ya eran "grandes". A mí me chocó. Me parecía un evento en extremo penoso y una prenda por demás incómoda. Tardé en acostumbrarme, sentía que traía una armadura que no me permitía moverme como quería.

Y supongo que, metafóricamente, así lo sintieron las feministas en 1968, cuando se los quitaron y los quemaron haciendo su "Promesa de total liberación", mientras desfilaban en el Cementerio Nacional de Arlington para "enterrar la feminidad tradicional". Coronaron a una oveja Miss América y arrojaron sostén, faja y pestañas postizas al basurero. Dos años después, las francesas colgaron una corona de flores a la *Esposa desconocida* junto al monumento del *Soldado desconocido*.

La fiestecita ha de haber estado divertida, en lugar de disfrazarte, te desdisfrazabas. Era su propio ritual "amazónico" para gritarle al mundo que su lucha comenzaba... su lucha por los derechos que las otras princesas no habían conseguido. Su petición de libertad.

Yo, por el contrario, cuando cambié de ropa interior, pedía seguir siendo niña, pedía no crecer. Quería seguir creyendo en las hadas madrinas que resuelven todo, en los príncipes que te rescatan, en mi primer baile de ensueño y en el vivieron felices para siempre... Pero la realidad es que una vez que te pones brasier no importa que lo quemes... la realidad no tiene marcha atrás.

¿Y tú cuándo te divorcias?

Hace poco fui a comer con una prima que se está divorciando. Cuando entramos al restaurante, se encontró a una amiga que le dijo: "Ya me divorcié", y mi prima le contestó: "¡Felicidades! ¡Por fin!"

Me dio risa porque yo antes estaba acostumbrada a que te felicitaban porque te casabas, pero ahora resulta que te felicitan más cuando te divorcias. Una amiga de la secundaria, que es hija de papás divorciados, dice que "gracias a Dios" sus papás se divorciaron porque así son mucho más felices, y ella creció mejor que si hubieran estado juntos y matándose en su casa.

Los conceptos han cambiado bastante, y empezaron en los setenta.

Esto sucedió porque en Francia, en 1965, ya se había quitado la tutela marital, y como consecuencia en Italia, en 1974, se abrieron las leyes del divorcio. Alemania, en 1976, desapareció legalmente la imagen de la "mujer de hogar", y a partir de ahí el Congreso de Estados Unidos aprobó 71 legislaciones para los derechos de la mujer, 40% del total en el siglo entero.

Pero aunque ahorita ya estamos más que acostumbrados al divorcio, sí tardó en ser aceptado socialmente. Una mujer que admiro —que te contaba en el capítulo de Cenicienta— en un principio se resignó a estar casada con un hombre con el que le iba muy mal, porque "eso le había tocado vivir"; tomó la fuerza hasta este entonces, y se divorció. Sin embargo fue difícil, porque la gente sí la juzgó.

"Claro, para ella es muy fácil porque tiene dinero", decían sus amigas, que no tenían los pantalones para tomar la misma decisión. En cambio, la arriesgada se puso a trabajar y abrió un kínder, nada de que le fue fácil.

A sus hijos también los juzgaban. A su niña le dijeron: "Nunca te cases con un hijo de divorciados". Y ella, siendo chiquita, contestó: "Mis hermanos son hijos de divorciados y son muy buenos". Costaba trabajo, pero la mentalidad comenzaba a ser otra.

Todavía había colegios que pedían el acta de matrimonio de los padres, porque no aceptaban a niños de familias "disfuncionales". Ahora ya se sabe que la familia que no es disfuncional es porque no se ha diagnosticado.

Y es que, claro, las mujeres de los setenta eran las que se habían casado con la presión del *baby boom* encima. Y por eso 20 años después fue la década de mayores divorcios en la historia.

Los setenta fue el momento en que se abrieron todas las leyes para la protección de la mujer, para que tuviera la libertad que estaba buscando. Pero se seguían necesitando "pantalones" y mucha fuerza interna para divorciarse (para ponerse minifalda, bikini y usar la píldora) y salir adelante. Ahora, bueno, por lo que veo hasta te felicitan. Eso sí que cambió.

El movimiento feminista en los setenta

- El feminismo apareció por primera vez en los diccionarios definido como "la teoría de la igualdad política, económica y social de los sexos".
- El movimiento feminista (porque feminismo ha habido desde mucho antes) empezó entre 1966 y 1967 en Estados Unidos, y se basó en el psicoanálisis y en la queja de que no había imágenes positivas de mujeres, ni en la literatura ni en el cine.

Objetivos ideológicos:

- Recuperar momentos en que las mujeres fueron muy importantes y se borraron de la historia.
- Igualdad en derechos y responsabilidades entre hombres y mujeres.
- Aceptarse diferente, redefinirse y demostrar su fuerza.

Problemas a resolver:

- Discriminación en el trabajo, desvalorización de la ama de casa, las injustas leyes del matrimonio y del divorcio.

Los setenta según...

Una revista:
"Aquellas que no tengan vocación de madres o de amas de casa, se sentirán bien involucradas en una sociedad que acepta los nuevos roles que antes no congeniaban." ["La mujer liberada", *Time*, agosto de 1970]

¡Benditos setenta!: Gracias a los setenta tú puedes...

- Acudir o llamar a algún refugio para mujeres maltratadas. El primero fue en Gran Bretaña con líneas de teléfono para Europa occidental y América del Norte (1972).
- Celebrar el Día de la mujer. La ONU nombró "La década de la mujer" de 1975 a 1985.
- Comprobar la paternidad de tu hijo con pruebas genéticas, saber que los hombres también son estériles y

tener la tranquilidad de que es él quien aporta el sexo al bebé.
- Comprar casas o condominios sin tener esposo.
- Tener iguales oportunidades para competir por un puesto de trabajo.
- Ganar igual o más que un hombre.
- Acusar a una empresa o persona por discriminación sexual.
- Tener permiso pagado durante la maternidad.
- Protegerte contra el despido durante el embarazo.
- Salvarte de que te metan a la cárcel por adulterio.
- Solicitar divorcio.
- Tener protección legal contra la ofensa sexual y la violencia doméstica.

Los ochenta y el reloj biológico

Una tía que se divorció, decidió aventarse sola por un hijo a los 40 años. Nunca se supo quién era el papá, pero ella valientemente se lanzó, por más que la sociedad la criticara. Años después encontró al hombre que sería su esposo… y ya ninguno de los dos tenía prisa por tener hijos.

Unas chicas que conocí en un viaje me estaban platicando la historia de sus divorcios. Se me hizo lógico decirles: "Qué bueno que no tuvieron hijos". Y me impresionó cuando me contestaron: "Al contrario, ahora sí ya no sé con quién puedo tener hijos, ni cuándo. Los debí haber tenido entonces".

Es el miedo al reloj biológico. El mito más de moda en los ochenta: los artículos lo repetían tanto que uno podía pensar que era un órgano del cuerpo que podía explotar en cualquier momento: "Las mujeres están sufriendo una epidemia de infertilidad. Las que no tienen bebés están deprimidas y confundidas" *(New York Times)*.

Yo sólo sé que a mi prima, que le costó muchísimo trabajo embarazarse, mientras tenía veintitantos, se embarazó a los 40 y sin tratamiento. Y no sólo ella, sino ahora miles de mujeres son mamás primerizas a los 40. La genética ha avanzado de forma que el tiempo de fertilidad ha aumentado... o ¿todo era un simple mito creado?

El gobierno estaba desesperado porque la mujer quisiera embarazarse otra vez. ¿Cómo la iban a convencer si ya estaban acostumbradas a la píldora, si ya tenían una carrera que seguir? Había que demostrarles que la libertad no era tan buena. ¿La solución? El miedo... a tu biología que, como bomba, va a explotar.

Las chicas sólo quieren divertirse

Desde los ochenta ya había auténticas "Mujeres maravilla" que son madres, trabajan 10 horas y llegan a ayudar con las tareas del colegio a atender la casa y al marido.

"¿Querían tenerlo todo? ¡Pues háganlo todo!", decía un hombre que se "burlaba" de los resultados de la revolución. Pero por más que quisieran asustar con lo de la infertilidad ("es culpa de la píldora"), con lo del reloj biológico ("es culpa de una carrera profesional"), muchas jóvenes de la época no se lograron convencer. Ellas sabían que debían irse realizando por etapas (no es lo mismo hacerlo todo al mismo tiempo), y tenían más conciencia de lo que verdaderamente querían.

Por eso el éxito de Madonna, que ahora se ponía el brasier por fuera, en un acto de mostrar el poder sexual de otro modo, con una feminidad de hierro. Y la moda era pararse los pelos alborotados (mis amigas y yo en la primaria parecíamos pájaro loco a esa edad) como para demostrar físicamente la rebeldía. Cyndi Lauper cantaba su himno "Las chicas sólo quieren divertirse". Y aquí en México Flans cantaba "No controles". Y las tres siguientes princesas se rebelaron ante las leyes de la autoridad, porque ya no les creían...

Las mujeres, y las películas de Disney, nunca volvieron a ser iguales.

Estadísticas en los ochenta

- 1985: en la encuesta anual de Virginia Slims, 51% de las mujeres dijo que prefería trabajar a quedarse en su casa. Ese año se afirma la total igualdad de los esposos en lo que respecta al patrimonio familiar.
- 1986: según estudios del gobierno, la tercera parte de las entrevistadas en Estados Unidos consideran no estar listas para el matrimonio.

En Alemania, Bélgica, Reino Unido, Francia y Dinamarca, 55% de mujeres casadas de menos de 50 años de edad tenían trabajo.

Los ochenta según:

Una feminista
"La función del mito de Adán y Eva es claramente representar a la mujer como una amenaza a la civilización." [Barbara Creed, *Don't Shoot Darling!*, 1988]

Un personaje de cine:
"Mi reloj biológico hace el tic tac tan fuerte, que me despierta en las noches." [Sally Field, en la película *Surrender*, 1987]

Una cantante:
"Algunos chicos toman a una niña hermosa y la esconden del resto del mundo. Yo quiero ser de las que caminan en el sol. ¡Oh! Las chicas sólo queremos divertirnos." [Cyndi Lauper, *Girls Just Wanna Have Fun*, 1983]

6. Ariel: explorando tu profundidad

> Pienso que allá lo entenderán, puesto que no prohíben nada. ¿Por qué habrían de impedirme ir a jugar o a estudiar qué hay por saber?
>
> ARIEL, *La sirenita,* 1989

La sirenita es considerada la primera película erótica de Disney; la pelirroja es la primera princesa que aparece desnuda: En la escena en la que consigue piernas, se ve la silueta de Ariel subiendo hacia la superficie —sin ropa, aunque suponemos que sólo con su top— y luego sale sin tener con qué taparse. Incluso, la escena se menciona como algo excitante para los adolescentes en *American pie: tu primera vez* (1999). Es la primera princesa sexy que muestra su sensualidad sin pena. Digna heredera de la revolución sexual.

Hay otra escena polémica que se volvió de culto, pero sólo la puedes ver en la película original en formato VHS o en Youtube. En la boda que tenían el Príncipe Eric y Vanessa, el sacerdote que oficiaba la misa tenía una erección. Evidentemente, cuando los ejecutivos de Disney se dieron cuenta, despidieron al responsable y borraron el "incidente" que ya no se puede ver en las versiones de DVD.

Empieza lo sexy en Disney, ¿lista para echarte un clavado?

Arriésgate a lo diferente

Así como me encantaba *La mujer maravilla* de chiquita, en la primaria me encantó *La sirenita*. Me fascinaba que fuera curiosa, arriesgada, valiente, y que con su amigo el pez Flounder buscara tesoros en un barco hundido. Además no tenía problemas para escapar de tiburones. No le tiene miedo a lo desconocido, de hecho, le atrae.

Yo nunca de los nuncas he sido una mujer de acción. En deportes era de las más malas de la clase. Por más que corría, me quedaba hasta atrás; si jugaba a la pelota, me quitaba para que no me pegara, y bueno, nada de deportes extremos. Pero supongo que *La sirenita* me influyó tremendamente para tomar un curso de buceo.

Todos mis primos son muy deportistas, ellos sí se van a maratones, ganan trofeos y medallas; entrenan a diario, montan a caballo y cosas así que a mí no se me dan. Y todos nos fuimos a bucear. Evidentemente yo reprobé el examen (me daba claustrofobia la mascarilla, no podía flotar) y el instructor me dijo que no se responsabilizaba por mí. Pero uno de mis tíos que siempre me apoyó y creyó en mí dijo que él se hacía responsable.

Total que nos fuimos a mar abierto y nos aventamos. En el momento en que vi el fondo del mar se me olvidaron todos mis miedos. La maravilla de lo que estaba frente a mí me hizo flotar, nadar y respirar a la perfección. Literal y metafóricamente, me sentí como pez en el agua. Y, ¿quién lo iba a decir?, fui la que duró más bajo el mar, más que todos mis primos "extremos".

La experiencia me marcó y decidí, como Ariel, la protagonista de la película, arriesgarme a cosas diferentes y probar. Entonces esquié en agua, en nieve, escalé, hice rappel, parapente, acampé, y todo lo que se me ocurriera. Soy malísima, soy muy lenta en mi proceso de aprendizaje, mis amigos que me acompañan deben tenerme paciencia, para nada seré heroína de acción; pero, como la Sirenita, me gusta ir a otros lugares distintos a los míos.

También me encanta que esta princesa colecciona *souvenirs* de "otros mundos" y tiene la capacidad de asombrarse con lo más sencillo, con lo diferente… como cuando se encuentra maravillada ante un simple tenedor y lo guarda como su más grande tesoro.

Esto me recuerda la vez que finalmente me gradué de mi curso de buceo (después de aquella experiencia quise sacar mi credencial profesional) y me soltaron a 20 metros de profundidad. Iba yo sintiéndome Ariel, por supuesto, cantando "Bajo el mar" y toda la cosa. De pronto me encontré, ¿qué crees? (te juro, no es broma), ¡un tenedor!

Me encontré un tenedor en el fondo del mar y me puse a llorar de emoción… ¿Qué hacía un tenedor ahí? No sé, son las señales de la vida que te van guiando por tu camino correcto. De hecho lo recogí y lo tengo guardado como tesoro. Ya lo de menos fue convivir pacíficamente con los tiburones grises de arrecife que ahí me encontré, y que hasta saludé con gusto.

Ésta soy yo, ése es mi mundo

El problema de Ariel (y el mío) es que está puestísima para lo que le interesa, pero cuando tiene un evento social para "quedar bien" se le olvida. No fue al concierto de música que le organizó su papá por andar en barcos hundidos, y cuando

Tritón le reclama, ella simplemente dice: "Lo siento. Lo olvidé". O sea, "me valió".

El primer conflicto de esta protagonista es demostrar quién es realmente. Y como tú y yo sabemos, nuestros papás son a los primeros a los que hay que demostrárselo. Porque puede ser que ellos tengan una idea de nosotros que no es la real.

Blanca Nieves, Cenicienta y Aurora no tenían ese problema, porque para empezar no tenían papás. Y aun así, las tres acataban las órdenes de quienes las cuidaban (unas madrastras envidiosas o unas tías sobreprotectoras), porque, como se usaba en la época, la autoridad era inapelable. Ellas sólo lloraban por el destino que les tocaba.

Sin embargo, ya vimos que con la revolución sexual las cosas cambiaron. Ahora había que mostrarle al mundo (quemando brasieres o poniéndotelos por fuera) lo que pensábamos y queríamos con la moda, con los pelos parados o haciendo manifestaciones. Y eso podía no gustarles a los papás que venían de la educación clásica.

Ariel no miente. Dice las cosas como son y no inventa pretextos (me tocó un tráfico de peces, me perdí en un barco hundido, se me atravesó un tiburón —lo cual, en este caso sería cierto—, etcétera). Es responsable de sus actos, quiere ser honesta y abierta con su papá, no ve nada malo en lo que ella hace y por lo mismo no tiene por qué ocultarlo.

Tritón quería que su hija fuera a fiestas de sociedad (flojera), que cantara (utilizara sus talentos para agradar a los demás), que no subiera a la superficie (que no se rebelara) y que siguiera ciertas reglas (el deber ser).

Yo también me tuve que fletar unas fiestecitas de flojera, a las que iba por darle gusto a mi papá. Y obvio, al final terminaba quejándome amargamente, pero todo se puede de común acuerdo, si no te prohíben o te imponen nada. Dando y dando.

Para Ariel la cosa es más complicada, porque Tritón, además de ser su papá, es el Rey del Mar; o sea, cualquier autoridad que te venga en mente (familiar, política y social). Y por lo tanto personifica a los hombres que intentaron detener la revolución femenina, porque creen tener derecho de regir "su océano".

—Si me dejaras explicarte... —Ariel insiste.

—No se hable más del asunto, no quiero volver a enterarme de que subiste a la superficie.

Papá-gobierno no quiere más intentos por *subir*. Las mujeres y su liberación se estaban saliendo "de control".

La sirenita es el primer retrato en Disney del rompimiento de generaciones. Los padres clásicos *versus* las hijas provenientes de la revolución sexual. Se aman, pero no se pueden comunicar como quisieran. Antes la autoridad era dictadora; ahora las nuevas generaciones buscan su propia identidad, lo que realmente quieren, y quieren demostrarlo.

No podemos pretender que nuestros papás cambien de valores de un día para otro: cuando Tritón se da cuenta de que Ariel está subiendo a la superficie (saliéndose del huacal), llama a Sebastián el cangrejo para que la vigile.

La primera vez que en mi trabajo de periodista me mandaron de viaje, yo estaba en el cielo de la felicidad. Iba a ir a Hollywood (otro mundo, mi "superficie") a entrevistar a Edward Norton. Cuando se los conté emocionadísima a mis papás, se pusieron pálidos (como si algo muy malo me fuera a pasar ¿?), y no se me olvida que mi mamá me pidió que no fuera. Que les dijera a mis jefes que "¡¡¡¡¡otro día!!!!!!!!"

¡¡¡Por Dios!!! Era la oportunidad de mi vida. Pero ellos, como Tritón, temían que su hija fuera a otros mundos desconocidos y "peligrosos". Por supuesto que no renuncié al viaje, pero en lugar de que me acompañara un cangrejo tuve que ir con mi propia madre detrás... Todo sea por ir a "la superficie".

Por cierto, qué curioso, Sebastián se dedica a los espectáculos, a los medios de comunicación, a la publicidad... o sea, a los mensajes que el cine y la tele pretendían transmitirle a las jóvenes de la revolución sexual: ¡Regresa! ¡No subas a la superficie!

Pero Ariel, como buena ochentera, es rebelde. Y más si está influenciada por las canciones de Madonna ("Papa don't preach"), de Cyndi Lauper ("Oh Daddy dear, you know you're still number one, but girls, they wanna have fun") o ya de plano en México por Flans ("No controles mi forma de pensar porque es total y a todos les encanta").

Tu deseo: subir

"Si tan sólo pudiera hacerle ver que *no veo las cosas como él lo hace*. No es posible que un mundo que hace tantas maravillas sea tan malo."

Este diálogo es de Ariel, pero cada vez que lo escucho lo siento mío.

Me recuerda cuando me inscribí a tomar clases de actuación, ya un poco más profesionales, y mis papás se infartaron un poco. O cuando me iba a ir de viaje de trabajo y también se asustaron, o cuando me fui a bucear.

Yo creo que a todas nos ha pasado algo así. Mi ventaja es que mis papás jamás me prohibieron nada. Sí se asustaban, sí me trataban de convencer con todos los razonamientos de que no lo hiciera, sí me transmitían sus propios miedos, sí se me quedaban viendo como si estuviera loca; pero cuando me veían decidida estaban ahí para apoyarme. Y eso siempre lo agradeceré. Porque requirió esfuerzo de ambas partes. Mía para hacerles ver, de ellos para aceptarlo y apoyarme.

Tritón sí le prohibió la superficie a Ariel, porque no entendía su sueño. Ella no tiene un canal de comunicación abierto con su papá, pero esa nueva generación de mujeres ya no se dejaba influenciar tanto, aunque los medios y la sociedad las criticaran...

Por eso en su refugio personal (su cueva con sus tesoros) canta su "himno de los deseos": "¿Qué es lo que ves a tu alrededor? *Tanta abundancia, tanto esplendor*, te hace pensar que yo *no necesito más*".

Ariel, a diferencia de las princesas anteriores, tiene todas las comodidades. No tiene que estar limpiando (jamás la vemos haciéndolo), y aunque se sabe afortunada, cree que esos lujos no lo son todo:

> Pero yo *en verdad quiero más.*
> Yo *quiero ver algo especial*, yo quiero ver una bella danza...
> Y *poder ir a descubrir*,
> qué siento al estar ante el sol, no tiene fin,
> *quiero saber más, mucho más.*

Ariel quiere probar cosas nuevas (la danza, el sol) y así descubrirse a ella misma. Pero sobre todo es la primera princesa que tiene un interés intelectual.

"¿Qué debo dar para vivir fuera del agua? ¿Qué hay que pagar para un día completo estar?"

Está dispuesta a todo por lograr su sueño ella misma. No espera que un pozo mágico se lo cumpla, o que un hada madrina le resuelva la vida.

"Pienso que allá lo entenderán, puesto que *no prohíben nada.* ¿Por qué habrían de impedirme ir a jugar?" A veces solemos idealizar el mundo que no es nuestro. Y pensamos que si vamos ahí estaremos mejor. Esto puede ser un espejismo, pero también es el deseo que te mueve a buscar cosas diferentes y hacer un balance entre tu mundo y otros.

Cuando pruebas algo nuevo, tienes muchas expectativas y descubres que no era tan padre (a mí no me terminó de convencer la actuación), pero lo importante es entrarle, quitarte el gusanito y decidir tú.

"*A estudiar qué hay por saber,* con mis preguntas y sus respuestas: ¿Qué es fuego, qué es quemar? ¿Lo podré ver?"

Ariel es la primera princesa que quiere encontrar respuestas. A todas nos llega un momento en el que nos cuestionamos sobre lo que realmente queremos, sobre quiénes somos, y sobre si lo que habíamos creído es cierto o no. Queremos empezar desde cero, descubrir nuestro propio camino con lo que realmente nos identificamos, y no lo que nos dijeron que "servía" o que "era lo correcto".

"¿Cuándo me iré?, quiero explorar, sin importarme cuándo volver, el exterior, quiero formar parte de él."

Hay un punto en que la necesidad de explorar es tan fuerte, y te sientes tan encerrada en tu mundo, que quieres ir a otro. Para mí se convirtió en una meta primaria irme a estudiar a otro país. Y mientras el proceso se daba, ¡uf, cuánto canté esta canción!

En la versión en inglés del "himno" hay una estrofa que dice: "Bright young women, sick of swiming, ready to stand" ("Mujeres jóvenes brillantes, hartas de nadar, listas para levantarse"). Ésa es la mujer que Ariel ansía ser. Es la mujer de los ochenta.

Tu Ariel es ese espíritu aventurero que te reta personalmente (subir a la superficie siempre tiene sus peligros), pero que no te permite estancarte. La que te saca de tu rutina. La que te permite conocer otras formas de pensar, otras culturas y otros mundos. La que te hace abrirte.

Y tienes que aprender desde qué es una "pipa" y un "tenedor" (a veces con respuestas equivocadas de una gaviota que pretende saber), y se te atraviesan miles de tiburones, o tienes que cambiar tu voz por piernas… pero el conocer tu propio "fondo del mar" y tu propia "superficie" es conocerte a ti, y siempre es sorprendente.

Tú eres tu propia protectora

Quiero que sepas que bien estarás;
cómo quisiera estar a tu lado.
Me gustaría tanto verte feliz
y disfrutar bajo el sol tu compañía sin condición.
Yo volveré, ya lo verás, por ti vendré.

Nos encantaría que un galán nos cantara esta canción. Que nos ofreciera compañía, protección y que le interesara nuestra felicidad. Pero a Ariel nadie se la canta. ELLA ES LA QUE LE CANTA A ERIC. Así es. Ariel es la primera princesa ¡que le ofrece protección a un príncipe!

Es la primera que NUNCA pide amor. NUNCA pide al gallardo galán que le hable bonito, sea guapo, romántico y llegue para llevársela. Como buena chica de la revolución sexual, son otras cosas las que le interesan: libertad, superarse intelectualmente, cuestionarse, descubrir otros mundos. Quiere realización personal. Pero con ese deseo en mente le llega el amor.

En una de sus escapadas a la superficie, la sirena descubre al Príncipe Eric, y le parece muy atractivo. Por un accidente, el barco del galán se hunde y Ariel lo salva. Ella lo salva a él. Él es la víctima, ella la heroína. Los arquetipos de mujer y hombre muy sutilmente empiezan a transformarse. La idea de lo que es "femenino" empieza a tomar otros matices. La mujer es ahora activa en la relación.

Ariel es una mujer segura, que evidentemente nunca ha sido herida y no necesita protección. No le entran inseguridades (¿qué tal si me rechaza porque tengo cola de pescado?), ni tiene tabúes (¿no se supone que él es el que me debe proteger a mí?), ni tiene miedos (¡uy!, es de otro mundo, no hay forma de que la relación prospere). Tiene completa confianza en sí misma, en su intuición, y está segura de su capacidad para lograr lo que quiere:

> No sé qué hacer, cuándo será, pero yo debo aquí regresar.
> Siento que sí puedo formar parte de él.

No espera un pozo ni un hada madrina. No ve obstáculos, ve metas. Y va con todo.

Contra viento y marea

> Ariel, escúchame, ese mundo está muy mal.
> La vida bajo el mar es mucho mejor que el mundo de allá arriba.
> Tú crees que en otros lagos las algas más verdes son,
> *y sueñas con ir arriba, ¡qué gran equivocación!*

¿No ves que tu propio mundo no tiene comparación?
¿Qué puede haber allá afuera que causa tal emoción?

Así me "cantaron" muchas personas cuando dije que me quería ir a Australia a estudiar. Me decían que había unas arañas que te picaban y te morías en segundos. Que era el país con más serpientes venenosas en el mundo. Que seguramente perdería mi trabajo aquí. Que estaba muy lejos, que qué tal que pasaba una emergencia… y así le cantaba también Sebastián a Ariel, para evitar que subiera a la superficie.

Sé que trabajan sin parar, y bajo el sol para variar…
Si no te quieres arriesgar, bajo el mar te quedarás,
y sin problemas, entre burbujas, tú vivirás.

También les "cantaron" las mismas estrofillas a las mujeres de la revolución sexual: "Si trabajas, te estresas, te deprimes, te vuelves neurótica, histérica y enferma". Es mejor que alguien te mantenga y así "sin problemas tú vivirás". "Subir" es una equivocación.

Pero Ariel, ¡ja!, ya no se lo cree.

Nadie te puede quitar tu voz y voto

¿Nunca has ido con una bruja? Yo sí. Y es toda una experiencia… Vaya, en momentos de desesperación, nos vamos a leer las cartas, al hechizo del no sé cuánto, a la limpia de Catemaco, a la secta del tercer orden (por decir un nombre), a los anuncios de la tele de "pare de sufrir", al curso de "los aplausos mágicos", y a todo movimiento esotérico cómico-mágico-musical que nos presenten.

Y así le hace Ariel, cuando Tritón llega a su cueva llena de tesoros, y le rompe su colección al verla fascinada con una estatua del Príncipe Eric (que Flounder encontró después del naufragio).

"Me considero un rey bastante razonable, establezco ciertas reglas y espero que sean obedecidas... Y si sólo puedo lograrlo de esta forma, ¡que así sea!"

Tritón cree que le está haciendo un bien a Ariel. Él piensa que la está protegiendo de algo muy malo. Como las haditas, que no dejaban que Aurora hiciera amistad con nadie. La familia siempre nos querrá proteger, y lo hace con buena intención. Pero cuando Tritón siente que está perdiendo el control, deja a un lado el diálogo (nunca lo hubo del todo) y se impone con castigos.

Sin embargo, un alma como la de Ariel no se detiene. Cuando la tratan de controlar, se rebela más, no como Cenicienta, que simplemente llora esperando a que la ayuden, o como Aurora, que se resigna a que la casen con quién sabe quién (que luego resultó el bueno).

Ariel llora, sí, pero se levanta... y no precisamente ante la invitación de un hada madrina, sino de un par de morenas (del mar, obviamente). Desesperada y en busca de ayuda, la sirena va con Úrsula, la bruja del mar, que le dará piernas a cambio de su voz para que pueda subir a la superficie y conquistar a Eric.

Por supuesto, la invitación del hada madrina siempre está mejor. Pero no siempre se nos aparecen cuando las necesitamos, así que si se nos termina la paciencia, nos vamos con las "morenas" que nos ofrecen llevarnos a que las brujas resuelvan nuestros problemas.

Cuando yo fui con una bruja, fue porque me sentía perdida en mi camino de exploración, y por problemas de salud que me tenían verdaderamente harta. Me sentí como cuando

Ariel entraba a la cueva de Úrsula, toda tenebrosa; pero ella, aunque con miedo, sigue avanzando.

A mí también me asustó llegar a una casa rascuache, medio perdida, bastante oscura y que cuando me abrieron la puerta se oían cosas como: "¡Salte de ahí, espíritu indeseable! ¡Aléjate de ella, no vuelvas más! ¡Deja su espíritu en paz!" Y olía raro... como a ¿quemado? Pero como Ariel, entré y esperé. Estaba nerviosa, así que me puse a rezar y a decretar cosas buenas.

Mi bruja sin embargo tenía buena vibra. Ya que la vi, no me asustó, era bonachona. Primero me leyó las cartas y luego me hizo una limpia con limones. No me pidió mi voz a cambio ni me prometió "cambiarme las aletas por piernas"; me dijo que poco a poco me curaría... pero que tenía que seguir yendo.

Cuando, como yo, te sientes verdaderamente perdida, porque lo has probado todo y nada te funciona, oyes lo que quieres oír y ves lo que te conviene ver. Me la había recomendado una doctora, así que por eso fui con confianza. En ese momento yo estaba alucinada con la bruja, me dio paz y sentí que "ahora sí" me curaría. Es cuando tienes necesidad de creer en algo. Tan contenta estaba que se la recomendé a otra Ariel, que también fue, y también fue feliz.

Ya pasado el tiempo, las dos lo vemos como una experiencia, pero que sólo sirve para que tu mente se apacigüe, y te ayude a volver al camino. A veces seguimos teniendo sed de creer "en los cuentos" y en "la magia". Y sí existe, por supuesto, pero la estábamos buscando en un lado equivocado. No me arrepiento, porque me ayudó a reflexionar sobre varias cosas, sobre de dónde sale la verdadera magia. Seguí yendo un tiempo con ella, para hacer hechizos y rituales (todos de magia blanca, por favor, no piensen mal). Hasta que en su momento comprendí que tenía que seguir adelante. A veces hay que perderse para encontrarse. Obviamente no me curé, pero me divertí en el camino.

A mí me sacó dinero, aunque lo veo como una inversión en mi aprendizaje personal; pero a Ariel, Úrsula le quitó lo más importante: su voz.

"Antes de que se ponga el sol el tercer día, tendrás que haber logrado que el Príncipe se enamore de ti", explica la hechicera, respecto al trato que cerrarán.

"Es decir, que te dé un beso, no uno cualquiera, sino un beso de amor verdadero." Otra vez, el beso es "la magia" que hará feliz a la princesa.

Cuando Úrsula pone el precio (la voz), Ariel duda; así que la bruja trata de convencerla, como de costumbre, con una canción:

> No olvides que tan sólo *tu belleza es más que suficiente.*
> *Los hombres no te buscan si les hablas, no creo que los quieras aburrir.*
> Allá arriba *es preferido que las damas no conversen,* a no ser que no te quieras divertir.
> Verás que *no logras nada conversando, a menos que los quieras ahuyentar.*
> *Admirada tú serás si callada siempre estás.*
> Sujeta bien tu lengua y triunfarás.

Esta cancioncilla de Úrsula es otra propaganda. Ella, siendo mujer —amargada, eso es obvio—, no quiere que Ariel se exprese. Quiere quitarle su voz (y voto). Probablemente hace algunas décadas Úrsula tenía un trabajo seguro y la corrieron (como a las mujeres que empezaban a independizarse), y eso le causó resentimiento. Por eso plantea la idea de que es mejor no hablar (ni revolucionarse, ni que las nuevas generaciones avancen).

¿Cuántas veces no hemos oído "los consejos de Úrsula"?: "Finge que eres tonta, si te ven inteligente los asustas", "Calladita te ves más bonita", "Lo importante es que te arregles bien y les gustes", "Deja que ellos hablen y tú limítate a escuchar", "Los hombres son los que deben llevar la conversación". ¡Uf! Me los sé todos. Me he topado con muchas "Úrsulas" en mi vida.

Pero pobre, me da ternurita. ¿Quién la calló en su juventud?, ¿quién le quitó sus derechos?, ¿quién la hizo menos?, ¿quién le dijo que su palabra no tenía valor, que para qué avanzaba? Sin embargo su camino no fue el correcto, se amargó y se encerró en rencores. Y va pasando su tinta negra (cual pulpo que es), oscureciendo la libertad de los demás con sus propios prejuicios.

Ariel es la primera princesa que decide argumentar con más fuerza sobre lo que piensa. Ahora, metafóricamente, le quitan su voz. Pero ella confía en sí misma y aun así se lanza al mundo de arriba.

¿A ti te han callado tu voz interior?

Aunque te urja un beso, conócelo antes

Una amiga me decía que no entendía las reglas para besar. Que una vez besó a un chavo en la primera cita (como Cenicienta) y él no regresó. Que a otro no lo besó en la primera cita y tampoco regresó.

Es que te digo que en los cuentos nos plantean que el beso es lo que nos va a salvar. Crecemos con esa idea y luego, como no nos buscan con la zapatilla de cristal, o como no lucharon contra dragones para estar con nosotras, nos confundimos.

Si hay alguien a quien le urge un beso es a Ariel, porque de no obtenerlo en tres días, regresa a ser posesión de Úrsula en forma de plantita. Eso está más feo que quedarse dormida, por mucho tiempo que fuese. La sirena está consciente de su situación. Uno podría pensar que en cuanto vea a Eric se le lanzará y lo besará con efusividad. De ello depende su vida. Pero no, su táctica es mucho más inteligente...

1. Tiene citas: Eric la encuentra en la playa, cree que es una náufraga y la ayuda (ahora él es el rescatador, o eso finge ella). Cenan, la invita a conocer el pueblo, bailan y pasean en carreta (manejada locamente por Ariel, lo que nos muestra su espíritu aventurero, y que ella tiene las riendas).
2. Deja que él la conozca: Eric trata de conocerla mejor adivinando su nombre (no como el Príncipe de Cenicienta o el de Blanca Nieves, que jamás preguntaron y les valió). Nada de que un bailecito y luego luego el beso. Nada de que una cancioncita y me voy corriendo con él. Aquí se conocen como se debe.
3. Ser coqueta, pero no aventada: Eric y Ariel están en una lancha, y aunque ella se muestra insinuante para obtener un beso, él no se acerca. Ariel puede perder su libertad si no la besa; pero no se le lanza, ni lo acosa, no se ve urgida, ni desesperada, ni necesitada. Deja que él tome la iniciativa. Y tiene mucha razón. ¿Para qué quieres besar a alguien que no te quiere besar a ti? Porque hay chavas que se creen sirenas, pero son verdaderos pulpos aventándoseles y envolviendo al cuate con tentáculos... Y no van a perder su "libertad", pero su dignidad, seguro.
4. Suspenso. El galán es tímido, así que Sebastián (que va vigilando a Ariel) toma cartas en el asunto y canta la canción "Bésala". Casi logra que el galán se acerque, pero Flotsam y Jetsam, las morenas de Úrsula, los tiran al agua. Sí, que coraje, pero cuando hay suspenso... el beso será mejor.

Tu pareja es tu equipo

Una vez salí con un tipo que cuando supo que por mi trabajo tenía que viajar, me preguntó: "Pero cuando te cases, obvio vas a dejar de viajar, ¿verdad?"

Y yo, "obvio", lo mandé muy lejos. Como que se perdió en la máquina del tiempo y llegó directito de los años cincuenta. No, gracias. Yo quiero uno como Eric, que no pierde las esperanzas de hallar a la chica que lo rescató (porque no sabe que es Ariel). La quiere encontrar, precisamente por eso. No por hermosa. Caso extraño, un príncipe feminista. Sabe que su hombría no tiene que ver con ser "superior" a la mujer. Al contrario, admira y quiere a la que también tenga la fuerza de ayudarlo.

Pero aparece otro conflicto: llega Vanessa al pueblo (que es Úrsula disfrazada), y Eric cree que es la rescatadora (porque está hipnotizado), y decide organizar la boda lo más pronto posible.

Todas nos hemos topado con el problema: "Llegó esa bruja y me lo quitó", "Le dio toloache", "¿Porqué me dejó por ella?, no entiendo", "¿Qué le vio?", "¿Qué tiene ella que no tenga yo?" Y qué triste, porque a todas nos encantaría decir que lo hipnotizaron. Que la chava en cuestión es una bruja disfrazada; que está enamorado de nosotras, pero no lo sabe...

¡Ay, qué dolor! La verdad es que la mayoría de las veces, en la vida real... esto no es cierto. Hay que aceptarlo. Pero pues en el caso de Ariel, lo de la bruja y lo del hipnotismo, sí (comprobado y todo por la gaviota Scuttle).

Así que cuando se entera de que perderá a Eric, llora y está a punto de darse por vencida, pero, otra vez, toma las riendas de su vida. No se sienta a esperar a un hada madrina, sino que se avienta al mar y nada con todas sus fuerzas para impedir la boda. Cuidado, tú no te le vayas a lanzar a chillar al "hipnotizado"... a menos que verdaderamente esté hipnotizado. Lo cual es poco probable.

Ante el asombro de todos, se descubre que Vanessa es Úrsula; pero es demasiado tarde, ya que Ariel se ha convertido en sirena de nuevo. La hechicera se la lleva al fondo del océano, y ahora Eric luchará por ella: "La perdí una vez, no pienso volver a perderla". Y se lanza al mar. Lo padre es que los dos están dispuestos a luchar el uno por el otro cuando se necesite. Son un equipo. Están en igualdad de relación. Los dos, unidos como pareja, van contra Úrsula, que al final muere.

Afortunadamente sí sé de casos que me hacen mantener la fe en que hay "Erics" de carne y hueso. Tengo conocidas que siguen trabajando después de casarse, incluso con puestos y sueldos más altos que los de sus esposos, y eso no les ha impedido continuar unidos, apoyándose. También están las parejas que aprenden uno del otro y así se complementan. A lo mejor ella no tenía la habilidad de él, pero la va aprendiendo para compartirla. O viceversa. Y nunca es una competencia. Es un trabajo en equipo.

El final feliz

Tu familia siempre va a querer tu bien, y como con Ariel, en un principio la diferencia de expectativas, de percepción y de brecha generacional puede ser tan grande, que no hay diálogo posible. Pero si tú les demuestras que tus sueños son en verdad tu meta en la vida y no un simple caprichito, al final te apoyarán:

—Realmente lo ama, ¿verdad, Sebastián? —dice Tritón, que ve a lo lejos el dolor de Ariel por tener aletas otra vez.

—Como yo siempre lo he dicho, su majestad: *los hijos deben tener la libertad para hacer su propia vida.*

Sebastián también aprendió la lección para los padres e hijos de los años ochenta.

Tritón le da piernas a Ariel, le da libertad para hacer su vida. Es finalmente el papá quien le cumple su sueño. Y han sido mis papás quienes me han dejado ser quien he querido ser. Quienes me apoyaron cuando quise estudiar fuera, y después vivir sola. Entre otras cosas.

Porque ven lo que significa para ti, y lo que luchas para conseguirlo. Aunque vaya en contra de su percepción y expectativas... Y es cuando ya no tienes que rebelarte, porque hay entendimiento y diálogo abierto. Y te dejan viajar (sin un Sebastián detrás), conocer otros mundos (sin que les hables cada hora por teléfono), mezclarte en otros ambientes (confiando en ti), vivir sola...

Ariel se casa con Eric (con un vestido ochentero como de Lady Di). El final feliz no es el hecho de que se casó, como las anteriores princesas. Es el hecho de que *subió* a la superficie. Logró pertenecer al mundo que tanto quería conocer. Escogió con libertad su futuro. Demostró lo que quería y lo logró. ¿Y qué mejor cuando encuentras a alguien que pertenece al mundo en el que quieres estar? Sí, yo quiero un Eric con quien compartir mis valores, que respete mis deseos de subir, admire mi fuerza y no me minimice.

Las Arieles dejan atrás la comodidad de flotar en aletas para pararse en sí mismas con piernas y toman su lugar en tierra firme. Se cuestionan, no se conforman y no creen en los mitos que van en contra de sus ideales; saben lo que quieren y van por ello. Y nadie les quita su voz, y mucho menos su voto.

Test: ¿Eres Ariel?

¿Tienes el pelo rojo? ¿Te gusta la playa? No es suficiente. Contesta, y a ver si realmente te pareces.

1. Tienes un evento familiar que para ti no es de vida o muerte, pero si vas quedarás muy bien con todos:
   a) Por supuesto que voy, me gusta ser responsable; además todos estarán contentos conmigo.
   b) Lo hago porque no me queda de otra.
   c) No manches, qué flojera, ni en broma voy. Tengo cosas más interesantes, así que pongo un pretexto.

2. Tu *hobby* favorito es:
   a) Colecciono las cosas más raras, pero las aprecio mucho y les doy valor.
   b) Algo tranquilo, como escuchar música, leer, pintar, escribir.
   c) Me gustan los deportes extremos que me hagan sentir adrenalina.
   d) No me gusta la rutina, busco alguna novedad o nuevas actividades que me mantengan interesada.
   e) Ordenar o limpiar mi habitación.
   f) Cocinar, tejer, coser.

3. Cuando te castigan en tu casa o en el trabajo:
   a) Te defiendes lo más posible, y si ya no te queda otra, pues acatas.

b) Haces como que los oyes, pero les das el avión.
c) No lo aceptas y te rebelas. Si no es justo, ¿por qué aceptarlo?
d) Lloras, pero eso no te detiene.
e) No dices nada y acatas órdenes, ¿para qué discutir?

4. Tú estudias o trabajas por:
   a) Me encanta aprender cosas nuevas. Sigo aprendiendo y llevo una carrera para desarrollarme y crecer.
   b) Obligación, no me queda de otra.
   c) Es cuando se encuentran los mejores partidos. Es la época más casadera.
   d) Pues porque son los pasos que hay que seguir en la vida.

5. Respecto a la forma en la que tus papás te educaron, tú:
   a) Lo hicieron muy bien, somos amigos, nos entendemos y son los mejores papás.
   b) Odio cómo me educaron. Cuando yo tenga hijos lo haré exactamente al revés.
   c) Pues como típicos papás, tienen cosas muy buenas y otras que me chocan.

6. Tu ideal de vida es…
   a) Casarme, tener hijos, dedicarme a formar una familia.
   b) Tener una carrera profesional en la que siempre pueda progresar.
   c) Tener una pareja que me apoye en mis sueños, mi trabajo y mi desarrollo profesional.
   d) Ser libre para hacer lo que me plazca.

7. Una amiga tuya decide irse a viajar un tiempo a otro país por gusto, tú piensas:
   a) ¡Qué increíble! Se me antoja hacer lo mismo.
   b) Está loca, pero así es ella.
   c) Seguro fue a conseguir galán extranjero.
   d) ¿A qué diablos va? Aquí lo tiene todo.

8. Tu pareja debe ser:
   a) Alguien que me ofrezca seguridad y un buen nivel de vida, tranquilo.
   b) Alguien que admire y me admire.
   c) Me gustan los hombres con poder, con decisión y fuerza; que lleven el timón de la relación.
   d) Alguien que comparta mi visión del mundo, y que tengamos muchas cosas en común.
   e) Amable, buena persona.
   f) Romántico, detallista.
   g) Inteligente.
   h) Guapo y con personalidad. Que haya atracción.

9. Con tu físico tú:
   a) Me siento segura, me gusto como soy. No tengo complejos ni pena.
   b) Estoy bien, pero si pudiera me cambiaría algunas cosas para mejorar lo más posible.
   c) Trato de resaltar mis cualidades y tapar mis defectos.
   d) Tengo otras cualidades más importantes que la belleza.
   e) Soy equis. No llamo la atención y así está bien.

10. Para conquistar a un galán, tú:
   a) Soy pésima ligando, que él haga todo, por favor. A mí me da pena.

b) Hay que ser directa y plantear lo que uno quiere.
c) Me muestro abierta, pero dejo que él conquiste.
d) Me doy a desear.

11. Cuando tu pareja o el chico que te gusta se aleja de ti, repentinamente y sin explicación alguna…
a) Yo también me alejo, ni le busco al asunto.
b) Dejo pasar un rato, y ya con la mente más clara tomo una decisión.
c) Esto tiene que ser en el instante para que no se enfríen las cosas. Lo vuelvo a buscar.
d) Armo un plan sutil, no tan directo, para ver si tiene intenciones de regresar.
e) Hablo serenamente con él para aclarar la situación.

12. Cuando tienes una meta tú:
a) Rezo o medito en ello. Tengo fe en que un poder superior me ayudará.
b) La acción es lo más importante. Confío en mis habilidades.
c) Si no veo posibilidades, es mejor la retirada. Hay metas que no se pueden cumplir.

13. Si la situación no sale como tú querías:
a) A veces la vida no te responde como quisieras. Hay que aceptarlo y no sufrir más.
b) Lucho y doy todo hasta el final.
c) Es muy cansado, así que espero un poco y vuelvo a la lucha.
d) Tarde o temprano llegará. Hay que tener calma, simplemente no ha sido mi momento.

14. ¿Tu mejor habilidad, la que más te da satisfacciones?
    a) Algún arte.
    b) Me gusta estudiar, leer, soy culta.
    c) Los deportes, soy atlética.
    d) Soy ordenada y organizada.
    e) Soy muy buena cocinando.
    f) Me sé relacionar muy bien.
    g) Soy amable, servicial, detallista. Atiendo muy bien a la gente. Buena anfitriona.

Puntuación de las respuestas

1.
   a) 0
   b) 3
   c) 5

2.
   a) 5
   b) 2
   c) 3
   d) 5
   e) 1
   f) 0

3.
   a) 3
   b) 4
   c) 3
   d) 5
   e) 0

4.
   a) 5
   b) 0
   c) 0
   d) 1

5.
   a) 3
   b) 2

6.
   a) 2
   b) 3

c) 5

c) 5
d) 3

7.
a) 5
b) 1
c) 2
d) 0

8.
a) 2
b) 5
c) 3
d) 5
e) 2
f) 2
g) 2
h) 2

9.
a) 5
b) 3
c) 2
d) 3
e) 1

10.
a) 1
b) 2
c) 5
d) 3

11.
a) 1
b) 2
c) 3
d) 2
e) 5

12.
a) 2
b) 5
c) 0

13.
a) 0
b) 5
c) 4

14.
a) 4
b) 5
c) 3

d) 3

d) 0
e) 0
f) 3
g) 0

Resultados

El máximo de puntos es 70. Suma tus puntos, multiplícalos por 10 y divídelos entre 70. Ése es tu porcentaje de Ariel.

Ahora que ya tienes tu tenedor, perdón, tu resultado, veamos más detalles sobre la Ariel de hoy.

- Es una mujer que se cuestiona lo establecido, lo clásico y las reglas. No tiene miedo a la autoridad, quiere encontrar su propio camino.
- Su idea de crecer y desarrollarse es la de tener más experiencias de vida, por eso siempre busca novedades. Cuando tiene una meta en mente, está dispuesta a todo por alcanzarla, es tenaz.
- Su pareja ideal es un hombre que sí sea detallista, romántico, caballeroso y que la cuide; pero que la acompañe a luchar en equipo por sus objetivos en común, que la respete, la admire y se ayuden en su crecimiento mutuo.

Close up de Ariel

Cualidades principales en Ariel:	Valiente, tenaz, sabe defenderse, es independiente y segura de sí misma. Se atreve a cuestionar.
	Es responsable de sus actos. No pone pretextos por su conducta.
	No le falta nada (económicamente y de autoestima) y eso hará que no se entusiasme con el primero que le ofrezca un castillo. Se siente completa.
	Se puede proteger sola, pero trabaja en equipo con su pareja, lo ve como igual, no como alguien que la salva.
	Siempre querrá mejorar.
	No ve obstáculos sino metas.
Metas en la vida:	Encontrar respuestas a sus preguntas.
	Estudiar. "Saber más, mucho más."
	Conocer otros mundos.
	Cambiar reglas que le parecen absurdas.
	Subir. Libertad.
Conflicto:	Diferentes expectativas y percepción del mundo que las de su papá (la autoridad y la sociedad). La diferencia generacional impide el diálogo abierto.
Puntos débiles:	Te puedes desesperar por no establecer un diálogo con la autoridad y rebelarte demasiado. Demuestra con hechos que tu meta es de verdad, no un simple capricho, y ellos entenderán.
	La curiosidad que tienes por conocer otras cosas te puede llevar a encontrar trampas con tiburones o a enfrentar a brujas tramposas de los que no es tan fácil escapar. Es bueno ser más prudente, aunque creas que te las puedes arreglar.
	Y no caigas tan fácil en el pretexto de que quien te bajó al novio es una bruja... porque la bruja puedes ser tú.
El hombre debe:	Tener los mismos derechos y responsabilidades que la mujer. Admirar y querer a la mujer valiente y decisiva. Acompañarla en su crecimiento personal. Luchar junto con ella por un mismo fin, formando un equipo. Nunca perder los detalles y la caballerosidad sólo porque la mujer es "moderna". (Cada vez está más difícil para ellos, ¿no?)

7. Bella: no importa el qué dirán

> Madame Gastón, ¿pueden creerlo?, ¿ser su mujer? Yo no, jamás, lo garantizo. Yo quiero más que vida provincial.
>
> Bella, *La bella y la bestia*, 1991

La bella y la bestia es la única cinta animada en la historia que ha competido por el Óscar a Mejor Película, cuando sólo había cinco nominaciones a tal premio. Debido al éxito, se volvió una sorprendente obra de Broadway (que, por cierto, vi como nueve veces, contando las versiones de México, y que la primera vez me hizo un nudo en la garganta). Créeme, soy cero de llorar en esas cosas, y aun así se me nublaron los ojos.

En lo personal, soy más fan de la puesta en escena que de la película (es mi obra de teatro favorita), pero las dos tienen el mismo mensaje; además del típico de no fijarse en el físico de las personas, de que hay que ver su interior, bla, bla, bla. La realidad es que esta Bella va mucho más allá.

Cuando no encajas

Mira, ahí va esa chica *tan distinta*, quién sabe cuál es su interés.
En sus sueños vivirá, en *sus libros siempre está.*
Un misterio para todos Bella es...
Mira, allá va esa chica tan extraña, *es distraída* como ves.
No es de nuestra sociedad, en las nubes siempre está.
No hay duda de que una chica rara es.

Cambia el "Bella" por Doly, y prácticamente ésa es la canción que la mayoría de la gente cantaba a mis espaldas. Soy la "rara" de la familia. Soy la "rara" de mi círculo social.

Bella es la segunda de nuestras heroínas que no nace princesa (la primera es Cenicienta). No es rica, y según lo que cantan los aldeanos, también es *muy hermosa.* Eso sí nunca me lo cantaron a mí: "Es tan *hermosa* como indica el nombre, de la cabeza hasta los pies... *Muy diferente de nosotros,* es tan bella como peculiar".

O sea que me quedé con la rareza de Bella, pero no con su guapura.

De chica estaba programada por las cosas que oía y veía a mi alrededor, para ser "normal" como los demás. Tenía los sueños "normales" de estudiar y luego trabajar tantito, y luego casarme. Y después me empecé a dar cuenta de que ese estilo de vida no se me antojaba. La competencia entre las alumnas del colegio era por ver quién tenía novio y quién no, posteriormente a quién le daban el anillo y a quién no, y las estudiosas éramos rechazadas sociales.

Las chicas casi no tenían de qué hablar si no habían "salido" con alguien, y en mi familia, cuando alguien tenía novio, las pláticas giraban en torno al análisis del nuevo integrante. Y mientras, yo cantaba como Bella:

El lugar simple y aburrido, siempre es como el día anterior...
Las mañanas siempre igual, desde el día en que llegué a este rústico lugar.

Siempre me ha gustado leer, cosa que se me inculcó —gracias a Dios— en mi familia, desde mi abuelo —mi mago Merlín—, que es un devorador de libros, hasta mis papás, que desde muy chiquita me leían cuentos y que probablemente sean los "culpables" de que me haya obsesionado precisamente con las princesas y su análisis. Pero mi refugio más fuerte es el cine, también inculcado por mi padre, quien tiene toda una biblioteca sobre el tema, y que siempre ha sido nuestra actividad predilecta de los fines de semana.

—¿A dónde vas, Bella? —pregunta un aldeano.

—A la librería, acabo de leer un cuento maravilloso de... —pero él no le hace caso; así que ella sigue su camino... y sólo piensa:

"Yo quiero más que vida provincial."

Hace sólo unos días me acaba de pasar que en una fiesta de "alta sociedad" (que no es lo mío) me presentaron a tres chavos evidentemente metrosexuales, con ropa y accesorios que costaban más que mi coche. Los tres estaban juntos. Les empecé a hablar de cine, y fue muy chistoso porque poco a poco se empezaron a hacer los locos y se fueron; el último al menos se despidió.

Así que mejor me fui al cine, a ver si encontraba algo que no hubiera visto todavía. Y como Bella repite libros, yo me metí a repetir algo, ¡cómo no!

"Es mi favorito, cuando ella *encuentra amor al fin* en *un gallardo príncipe* y ella lo descubre hasta que llega el final."

Así canta Bella cuando adquiere por tercera vez su libro preferido. Y sí, yo también soy fan de las comedias románticas.

Los "buenos partidos" me dan miedo

Si de por sí soy "rara", la gente me juzga más cuando no me gustan "los buenos partidos". Gastón es el típico muchacho que todo el mundo recomendaría y con el que impactarías a la sociedad; el soltero codiciado fuerte, guapo, y exitoso cazador. De hecho así le cantan sus amigos:

> Ser como tú todos quieren, Gastón.
>
> No hay nadie que cause tal admiración, de todos eres el campeón.
>
> Eres el *líder* y la inspiración…
>
> Nadie es *hábil* como él, nadie es *alto* como él, nadie tiene un *cuerpazo* como el de Gastón.

Pero no sé, a mí ese tipo de "solteros codiciados" siempre me han causado conflicto. Digo, una prima se casó con uno (el favorito de todos, el "mejor" que pudo haber adquirido) y se divorció. No es que fuera culpa de él, ni de ella, pero creo que los "buenos partidos" no son la formulita para tener un buen matrimonio. Sobre todo los que se "venden" como tal:

> Soy un tipo modelo impresionante… como ven tengo bíceps de más.
>
> Mi cuerpo cubierto de vellos está…. en cualquier competencia *supero a todos*.

Conozco a varios así. Que te hacen el "favor" de verte y de hablarte. Pero como es "el gran pretendiente", le hacen caravanas y te lo recomiendan. Porque serías "la envidia de todas".

Una vez me presentaron a "un buen partido" para que fuera a una boda con él. Yo lo conocí, pero dije que prefería llevar a mi amigo a la boda. La persona que me lo presentó me dijo: "Es que si llevas al mío, te va a vestir más".

¿A vestir más? ¡Ni que fuera un accesorio! Y ni que yo necesitara que me "vistieran más". Nunca me deja de sorprender esa mentalidad...

A Bella también le da flojera. Gastón se le acerca cuando la ve leyendo un libro, que le arrebata y medio lo revisa:

"No está ilustrado, ¡qué aburrido!", será muy "guapo y fornido" pero es *inculto y flojo para pensar.* "Ya es tiempo que dejes tus libros y pienses en cosas más importantes: en mí." Y *egocéntrico.*

"Todo el pueblo habla de ti", continúa Gastón. "No es bueno que la mujer lea, eso la hará pensar, le dará ideas." Y no vaya a ser que haga una revolución feminista y exija sus derechos o algo así.

Gastón quiere preocupar a Bella con "el qué dirán", porque él sí vive para eso, para ser reconocido por los demás (lo cual denota una tremenda inseguridad). Pero Bella tiene la suficiente confianza como para no dejarse llevar por eso, y mucho menos por mitos pasados de moda.

—Gastón, eres realmente primitivo —le dice.

—¿Qué tal si vienes a mi taberna para que puedas ver mis trofeos? —otra vez, Gastón es esclavo del reconocimiento.

—Tal vez en otra ocasión —Bella no se intimida, pero tampoco es grosera.

Y como sigo teniendo mucho material sobre "Gastones", me acuerdo de uno que pasó por mí, y todo el camino me fue preguntando sobre su coche: que si me gustaba (yo no sabía ni qué marca era, sólo sabía que era gris), que si el sonido del estéreo, que si los caballos de fuerza (o algo así), que si las vestiduras de piel... Parece que me tenía que gustar más su coche que él. Pobre, a lo mejor era lo único que tenía para demostrarme que era "buen partido". Debut y despedida. Obviamente él tampoco me volvió a llamar, cuando le dije que lo único que sabía de coches era gracias a la película de Disney: *Cars* (2006).

Ante la negativa de Bella, tres chicas "enamoradas" de Gastón no pueden entenderla y la juzgan:

"Que tonta es, está loca, es tan lindo."

Cuando le dije a una de las tantas "casamenteras" que tengo a mi alrededor que muchas gracias, pero que el "Gastón" que me había presentado no era mi estilo, me dijo: "¡Pero es un partidazo! ¡Pasó por ti!" Como si él me estuviera haciendo un favor. Y luego remató: "¿De qué te sirve el éxito en tu profesión si estás sola?" ¡Wow!, te digo que he oído cada cosa...

Para la mayoría de las chicas, el objetivo es ligarse a un Gastón. A lo mejor Blanca Nieves, Cenicienta y Aurora se hubieran ido corriendo con él. Digo, si ni conversaban...

Bella busca más que una vida provincial. Por eso es duramente juzgada. ¿Cómo es posible que prefiera leer que irse con Gastón? (¿Dónde he oído eso antes? Digo, aquí me tienes encerrada escribiendo un libro.)

"Lo siento, Gastón, tengo que ir a casa a ayudar a mi padre." Ese pretexto siempre me ha servido.

Pero el galán es insistente y regresa a pedirle matrimonio a Bella:

—Éste es el día que se cumplen tus sueños —le dice él.

—Y tú, ¿qué sabes de mis sueños? [¡¡¡¿Cómo? ¿No son iguales a los de TOOOODAS?!!!]

—Imagina una cabaña rústica, mi cacería asándose al fuego, y mi linda esposa masajeando mis pies; mientras que los pequeños juegan con los perros... tendremos seis o siete.

—¿Perros? —parece que Bella no comprende la idea de tener tantos hijos. El *baby boom* ya pasó de moda.

—No, muchachos fuertes como yo; y… ¿sabes quién será mi esposa? Tú.

Gastón ha descrito los sueños de él… (el sueño americano de los cincuenta) y probablemente los de muchas. Ofrece lo normal, lo básico para la sociedad: un esposo proveedor que nos mantiene, tener hijos, perros, y educarlos (a los dos). Finalmente ése era el sueño de Blanca Nieves, Cenicienta y Aurora. Somos las raras quienes no aceptamos la propuesta.

"Lo siento, Gastón, pero no te merezco", lo rechaza Bella diplomáticamente.

Como yo no "merezco" a los que "me visten más".

Tu deseo: mucho más que vida provincial

"Papá, ¿crees que soy extraña? —pregunta Bella al llegar a su casa—. Nunca me he sentido feliz aquí, *no tengo con quién charlar.*"

La verdad yo nunca le he preguntado eso a mi papá, porque ya sé que él sabe que soy extraña, ja.

Bella es muy segura de sí misma y no trata de encajar, no le importa mucho lo que dicen de ella; pero hay un punto en que, por más segura que seas, te empiezas a cuestionar si los juicios son ciertos. Si los mitos sociales son verdaderos. Si es mejor seguir los patrones. Pero lo más probable es que estés con gente simplemente diferente a ti.

—¿Qué me dices de Gastón? Es un joven apuesto —su papá le recomienda al galán del pueblo.

—*Apuesto* sí, y *engreído* y *rudo* y… ¡Ay! No es para mí.

Mi pobre padre en un principio me insistía en ir a comidas (que en realidad eran *dates* disfrazados con los hijos de sus amistades), y terminó dándose por vencido (y yo, como Ariel, dejé de ir a esas cosas) porque nomás no hacía clic con ninguno.

Después de la proposición de Gastón, Bella, indignada, se dice a sí misma:

"¿Te lo imaginas? ¿Yo, esposa de ese patán mentecato?" Y empieza el himno de los deseos:

"Madame Gastón, ¿pueden creerlo?, Madame Gastón, ser su mujer." Bella se burla de cómo suena ponerse el "apellido" (nombre en este caso) del marido.

Me acuerdo que, de pubertas, mis amigas y yo nos poníamos ilusionadas el apellido del chavo que nos gustaba, para ver si sonaba bien. Pero crecimos, y ahora mis amigas, que ya están casadas, hacen sus tarjetas de presentación con su apellido de solteras. No son "de" nadie.

"Yo no, jamás, lo garantizo. Yo quiero más que vida provincial", dice Bella, y también yo empecé a decir hace tiempo:

"Quiero *aventuras que al mundo asombren*, y mucho más quiero vivir; y quizás también hallar un amigo en quien confiar, quiero mucho más que un simple plan."

Y fue cuando decidí irme a Australia a estudiar.

Manejando su mal genio

Dicen que las mujeres "castigamos" a los hombres cuando "nos duele la cabeza" o "estamos indispuestas". Bella castiga a Bestia cuando no baja a cenar.

Cuando el papá de Bella se pierde en el camino hacia la feria de ciencias, la chica va a buscarlo, y lo encuentra encerrado en el castillo de la Bestia. Con tal de que lo liberen, ella se ofrece a tomar su lugar.

Bestia, que evidentemente no tiene idea de cómo tratar a una mujer (lleva años encerrado), la obliga a acompañarlo a cenar:

—¡Es una orden!

—No tengo hambre —o lo que es lo mismo, "me duele la cabeza".

—¡O bajas o rompo la puerta! —cree que la convencerá con violencia, con miedo... desgraciadamente, ¿cuántos no hay así?

—Amo, tal vez no es el mejor modo de ganar su afecto —dice Lumiere, el candelabro—. Tratad de ser un *caballero*.

—Pero se está poniendo difícil —replica Bestia. Ya me lo imagino con Aurora, le habría dicho: "¡Vamos a la cabaña ahora! ¡Es una orden!"

En un acto de paciencia, se pone amable:

—¿Quieres bajar a cenar?... Sería un gran placer que me acompañaras a cenar. Por favor.

—No, gracias —Bella sigue "indispuesta".

—¡Pues entonces muérete de hambre! Si no quieres cenar conmigo, no cenarás nada.

Ya sabíamos que Bella era lo suficientemente segura como para no intimidarse ni con las críticas del pueblo, ni con los "atributos" de Gastón. El haber convivido con el "rechazo" por ser "diferente" la hizo más fuerte. Por lo mismo, tampoco se intimida con las amenazas del "terrible" monstruo.

Dicen por ahí que entre más "rudo" te presentes ante la gente es porque más inseguridad tienes. Los mafiosos, entre más pistolas y armas lleven consigo, es que tienen más miedo de ser atacados. Entre más "armaduras" te pongas, es mayor tu temor a ser herido, y quieres aparentar lo contrario. Así es

Bestia y Bella lo sabe. Y por eso se mantiene segura.

Tengo una amiga que, como Bella, sabe de su propio poder y no se inmuta. Ella reconocía en su novio a un buen hombre. Sabía que tenía muchísimas cualidades, lo admiraba y por eso estaba con él. El chico tenía un gran corazón, y la quería mucho, pero estaba pasando por un mal momento en su vida y su genio se acrecentó. A veces, para sacar su estrés, se desquitaba con mi amiga, subiendo el tono de voz, o haciéndole sonsonete como de "babosa", y a mí me impresionaba, porque ella de verdad no se afectaba. Resistencia pasiva. Lo veía con cara de "no te hago caso, no es personal, es tu problema, tu mal genio no me afecta, ya se te pasará". A veces ni le contestaba (no en forma sumisa, sino como de que no valía la pena ni responderle) o simplemente lo ponía en su lugar de una forma educada pero tajante. La realidad es que él se fue enamorando cada vez más de ella, y la terminó respetando muchísimo, porque ella mostraba dignidad. Esta Bella también lo logró "domar".

La sumisión o la agresión causan los efectos contrarios. En la primera te pierden el respeto, y en la segunda normalmente hay una batalla campal en la que no gana nadie, y los dos acaban perdiendo.

Un punto débil: la curiosidad

"Espero que estés cómoda. El castillo será tu hogar, así que podrás ir a donde quieras, excepto al ala oeste", es la primera advertencia que le da Bestia a Bella, cuando es recién ingresada al lugar.

Pero la curiosidad siempre ha sido la perdición de las mujeres en la literatura (la caja de Pandora, Adán y Eva), y en las cintas de Disney: la manzana, la aguja de la rueca, la superficie, el ala oeste… ¿qué de plano sí somos así?

Bella decide bajar a cenar ella sola, después de la furia de Bestia (es muy bien atendida por los habitantes del castillo, con un gran espectáculo musical), y luego pide que le enseñen el lugar:

"Tal vez quieras llevarme tú, creo que conoces todo lo que hay en el castillo."

La chica sabe cómo convencer a un hombre con su punto débil: "Lo sabes todo, conoces todo" (lo habrá aprendido de Gastón), y Din Don le sirve de guía. Pero logra distraerlo, y así se mete a la prohibida ala oeste, donde encuentra los secretos de la Bestia.

¿Nunca has ido sigilosamente a abrir el refrigerador de tu galán? O peor aún… ¿el baño? Es mejor que cualquier test psicológico que le puedas hacer. ¡Descubres tantas cosas! Sus gustos, sus adicciones, su grado de limpieza, de orden, obsesiones, intimidades… Sí es algo muy fisgón, no que te lo recomiende, porque te puede cachar, como a Bella:

"¿Por qué entraste aquí? ¿Te das cuenta de lo que pudiste ocasionar?" No vaya a ser que toques las chelas que guardó para el partido del domingo.

Bella, llena de pavor, escapa; pero los lobos la atacan y Bestia la salva. Hay una lucha violenta, y el "héroe" se desmaya. Es la oportunidad de Bella para huir, pero prefiere corresponderle el favor, y con la ayuda de su caballo lo regresa al castillo y le cura las heridas. Ahí empiezan a discutir, pero Bella (como Ariel) no acepta que fue su curiosidad la que atrajo los problemas:

—¡Eso duele! —Bestia se queja.

—Si te quedaras quieto, no te dolería —replica Bella.

—Si no te hubieras escapado, no estaría lastimado.

—De no haberme asustado, no habría escapado.

—Y tú no debiste haber ido al ala oeste.

—Y tú deberías aprender a controlar tu mal genio.

Aceptémoslo, las mujeres somos expertas en hacernos las víctimas y echarle la culpa al otro de nuestras debilidades. Es fácil para Bella achacarle defectos a Bestia y no aceptar los de ella. Éso, sinceramente, es muy inmaduro (pero qué fácil se nos da, ¿verdad?). Como ya no supo qué contestar en contra de su "metichez", le echa la culpa a Bestia por su mal genio… qué fácil. No creo que a ella le gustara que Gastón se metiera a husmear a su casa.

Ok, ok, lo del refri ya no es buena idea, me retracto.

Al menos, Bella cede y agradece a Bestia que la salvara. Él se enternece.

El mejor regalo

Cuando te dan un regalo, por cualquier motivo, se nota si el que te lo da realmente pensó en ti, o si fue algo de paso. Hay gente que te da lo que le gusta a ella, pero no a ti, y piensa que es un buen regalo. Como a mi abuelita, a la que mi abuelo le regaló un órgano, y después ella, como lección, le regaló una aspiradora.

Se conoce mucho de la gente que te regala algo. Y de lo que siente por ti. No tiene que ver con cuánto cuesta, sino cuánto pensó en ti, y cuánto te conoce. A mí me impresiona lo desapegado que es mi abuelo "Merlín". Si voy a su casa y le hago el más mínimo comentario de que me gusta algo que tiene, me lo da de inmediato. Si le digo que no, me insiste. Porque es alguien que quiere más a las personas que a sus cosas. Eso parece obvio de decir, pero no es tan fácil.

Así es Bestia cuando piensa cómo agradar a Bella y le comenta a Lumiere:

—Quiero hacer algo por ella, ¿pero qué? —quiere *dar* para agradarla.

—Tendrá que ser algo muy especial —recomienda Lumiere—. Algo que *de veras le interese.*

Es lo que decíamos. Si te dan algo que no te interesa, te da igual. Si notas que esa persona pensó en ti, el regalo tiene mucho más sentido y se te queda grabado para toda la vida.

Gastón, por el contrario, pensaba en sí mismo todo el tiempo, y creía que sus sueños eran los de Bella. Gran error. Bestia sí conoce a Bella, sí le interesa agradarla, y por eso le regala su biblioteca:

—Es maravilloso —Bella está atónita, por fin alguien sabe lo que le interesa.

—Todo es tuyo —cuando amas de verdad, dar es fácil.

—Muchísimas gracias.

Bella ha encontrado a alguien con quien tiene *cosas en común*. Es la primera heroína que se enamora del galán por eso, y no porque esté guapo.

Una compañera de la universidad cuenta que en esa época la pregunta que más le hacían era: "¿Por qué andas con él?" Siempre nos reímos de la anécdota, porque en verdad ella era como Bella.

Mi amiga es muy intelectual; actualmente es maestra de varias materias y está estudiando un doctorado. Es muy buena investigando y tiene memoria para muchos datos culturales interesantes. Su novio de ese entonces era... digamos... eh... la Bestia. Su pelo largo y su barba casi no dejaban ver su cara, andaba despeinado siempre, tenía unos grandes lentes, vestía de forma nada favorecedora, y su voz era ronca y casi ininteligible, además de que hablaba con palabras poco usuales. Ya ni decimos su nombre, que era bastante particular... Pero mi amiga se enamoró, y ahora, años después, le volví a preguntar por qué andaba con él, y lo primero que me respondió fue: "Era culto, era intelectual, era inteligente". Eran cosas que tenían en común, y por lo que ella lo admiraba. Después cortaron por otras razones que ahora no vienen al caso.

Te voy a ser bien sincera. A mí me encantan los guapos (bueno, ¿a quién no?). ¿Para qué me hago la espiritual? Me voy mucho por el físico. En ese aspecto, lo acepto, soy bien superficialota. No voy a jugar a "santa Doly". Pero la vida me ha dado lecciones... y he conocido guapos que cuando los empiezo a tratar, ¡ups!, Gastón se quedó corto. O su cerebro de plano no carbura, y el encanto se acaba de inmediato.

Y también acepto que conocí a chavos que no me llamaban para nada la atención, y que podría haber descrito como feos, pero que por azares del destino tuve que tratar, y de pronto, sin darme cuenta, ya estaba interesada en ellos. Y se me olvidaba que eran feos.

Ahí fue cuando descubrí que en realidad lo que más importa en un hombre es el cerebro. Digo, tampoco voy a decir que podría estar con alguien que no me gustara ni tantito físicamente, aunque fuera Einstein. Pero sí, cuando el cerebro de alguien es fascinante y, digamos, conecta con el tuyo, el físico es lo de menos. Y no estoy hablando del nerd como en la serie de *The Big Bang Theory* (2007), sino de realmente alguien inteligente en la mayoría de sus facetas.

Es importante tener cosas en común. Yo siempre pido que les guste el cine. Si no, es poco probable que nos pudiéramos entender. No hablaríamos el mismo idioma. Los dos "feos" que te cuento estaban involucrados con el cine, y eso fue un gran aliciente para mí. Por ahí me atrajeron. Si no hay gustos que unan, la relación es mucho más complicada y aburrida. No hay una pasión en conjunto.

Yo necesito a alguien que comparta mi cuestión "cine-*freak*". Bestia, aunque en un principio olvidó leer, cuando vuelve a hacerlo junto a Bella se emociona tanto como ella. Por fin Bella encontró a alguien con quien hablar.

Defectos *vs.* cualidades

Yo sé que las mujeres siempre tenemos la fantasía de cambiar lo que nos molesta de nuestro galán. Acéptalo: no se puede. Por eso es importante preguntarte si lo puedes tolerar, a cambio de las muchas cualidades que tiene, o de los gustos que comparten.

Una buena amiga me contaba que ella moría por el guapo de su oficina. Él no la pelaba y se hacía el esquivo. Mientras tanto, otro cuate, sin pretenderla directamente, la empezó a tratar sigilosamente y le demostró (sin ser *bluff* ni querer presumir) de qué tamaño era su órgano más importante del cuerpo: el cerebro.

Poco a poco mi amiga se fue olvidando del "guapo" y se enamoró profundamente del pterodáctilo. Sí, es que me da mucha risa, pero así me lo describía: "La primera vez que lo vi, me recordó a un pterodáctilo. Y después fui diciendo: 'no está tan feo'. Ahora me muero por él".

Porque el "reptil" en cuestión la supo tratar como a una reina (de verdad, no como los "Gastones"), y le enseñó la gran inteligencia que poseía. Y mira que el tipo ideal de mi amiga es Andy García, que está muy lejos de ser un dinosaurio.

Entre otras cosas que la enamoraron, es que en un principio ella lo quería controlar a él. Le daba órdenes todo el tiempo y lo criticaba. Pero él se mantenía digno, y aunque trataba de darle gusto en prácticamente todo, había momentos en que le decía: "Mira, así soy, y esto me gusta de mí. No me pidas que lo cambie, porque ya no seré yo mismo".

Esta seguridad y claridad impactaron a mi amiga, quien, obvio, aprendió a respetarlo mucho más. Y Bella, así como es la primera heroína que se enamora del galán por tener cosas en común, también es la primera que tiene que tolerar sus malas costumbres. A su vez, Bestia es el primer héroe mucho más humano y menos perfecto. No es el príncipe plano que no tiene ni una debilidad.

El conflicto de Bella es poner en una balanza las cualidades de Bestia y lo que no le gusta de él. Ver qué pesa más:

"Que gran bondad se esconde ahí, aunque al principio rudo y malo lo creí —canta Bella—. Ahora sé que no es así, y me pregunto por qué antes no lo vi..."

Bella se sorprende por la forma de comer de Bestia, no usa cubiertos y se embarra todo. Lo intenta, pero sigue haciendo un desastre.

Bella no se aleja, ni lo critica, porque sabe que él trata de mejorar, pero sus patas no se lo permiten. No es que a Bestia no le interese superarse, es algo que le va a llevar tiempo aprender. Así que, para no hacerlo sentir mal, Bella toma el plato con las manos para comer como él. Lo acepta tal como es, y se adapta porque él trató de adaptarse a ella. Dando y dando. Nadie se está rebajando. Cada quien sabe lo que tolera y a cambio de qué.

"No es un gallardo príncipe, pero algo hay en él que antes no vi", sigue cantando.

A Bella lo que le importa es que Bestia quiera mejorar. Sus ganas de salir adelante. A Gastón no le interesaba aprender a leer... ni le interesaba lo que para Bella era primordial. Por eso todas sus otras "cualidades" no valían.

Y cuando aceptas a alguien como es, sin tratar de cambiarlo, es probable que por propio interés cambie. Días después, Bestia se prepara para declarar su amor, y haciendo un esfuerzo se muestra erguido, con modales y caballeroso. Porque realmente tiene interés en conquistar a Bella. De hecho, ya aprendió a comer con cubiertos.

Bella aparece con su famoso vestido amarillo, y bailan.

Si amas, déjalo ir

—La dejé ir. Era necesario —le explica con tristeza Bestia a Din Don.

—Pero ¿por qué?

—Porque la amo.

Un valor básico en el verdadero amor es la libertad. Sobre todo para la mujer posterior a la revolución sexual.

Bestia pensaba proponérsele a Bella, y ella le dice que es feliz con él, pero que necesita ver a su padre. Él lo entiende y la deja ir. Se olvida de los celos, del control, de poseer y de aprisionar; le tiene confianza.

Bella se despide y se lleva un espejo mágico para seguir en contacto con Bestia. Más efectivo que una zapatilla de cristal.

Una chica mexicana, que conocí en Australia, hizo una amistad muy padre con un chico lugareño. Pero nuestros estudios terminaron y regresamos a México. El "espejo mágico" que ella se llevó era, evidentemente, el e-mail. En ese entonces ella juraba que sólo eran amigos, pero lo evidente salió a la vista. Empezó a extrañarlo.

Cada vez se escribían más, él vino a visitarla y se volvieron novios a larga distancia. Poco después se casaron, y ella... regresó a vivir a Australia.

La intolerancia a lo diferente

Cuando rechazas a alguien puede ser que el tipo se haya quedado muy ardido, y lo mínimo que va a hacer es hablar mal de ti. Ya sabes, desde que eres una "golfa" hasta poner en duda tus preferencias sexuales. Al pobre le pegaste en una autoestima herida, es bien inseguro y tiene que "recuperar su hombría" rebajándote a ti. Está dando "patadas de ahogado".

Eso hace Gastón, cuando Bella llega al pueblo. La quiere chantajear: si no se casa con él, meterá a su padre al manicomio. Pero ella se niega tajante. No se deja intimidar. Si Gastón era "el galán del pueblo", el que todas querían, ¿cómo Bella se iba a atrever a rechazarlo? Lo dejó en ridículo. Y por eso quiere venganza.

La multitud escucha cómo Maurice, el padre, habla de la Bestia, y con eso "comprueban" su locura. Bella va por el espejo para mostrar a su nuevo amigo, del que les habla muy bien.

—Estoy pensando que le tienes afecto a ese monstruo —dice el antiguo pretendiente.

—Él no es un monstruo, Gastón, tú sí.

¡Uuuuuuuh! Si se sienten rechazados cuando les dices que no, es peor cuando elegiste a alguien más en su lugar. Pero

Bella es cada vez más valiente, y no tiene problemas para *decir lo que piensa.*

Gastón, más ardido aún, incita a los demás para ir a cazar a Bestia. Ésa es la verdadera reacción "animal": la violencia hacia lo desconocido, la intolerancia. Sentirte "superior" a lo diferente a ti. Así rechazaban a Bella con críticas sutiles. Su "pecado" es ser distintos.

La masa de gente enfurecida fuerza la entrada al castillo, pero Bestia, deprimido, no pone resistencia. Son sus sirvientes quienes abren batalla contra los invasores. Gastón encuentra al enamorado, quien, sin querer pelear, está a punto de ser asesinado. Pero ve regresar a Bella y la esperanza lo hace recuperar su poder.

Gastón está a punto de caer al precipicio, pero Bestia lo salva a cambio de que se vaya para siempre. Sin embargo el villano le clava un cuchillo y, como castigo, cae por donde tenía que caer. Bestia muere.

"¡No por favor! —Bella exclama—. No me abandones. *Te amo.*" Ante estas últimas palabras, el hechizo desaparece y Bestia se transforma en el "gallardo príncipe". Es lo que le pasó a mi amiga en la vida real: primero vio a su galán como un pterodáctilo, luego como príncipe. Cuando aprecias las verdaderas cualidades, la percepción cambia.

Los sirvientes se vuelven humanos y hacen un baile frente a varios invitados.

—¿Van a vivir felices para siempre, mamá? —pregunta Chip, la taza (convertido en niño), a la señora Potts, la ex tetera.

—Por supuesto que sí, mi amor.

Bella no se enamoró de su galán por ser guapo (como las princesas anteriores), ni por ser rico (como Blanca Nieves, que soñaba con un castillo); se enamoró porque era alguien con quien podía charlar, tenían cosas en común, y estaban dispuestos a aceptar, a ceder y adaptarse al otro en igual forma. Los dos tenían ganas de mejorar, de crecer como personas y de aprender de los intereses de la pareja. Además, había libertad, tolerancia y respeto. Todo esto engloba las características esenciales de una relación bastante completa.

Bestia aprendió que para amar hay que despojarse del egoísmo y de la inseguridad del control. El amor es darse, querer lo mejor para el otro.

Bella no se dejó llevar por una serenata, un baile o un primer beso de "amor". Realmente trató a su pareja. Y supo reconocer en él lo que quería, sin importarle nunca el qué dirán. Jamás se traicionó a sí misma, fue fiel a sus valores. Si la entendían o no, le daba lo mismo.

Test: ¿Eres Bella?

¿Tu novio es feo y eructa? No creas que por eso ya eres como Bella. No te hagas la guapa y muuuuuuuy sinceramente contesta este test.

1. Tu vida te parece:
   a) La verdad, un poco aburrida, es rutinaria. Necesito más acción, difícil de encontrar sin embargo.
   b) Divertida e intensa. Salgo todos los fines de semana, soy muy popular y siempre tengo plan porque tengo muchos amigos.
   c) No me gusta salir, ni tratar con la gente, estoy más a gusto en mi casa, más tranquila.

d) Pues a veces es muy tranquila, y a veces llena de aventuras. Depende el momento que viva.

2. Normalmente, tu plan de fin de semana es:
   a) Salir al antro a bailar.
   b) Ir a tomar café o a comer con una amiga o a cenar con mi novio.
   c) Salir con todas mis amigas o con mi pareja al centro comercial.
   d) Quedarme a adelantar tarea, trabajo, ayudar en la casa, o simplemente descansar y leer un buen libro.
   e) Pasarla con mi familia.

3. Tu *hobby* favorito:
   a) Hacer deporte.
   b) Leer libros/escribir.
   c) Ordenar mis cosas.
   d) Ver la tele.
   e) Hacer algo creativo.
   f) Platicar con alguien.
   g) Salir a caminar tranquilamente.
   h) Busco alguna novedad o actividades que me mantengan interesada.

4. Tu sueño en la vida es:
   a) Casarme, tener hijos y dedicarme al hogar.
   b) Dedicarme a viajar, conocer otras tierras y otras culturas, aprender.
   c) Tener una carrera profesional en la que progrese.
   d) Tener una pareja y una carrera profesional.
   e) Ser libre para tomar mis decisiones.

5. La gente opina de ti que…
   a) Nada en especial. Soy normal y punto.
   b) Me consideran bonita y popular, muy buen partido.
   c) Soy un poquito rara. No me entienden bien. No encajo mucho.
   d) ¿Por qué no tienes novio o no estás casada si eres tan bonita?, suelen decirme.

6. Tu hombre ideal es…
   a) Guapo.
   b) Exitoso en su rama.
   c) Que quiera casarse y formar una familia.
   d) De mi mismo círculo, que pertenezcamos al mismo grupo.
   e) Amable y bueno.
   f) Alguien que tenga en común varias cosas conmigo o que se interese por mis aficiones. Que compartamos los mismos gustos.
   g) Alguien que me impresione, que se me imponga, que me enseñe el mundo, que tenga experiencia.
   h) Alguien con quien me sienta muy a gusto, platicando o en silencio. Que sea yo misma con él.

7. En una discusión de pareja, tú…
   a) ¿Ceder? Ni loca. Que acepte sus errores y pida perdón.
   b) Terminas cediendo. Con tal de dejar de pelear, prefieres darle la razón, aunque sepas que no la tiene.
   c) Expones tu punto de vista y te haces respetar. No te importa si está o no de acuerdo contigo, tú piensas como piensas y punto. No se trata de ganar, se trata de respeto.
   d) Le das el avión.

8. Respecto a los defectos de tu pareja y sus diferencias, tú:
   a) Si me ama, tiene que cambiar por mí.
   b) Bueno, yo también tengo mis defectos. Si a él no le importan, a mí no me importan los de él.
   c) Lo amo, así que trato de adecuarme a lo que él me diga o le parezca mejor.

9. Respecto a sus aficiones:
   a) Me gusta que compartamos gustos. Que tenga interés por lo que a mí me gusta y realmente quiera adentrarse en mi mundo.
   b) Siento que eso es lo de menos. Yo lo dejo hacer lo que él quiera, él me deja a mí tener mis aficiones. Todos contentos.
   c) El chiste es que a los dos genuinamente nos guste lo que al otro le gusta y no que por interés tratemos de entrar en un mundo ajeno.

10. En una relación de pareja, consideras la libertad…
   a) Muuuuuuy necesaria. Que me deje hacer lo que yo quiera, yo lo dejo hacer lo que quiera. Todos contentos.
   b) Me da miedo. Si estoy en una relación de pareja es para sentirme acompañada, no sola.
   c) Importante. Hay veces que los dos necesitamos nuestro espacio.
   d) Es no controlar, no imponerse ante el otro, sino dejar ser y respetar.
   e) Me cuesta trabajo. No es que sea celosa, pero sí me gusta saber qué puedo esperar de él. Que las cosas sean claras.

11. Muy sinceramente, ¿qué tan importante es el físico para ti?
    a) La verdad, sí quiero alguien que me atraiga, que me guste.
    b) Las mujeres no somos muy visuales. *Choro mata carita.*
    c) El físico es lo de menos, hay que ver más allá de eso.
    d) Con que esté decente.

12. La verdad, la verdad: ¿qué tanto te importa lo que piensen los demás?
    a) Depende quién. Me importa la opinión de mis papás, nada más.
    b) Me importan más mis amigas. Ellas me conocen muy bien y tomo en cuenta lo que me dicen.
    c) En general me importan todas las opiniones. Vivimos en una sociedad, queramos aceptarlo o no, y pertenecemos a ella.
    d) Me vale.
    e) En un principio puede doler una crítica. Luego aprendes a tomarlo de quien viene.

13. Tu mejor talento:
    a) Soy ordenada y organizada.
    b) Soy culta, me gusta estudiar e informarme.
    c) Soy buena para algún arte.
    d) Soy deportista.
    e) Me sé relacionar bien. Tengo don de gentes.
    f) Soy servicial, atiendo bien a la gente.

14. ¿Qué es lo más importante para alcanzar tus sueños?
    a) Antes que mis sueños, lo más importante es el bienestar de mi familia. En eso trabajo y ése es mi sueño.

b) El deseo y la visualización.
c) La acción es lo fundamental.
d) Confío en la vida y en mi destino.
e) Hay metas que no se pueden cumplir, hay que tenerlas claras.
f) Cuando se presentan las oportunidades hay que tomarlas.

15. Cuando las cosas no salen como quieres…
   a) Lo acepto y me adapto.
   b) Hay que tener calma, no ha sido mi momento.
   c) Pierdo la fe, es muy cansado.
   d) Lloro, me desahogo un poco y comienzo de nuevo.
   e) Hay que aprender de toda etapa.

Puntuación de las respuestas

1.
   a) 5
   b) 1
   c) 2
   d) 4

2.
   a) 0
   b) 2
   c) 1
   d) 5
   e) 5

3.
   a) 0
   b) 5
   c) 2
   d) 0
   e) 3
   f) 3

4.
   a) 0
   b) 5
   c) 3
   d) 3
   e) 5

g) 4
h) 4

5.
a) 2
b) 1
c) 5
d) 5

6.
a) 0
b) 1
c) 0
d) 0
e) 4
f) 5
g) 0 (¿Gastón?)
h) 5

7.
a) 1
b) 0
c) 5
d) 2

8.
a) 0
b) 5
c) 0

9.
a) 5
c) 1
d) 4

10.
a) 3
b) 0
c) 5
d) 5
e) 2

11.
a) 1
b) 4
c) 5
d) 2

12.
a) 5
b) 0
c) 0
d) 3
e) 5

13.

a) 2
b) 5
c) 3
d) 0
e) 0
f) 1

14.

a) 5
b) 4
c) 3
d) 4
e) 1
f) 5

15.

a) 5
b) 4
c) 3
d) 5
e) 4

Resultados

Suma tus puntos, el máximo es 75. Multiplícalos por 10, divídelos entre 75. Ése es tu porcentaje de Bella.

Ahora como Bella, lee más y profundiza un poco acerca de esta princesa en la actualidad.

- La Bella de hoy es la mujer que quiere escapar de la mediocridad, de la rutina, de la típica vida tradicional que siempre es igual, y que sigue "pasos" establecidos por la sociedad.
- Aunque ella no fue el motor de los cambios que vivió (fueron circunstanciales), se adapta y aprovecha las oportunidades para crecer personalmente.
- En una pareja, Bella busca alguien con quien identificarse, con quien compartir sus gustos y aficiones, con

quien poder mantener una plática profunda. Pero no la impresionan fácilmente. Ella siempre mantiene su dignidad, exige respeto y está segura de lo que busca; no tiene miedo de decir lo que piensa, ni de lo que digan de ella. Está bien ser diferente. Es firme en sus convicciones.

Close up de Bella

Características principales en Bella:	No es princesa y no es rica.
	Hermosa, distinta a la mayoría, solitaria, culta, no encaja.
	Inconforme con su vida rutinaria.
	No se intimida ante las críticas, la agresividad o los atributos superficiales de los demás.
	La consideran un misterio.
	Segura de sí, valiente, dice lo que piensa.
Metas en la vida:	Experiencias de vida, aventuras y encontrar con quien compartirla, alguien con quien charlar y que realmente la entienda.
Puntos débiles:	Tu curiosidad te puede traer problemas. A veces puedes caer en la falta de respeto cuando te piden que no te inmiscuyas en la intimidad de alguien. Espera a ser invitada.
	Está bien que seas segura de ti, pero es bueno que aceptes tus errores ante los demás cuando esto es necesario para aclarar una situación. Es más fácil recalcar los defectos de otros para que los tuyos pasen desapercibidos, pero es una conducta infantil.
El hombre debe:	Siempre superarse. Ser caballeroso. Controlar su mal genio. Tener buenos modales. Superarse. Darle libertad a la mujer. Hacer algo por ella "que de veras le interese".

8. Jazmín: en busca de libertad

> Nunca he hecho nada por mí misma, nunca he tenido un amigo de verdad, nunca he cruzado los muros de este palacio. ¡Ya no quiero ser princesa!
>
> JAZMÍN, *Aladdin*, 1992

Aladdin, basada en los cuentos de *Las mil y una noches*, es la primera de nuestras películas que tiene como protagonista a un hombre, un muchacho pobre que sobrevive robando comida; pero la princesa Jazmín tiene mucho qué decirnos, y como sus dos antecesoras, es digna heredera de la revolución sexual. Si a Bella no le importó el físico para enamorarse, a Jazmín no le importa la posición social.

¡YA NO QUIERO SER PRINCESA!

Cuando eras chiquita ¿de qué te disfrazabas? La mayoría de las niñas siempre tuvo un vestido de princesa. Ahora sigo viendo a las pequeñas, disfrazadas cada una de su heroína favorita. Y hasta mis amigas, siendo ya grandes, siguen teniendo disfraces de princesas. Una vez fui a buscar un disfraz para una fiesta, y en casi todas las tiendas me decían: "Para adultos sólo tenemos de princesas".

Todas hemos querido ser princesas alguna vez, es un complejo que se nos inculca desde niñas. Aunque, pensándolo bien, yo nunca me disfracé de una. Me disfrazaba de Caperucita, y de Alicia, la del País de las Maravillas. Ya desde chiquita me identificaba con las curiosas que buscan problemas... Pero casi siempre creces queriendo ser princesa. Y aquí nos topamos con una que ya no lo quiere ser: "¡Pobre del que se case con ella!"

Sí, eso me han dicho a mí también, pero así es como sale gritando furioso un pretendiente de Jazmín. Y es que la chica le dio "permiso" a su tigre Rahá de morderlo.

"Sólo estaba jugando con ese *feo* y *vanidoso* Príncipe Ahmed", le explica irónica a su padre.

Si Gastón era repudiado por Bella al ser vanidoso, definitivamente ser vanidoso y además feo es todavía peor. Luego son los que tienen el ego más grande, porque creen que "cheque mata carita". Insufribles.

"Hija mía, deja de rechazar a todos los hombres que vienen a visitarte", me dijo una vez la mamá de una amiga, con la advertencia de que jamás me casaría. Y así le dice el Sultán a Jazmín.

"La ley está mal. Odio que se me obligue a esto", responde ella.

Como típica representante de la posrevolución femenina, Jazmín es otra heroína que cuestiona las leyes. Y aunque nosotros no tengamos una "ley" propiamente dicha que nos obligue al matrimonio, hay una edad en la que la presión social se vuelca contra ti, como si efectivamente estuvieras desobedeciendo las normas al no casarte.

"Por favor, trata de entenderme —la princesa sigue con su discurso—.Nunca he hecho nada *por mí misma*, nunca he tenido un *amigo de verdad*, nunca he *cruzado los muros* de este palacio." Blanca Nieves tampoco. Cenicienta tampoco. Aurora tampoco. Y sin embargo no les interesaba. En esa época las princesas clásicas sólo querían casarse. Era la única forma de "salir" de sus muros. Su única meta.

En la segunda etapa de las princesas ellas buscan por sí mismas otros mundos. No esperan a que alguien las lleve. Ariel, Bella, y ahora Jazmín, se sienten encerradas en su lugar de origen. Quizás protegidas, pero no les gusta esa "protección". Los valores nuevos no son el matrimonio para obtener tranquilidad, sino la libertad con responsabilidad, la independencia.

—Pero, Jazmín, tú eres una princesa —es el argumento del Sultán.

—Pues entonces ¡ya no quiero ser princesa!

¡Híjole! Eso es muy fuerte. La pregunta es: ¿qué significa ser princesa? Un amigo decía: "Las mujeres pasan de ser mantenidas por el papá, a ser mantenidas por el esposo". No sé en qué limbo estarán entonces todas las que viven solas o las que mantienen al esposo, o las que ayudan en la economía del hogar. Un hombre más que se quedó en los cincuenta.

¿Ser princesa es ser protegida siempre? ¿Que te rescaten? ¿O es tomar tu poder y experimentar tus propios errores? Es lo que Jazmín está a punto de averiguar.

Tu deseo: libertad

Simbólicamente, la joven abre la jaula de sus pájaros, que vuelan al cielo con alegría, y decide escapar del castillo. Su tigre la detiene y ella responde: "Perdóname, Rahá, pero aquí nunca voy a *ser yo misma* y *a vivir mi vida*".

Mucha gente me juzgó cuando decidí irme a vivir sola. Me hacían preguntas bien chistosas, como que no lo entendían: "¿Por qué te vas si te llevas bien con tus papás?" Como si uno se tuviera que pelear con la familia para querer irse. "¿Por qué te vas si lo tienes todo con tu familia?" (¿Qué no vieron estas películas?) "¿Sola? ¿No te da miedo?" "¿Con quién vas a platicar?", como si me fuera a un retiro de silencio en un lugar alejado de la sociedad.

Es muy poca la gente que entiende el concepto de soledad como algo bueno. La mayoría tiene miedo de no estar acompañada, y qué triste que no disfruten de su propia compañía.

Jazmín no, así que sale disfrazada de aldeana y va al mercado, donde conoce a Aladdin, que queda prendado de su *belleza*. Además, le salva la vida cuando un guardia le quiere cortar la mano por tomar una fruta sin pagar. La princesa no sabe cómo desenvolverse en el mundo de afuera. Eric ayudó a Ariel estando en la superficie, ahora Aladdin ayuda a Jazmín.

Al escapar, suben a lo alto, desde donde se ve el palacio, a lo que el héroe comenta:

—Es fantástico, ¿no? —él no sabe que la joven es la dueña—. ¿Qué se sentirá vivir ahí? Tener sirvientes, ¡miles!

—Y todos te dicen lo que debes de hacer, cómo vestir y a dónde ir —se queja Jazmín, que no quiere revelar su identidad.

—Es mejor que esto: robar comida y huir de los guardias —ahora se queja Aladdin.

—Pero no se puede tomar ninguna decisión —insiste la princesa.

—Te sientes... —y los dos dicen al unísono:

—¡Atrapado!

Los papeles se invirtieron en *La sirenita:* Ariel era la protectora, Eric el rescatado. Aquí, Jazmín es la que quiere salir del palacio, Aladdin el que quiere vivir en él.

Es la primera vez que nos plantean una relación de pareja en la que la mujer es más rica que el hombre. Antes, o eran del mismo rango, o él era más rico, pero eso estaba bien. Ahora él es el primer galán que no tiene título nobiliario. De hecho, es pobre.

Pero los dos tienen un *objetivo en común:* la libertad, y por lo mismo empiezan a sentir algo especial el uno por el otro, porque se identifican; sin saber quiénes son, sin que les importe la posición social.

Así como hay muchas mujeres que sólo se fijan en que el hombre "las vista más", o tenga cierto rango; también conozco a una amiga que en un principio fue juzgada en su círculo social cuando presentó a su novio. Un chico que no reunía los "requisitos" que los allegados de la niña consideraban "necesarios" en un pretendiente. Los dos sentían el "rechazo" social, pero a mi amiga le importó muy poco. Ella amaba platicar con él, le encantaba su empeño por crecer, y tenían sus principales valores en común. No le importaba que la vieran "raro". Ella se sentía orgullosa de él, y como él la admiraba, todo el tiempo se superaba. Se casaron, y han formado un excelente matrimonio.

Por otro lado, aunque no lo creas, los matrimonios "por compromiso" siguen existiendo. He oído de casos de familias de jerarquías muy altas que "presentan" a sus hijos, y finalmente la boda es un negocio para juntar empresas y crear un emporio. Y los hijos están acostumbrados a eso y lo aceptan. Sólo cubren las apariencias, porque amor hay muy poco. Si es que hay.

¿Y TÚ CUÁNTO CUESTAS?

"*Ser dueño de mí mismo*, eso sería más maravilloso que todos los regalos, todos los tesoros, y toda la magia del mundo", —le explica el Genio a Aladdin cuando éste le pregunta cuál sería el mejor de los deseos.

Ésta es una película sobre la libertad. La libertad en el amor y en elegir tu vida sin ser juzgado. Es lo que desean los tres protagonistas. Jazmín cree que tiene que dejar de ser princesa (protegida) para ser libre. Aladdin piensa que debe tener dinero para hacer lo que quiere.

"Hay una muchacha —el joven empieza a hablar de su primer deseo, que tiene que ver con Jazmín—. Ella es *inteligente, graciosa* y muy *hermosa* —describe a la princesa. Luego se detiene más en el físico—: Tiene unos ojos que te obligan a... y un cabello que es... y su sonrisa." Las heroínas todavía tienen como importante cualidad la belleza. Y es en lo que primero que se fijan los galanes. Excepto Eric. Bestia se siente inferior al no tener el físico "correspondiente" a Bella. Aladdin se siente inferior por su nivel económico (poco después descubre que Jazmín es la princesa).

Como muchos hombres, Aladdin cae en el error de que la mejor forma de apantallar a una mujer es con dinero. ¿Por qué nos creen tan banales?

Te confieso que yo tuve mi época en la que me chocaban las reglas sociales de que el hombre te tiene que pagar todo. Y lo evitaba, porque si ellos me pagaban la cita yo me sentía comprometida. Así que les explicaba que estaba bien si yo pagaba lo mío, y prácticamente todas las veces se ofendieron. "¿Qué crees que no gano bien?", me decían. "¿Me viste muy pobre?" Era como un insulto para ellos, para su hombría. No sé por qué. Sigo pensando que son reglas sociales tontas.

Tenía un amigo que conquistaba a sus "ligues" llevándolas a restaurantes lujosísimos desde la primera cita. Ellas quedaban impactadas… sobre todo, meses después, cuando se enteraban de que las cenas en realidad estaban patrocinadas por los papás y no por él directamente. Así que te digo… es taaaaan subjetivo.

Finalmente comprendí que algunas reglas sociales todavía están muy metidas en la cultura de "hombre-proveedor, mujer-receptora", y decidí que si querían pagar, pues que pagaran, yaqué y aunque traté, yo no estoy para cambiar siglos de educación. Es una de las formas más antiguas de cortejo que hay. Total, para mí, mejor, yo ahorro.

Así que Aladdin le pide al Genio ser rico. Y como el hada madrina a la Cenicienta, le confecciona su traje de príncipe, y también le da un medio de transporte, transformando al chango Abu en un elefante (como a los ratones en caballos). Así se convierte en el Príncipe Alí Abawa, que con un maravilloso séquito se dirige a palacio.

—Bastará con que me vea para que me acepte —dice Aladdin seguro por su nueva condición. Nos recuerda a Gastón. Creen que las mujeres se van por lo superficial. Pero la princesa ofendida lo escucha cuando habla con el Sultán.

—¿Cómo pueden decir eso? ¿Cómo se atreven? —sale a defenderse Jazmín—. Todos aquí decidiendo mi futuro. Yo no soy un premio que hay que ganar.

Como cuando una de las señoras que asegura por mi bien encontrarme marido, me dijo: "Te voy a presentar un 'partidazo'. Nada más te pediría que mis hijas fueran damas de tu boda, y también la hermana de él, que es muy mona. Y me encantaría ser testigo."

Yo no había ni conocido al galán y, efectivamente, planeaban mi futuro. Jazmín estaba furiosa. A mí me dio risa, y hasta curiosidad.

Una meta en común

El Genio le recomienda a Aladdin que diga la verdad sobre sus orígenes, pero él se siente inseguro.

Una vez conocí a un chavo que tenía un coche carísimo, pero su departamento no tenía muebles, estaba lleno de humedad y se estaba cayendo. Obvio, no llevaba a nadie a su casa (a mí no me estaba pretendiendo, lo conocí por otras razones), pero él tenía la idea de que así le era más fácil ligar. Aunque seguía en deuda por los intereses del auto.

Luego, obvio, las niñas se sentían engañadas y dejaban de salir con él. Y lo que me daba risa es que entonces las juzgaba de superficiales. ¿Quién era el superficial ahí? ¿Para qué les ponía un anzuelo superficial entonces?

Así, Aladdin, insistiendo en que es el Príncipe Alí, sube a su alfombra mágica (el equivalente a un coche último modelo) y va al balcón de Jazmín.

—Eres *hermosa* —que mala línea de ligue, ¿no?

—Sí, y soy *rica* también, hija de un sultán, un buen partido para cualquiera —a Jazmín le molesta tener esas "cualidades" superfluas, y lo prueba para ver qué tan vanidoso es.

—Para un *príncipe* como yo —Alí se siente seguro con su disfraz. Como mi amigo se sentía seguro con su coche. Ambos estaban enmascarando su inseguridad.

—Como tú y como tantos otros *petulantes* y *vanidosos* que he conocido. ¡Largo! Lánzate del balcón —de plano este chamaco necesita unas clasecitas para ligar.

—¡Espera! —Aladdin la detiene y vuelve a intentarlo.

—Ya sé que no eres un premio, debes *ser libre* y *decidir tu vida* —ante tales palabras, que suenan diferente a todo lo que le habían dicho antes, Jazmín acepta dar un paseo en alfombra con el misterioso pretendiente, y él le muestra un mundo ideal, libre y con otro punto de vista.

Es aquí cuando cantan el "himno de los deseos". Lo cantan los dos, porque tienen un objetivo en común. El mensaje es más claro en la versión en inglés, que utilizaré traducida.

Aladdin:

¿Cuándo fue la última vez que dejaste a tu corazón decidir?...

Un mundo completamente nuevo, un nuevo y fantástico punto de vista.

Nadie que nos diga que no, o a dónde ir, o que digan que sólo estamos soñando.

En uno de mis viajes de trabajo conocí a un chavo de mi edad con el que aparentemente no tenía nada en común. No lo vas a creer, pero lo conocí en el avión, o sea, algo así como la alfombra mágica. La plática se dio bien fácil, y resultó que le gustaba el cine y compartíamos amigos conocidos. Obvio, en esta época ya no me acompañaba ningún "Sebastián" vigilante.

Él también iba de trabajo, y también iba solo. No sé por qué, pero me inspiró muchísima confianza y empezamos a hablar de... la libertad. De cómo él se fue a vivir solo con un colchón y una caja de cereal en un cuarto sin nada, y poco a poco fue trabajando, ganando dinero y haciéndose de su propio lugar. Yo le conté que hacía poco que regresaba de Australia, y estaba en *jet lag* emocional continuo, pues otra vez necesitaba "salir de los muros y hacer algo por mí misma".

Jazmín:

Un mundo completamente nuevo, un lugar deslumbrante que no conocía.

Pero cuando estoy aquí arriba es claro como el cristal que estoy en un mundo completamente nuevo contigo.

Fue impresionante cómo me empezó a cuestionar (sin jamás ser agresivo ni juzgador); pero en verdad, contándome sus propias historias, me empezó a abrir los ojos: empecé a conocer gente que por fin pensaba como yo. Que no tenía miedo a la soledad, que de hecho la necesitaba; que quería más libertad, más crecimiento personal, que había desafiado reglas y leyes sociales con las que había crecido.

Aladdin:

"No te atrevas a cerrar los ojos" (a las posibilidades, a todo lo que tiene por delante, a sus sueños).

Me encantó su forma de pensar, me impresionó su claridad de mente, y me identifiqué con su meta.

Jazmín:

Un sentimiento indescriptible...

Hay cien mil cosas que ver, no puedo regresar a donde solía estar [a las ideas falsas, a los juicios, a la presión social, al encierro].

Los dos:

Un mundo completamente nuevo, en cada vuelta, una sorpresa.

Déjame compartir este mundo completamente nuevo contigo.

No sé si el hecho de que yo me salí de mi "palacio", de mi "fondo del mar", de mi "aldea", hizo que empezara a conocer gente con mis mismos anhelos. Jazmín no hubiera conocido a Aladdin si no hubiera salido del palacio. Creo que cuando buscas tu camino se abren puertas para que precisamente lo vayas encontrando.

Ahora que recuerdo esto, sé cuánto me marcó esa plática. Cuando emprendes tu viaje se te van apareciendo personajes que son como guías. Para Jazmín ya no había marcha atrás. Ni para mí, que poco después me fui a vivir sola. Como no la hubo para las mujeres que partieron a descubrirse en la guerra, y que aunque las regresaron al hogar volvieron a salir y a luchar por su libertad.

Lo que verdaderamente enamoró a Jazmín de "Alí" fue que la cuestionara y le ofreciera "un nuevo punto de vista". Pero también que tuvo la fuerza y valentía para ofrecerle libertad... como la Bestia a Bella.

Por eso le demuestra su agradecimiento al besarlo cuando acaba el viaje y la deja en su balcón.

Las apariencias engañan

"Te quedaste callada. Buena cualidad en una esposa", le dice Jafar a Jazmín cuando le revela sus intenciones de casarse con ella y ser sultán. Justamente los tres últimos villanos (también Úrsula y Gastón) creen que si la mujer no habla y no piensa, es mejor. Es el antivalor de la época.

El visir, que ahora es dueño del Genio, tiene esclavizados al Sultán y a su hija, quien, al sentirse insultada, le lanza una copa de vino en la cara.

"¡Te voy a enseñar a respetarme!", grita Jafar con actitud amenazadora y a punto de golpear a la chica. Parecido a Gastón: hombres aparentemente intachables, pero con temperamento explosivo que estalla en cualquier momento, y que no respetan a la mujer. Eso fue lo que Bestia cambió al comprender que era un síntoma de inseguridad.

Aladdin regresa al pueblo del Sultán (Jafar, con magia, lo había mandado muy lejos). Jazmín se da cuenta y utiliza todos sus atractivos para distraer a Jafar agrandando su ego y alabándolo falsamente.

Ariel fue la primera heroína que se mostró en bikini; Jazmín, además de utilizar un atuendo seductor (en transparencias y mostrando el abdomen), es la primera heroína que sabe de su sensualidad y del poder que ésta ejerce en los hombres. Ser princesa no te impide ser sexy.

Cuando Jafar se da cuenta de que Aladdin está presente, se transforma en cobra para pelear contra él, y encierra a Jazmín en un reloj de arena.

En un principio, la pareja trabaja en equipo (como Ariel y Eric), después el villano se transforma en un monstruo (como Úrsula o Maléfica), y Aladdin (como el Príncipe Felipe) debe luchar solo (aunque ahora sí sin la ayuda de ningún ser mágico, pues el Genio es esclavo de Jafar). Pero su inteligencia es lo que persuade al visir para que éste pida como último deseo convertirse en genio. Eso conlleva ser esclavo, así que, por la ambición de poder, el traidor debe vivir siempre dentro de una lámpara.

—Jazmín, lamento haberte mentido al decir que era príncipe —se disculpa Aladdin.

—Esa tonta ley. Es que no es justo. Yo te amo —Jazmín es otra princesa que no tiene miedo de decir lo que siente. Y es ella la primera en decirle a Aladdin que lo ama, sin problemas.

—Yo también te amo, pero debo dejar de pretender ser algo que no soy.

Aladdin aprende que no era necesario mentir sobre su identidad. No importa tanto de dónde vienes, sino a dónde vas. No hay nada más atractivo que un hombre seguro de sí mismo, que no necesite estar aparentando con cosas superficiales o restregándote en la cara cuánto tiene, cuánto sabe o cuán guapo es. Son complejos disfrazados.

Al ver que Aladdin es un príncipe por sus actos, y que respetará a su hija dándole libertad, el Sultán cambia la ley y los novios pueden casarse. Como cuando los papás de mi amiga fueron felices de que ella se casara con el muchacho que había elegido. Aunque aparentaba ser diferente, él había demostrado que sus valores eran los mismos, y se superaba cada vez más.

El buen Genio es liberado por el tercer deseo del héroe (la libertad tan preciada en esta película) y se va de vacaciones.

¿Qué habría opinado Blanca Nieves? Ella soñaba con un príncipe que la llevara a su castillo. Sin hablar se fue con él. ¿Qué tal que le sale como Gastón o como Jafar? Jazmín, al contrario, lo que quería era conocer muy bien al hombre con el que se casaría. Lo que menos le importaba era su posición social. Cinco décadas pasaron… y ¡qué cambio de metas en la mujer!

Probablemente Aladdin y Jazmín hicieron un buen matrimonio: los dos trabajaron en equipo contra el mal, pensaban igual, tenían los mismos sueños, y se amaban por lo que eran, no por lo que representaban. Pero sobre todo, ambos lucharon por el valor más preciado: la libertad, crecieron gracias al otro y vencieron sus miedos.

Jazmín está dispuesta a dejar de ser una "princesa" (rica, mantenida, consentida) con tal de tener logros propios, ser independiente, experimentar su propia vida y valerse por sí misma... compartiendo ese mundo con quien le ayudó a descubrirse.

Test: ¿Eres Jazmín?

¿Te gusta el *belly dance* y usar ombligueras? Todavía te falta demostrar si tienes las agallas de Jazmín.

1. A ti te conquistan...
   a) Por el físico, tienen que estar guapos.
   b) Por el choro, que me digan palabras bonitas.
   c) Por su experiencia, que sean hombres de mundo, viajados, vividos, cultos, con colmillo.
   d) Si tienen interés en descubrir o experimentar las mismas cosas que yo, o juntos redescubrirlas. Que su forma de pensar sea parecida a la mía.
   e) Los inteligentes.
   f) Si me siento a gusto con él y sea yo misma. Que la plática fluya y los silencios no sean incómodos.
   g) Si es exitoso en su ramo. Que tenga un buen puesto.
   h) Si es de mi mismo círculo, si pertenecemos al mismo grupo, de buena familia.
   i) Los espléndidos, los codos no, por favor. Que me ofrezcan seguridad.
   j) Alguien que admire y me admire.

2. Tu sueño en la vida es…
   a) Ser libre para hacer lo que yo quiera.
   b) Casarme y formar una familia.
   c) Tener una carrera profesional.
   d) Tener una pareja y una carrera en la que pueda crecer continuamente.
   e) Dedicarme a viajar, conocer otras tierras y culturas: aprender.

3. Tu vida te parece…
   a) Aburrida, rutinaria. Necesito más acción, más experiencias, probarme a mí misma.
   b) Divertida e intensa. Salgo todos los fines de semana, siempre tengo plan.
   c) Cómoda. Estoy más a gusto sin salir y quedándome en mi casa.
   d) A veces es tranquila y a veces llena de aventuras. Depende.

4. Sinceramente, ¿qué tanto te importa la posición económica de tu pareja?
   a) Digamos que su sueldo y el mío sean más o menos iguales, así no habrá competencia, los unimos por el bien de la pareja, y ya.
   b) Para mí sí es importante que el hombre gane bien para que no nos falte nada.
   c) No me importa que empiece desde abajo. El punto no es que sea rico, sino que sepa trabajar y ganarse la vida.
   d) Si está teniendo problemas económicos, pero lo quiero y me quiere, no me importaría mantenerlo.

5. ¿Qué tan importante es la libertad en la pareja?
   a) Es un tema riesgoso. Me da miedo. Si tengo pareja es para estar acompañada. Eso de la "libertad" se puede prestar a malos entendidos.
   b) Que cada quien pueda hacer lo que quiera. Todos contentos.
   c) Simplemente a veces necesitamos nuestro espacio.
   d) No es que sea celosa, pero me gusta saber qué puedo esperar de él, a dónde y con quién va. Que las cosas sean claras.
   e) No controlar, no imponerse ante el otro, dejar ser y respetar.

6. ¿Cómo reaccionas ante una situación que no sale como quieres?
   a) La evado, me escapo de ella.
   b) Soy buena para convencer a la gente, soy persuasiva.
   c) Me enojo y me rebelo.
   d) Lloro y pienso que ni modo. Me resigno para no sufrir más.
   e) Descanso un poco y regreso a la lucha.
   f) Tengo fe en que pronto se arreglará. Confío en mi destino.
   g) Doy todo de mí en la lucha.

7. Para ti las reglas son…
   a) Las sigo si me parecen lógicas y justas. Pero primero las analizo y cuestiono. Si no me parecen, no les hago caso, y punto.
   b) Odio que me digan lo que tengo que hacer. Yo pongo mis propias reglas.

c) Creo que si las reglas están ahí es por algo. Ya han sido probadas y funcionan, entonces existen para nuestro bien común.

8. En tu tiempo libre...
   a) Convivo con mis mascotas.
   b) Me dedico a hacer algo creativo.
   c) Salgo a caminar.
   d) Ordeno o limpio mis cosas.
   e) Hago deporte.

9. Para conseguir tu meta...
   a) El deseo y la visualización es lo más importante.
   b) La acción es lo más importante. Hay que tomar cartas en el asunto.
   c) Si no veo posibilidades es mejor la retirada.
   d) Confío en mi destino, si me llega es porque es para mí.
   e) Soy buena para convencer a la gente de que me ayude.
   f) Hay que tomar las oportunidades que se presentan.

Puntuación de las respuestas

1.
   a) 2
   b) 1
   c) 2
   d) 5
   e) 4
   f) 5
   g) 1
   h) 0

2.
   a) 5
   b) 2
   c) 5
   d) 4
   e) 5

i) 0
j) 4

3.

a) 5
b) 0
c) 0
d) 1

4.

a) 2
b) 0
c) 5
d) 4

5.

a) 1
b) 2
c) 3
d) 2
e) 5

6.

a) 5
b) 4
c) 5
d) 0
e) 4
f) 2
g) 3

7.

a) 5
b) 3
c) 0

8.

a) 5
b) 0
c) 3
d) 0
e) 0

9.

a) 2
b) 5
c) 0
d) 0
e) 4
f) 4

Resultados

Suma tus puntos, el máximo es 45, multiplícalos por 10, divídelos entre 45. Ése es tu porcentaje de Jazmín.

Con tus resultados, seguro te interesará saber más sobre la Jazmín actual, sin alfombras voladoras:

- Jazmín es la mujer que sueña con realizarse en un campo que le permita ser responsable de su propia vida. Por más cómodo que sea tener la vida resuelta, ella prefiere arriesgarse con tal de tener libertad.
- Cree que hay que tener varias experiencias para descubrirse y crecer personalmente.
- Es segura de sí misma y de lo que quiere, y por lo mismo cuestiona "el deber ser", la autoridad y las reglas.
- En su pareja busca a alguien que persiga los mismos valores que ella y así poder andar un mismo camino, pero siempre dándose libertad para crecer mutuamente.
- No le importan las diferencias sociales, más bien admira la inteligencia para resolver problemas y las ganas de superarse.

Close up de Jazmín

Cualidades principales de Jazmín:	"Inteligente, graciosa y muy hermosa".
	Es rica, noble, "Un buen partido para cualquiera", pero no se considera un premio que hay que ganar.
	Exigente; ha rechazado a varios pretendientes.

	Quiere cambiar reglas y leyes para su libertad (como toda feminista activa).
Metas en la vida:	Lograr algo por sí misma.
	Tener un amigo de verdad.
	Cruzar los muros del palacio.
	Ser libre y vivir su vida.
	Quiere casarse por amor, no porque sea un "príncipe".
Puntos débiles:	Está bien que estés harta de los "vanidosos" y "petulantes" que te quieren conquistar con sus riquezas, pero ten cuidado de no caer en el prejuicio y estereotipo de que todos los "príncipes" son así.
	No confundas la libertad con libertinaje. Es muy diferente. En la libertad hay responsabilidad por lo que haces con tu vida. Es para que tomes decisiones y aprendas de tus errores, que seas dueña de ti. En el libertinaje no hay decisiones concienzudas, todo es por instinto, no hay responsabilidad, y lo pagas muy caro.
El hombre debe:	Ser seguro de sí mismo, no aparentar. Ser sincero. Apreciar la libertad de la mujer y luchar con ella por los fines comunes. Apoyar a la mujer en su crecimiento personal.

LOS NOVENTA: EL PODER DE LAS SOLTERAS

Sé sincera. ¿Tú habrías perdonado a Bill Clinton? Depende. Todo el mundo dice eso. Pero la primera crítica es ¡ni que Monica Lewinsky hubiera sido la Marilyn Monroe de los noventa! Qué bajo hemos caído en gustos.

El punto es que Hillary lo perdonó, porque dicen que desde entonces ya tenía planes de llegar muy alto en la política O sea, ¿para tener carrera presidencial debes perdonar las infidelidades de tu marido con una veinteañera rellenita? ¿Para llegar alto debes mantenerte casada y no darle importancia a los "defectos" de tu esposo? ¿Siendo casada eres más poderosa o siendo soltera? Por ambos caminos, hay un precio que pagar.

Las nuevas *yuppies*

La de los cincuenta, el *baby boom*, fue la década con más matrimonios. La de los setenta, la época de la revolución sexual, fue la década con más divorcios. La de los noventa fue la década en que la mujer más tarda en casarse si se casa.

Es lógico. Me acuerdo que una actriz a la que entrevisté así me lo explicó, y se me quedó muy grabado: "Nuestras abuelitas se casaban para toda la vida porque aguantaban todo, nuestros papás se divorciaban, nosotros ya no nos casamos". Y aunque mi familia no entra precisamente en esas estadísticas, creo que es algo muy representativo de las generaciones.

Mi abuela paterna contaba que cuando alguna mujer se le acercaba para pedirle una caridad diciéndole, como para dar lástima: "Señora, soy viuda", ella le decía: "Señora, la felicito". Desde chica se me quedó muy grabada esa anécdota, pues en son de broma se decía que el mejor estado de la mujer era la viudez.

En los noventa las mujeres decidieron que era la soltería. La revista *Time* (2000) sugirió que las solteras de la última década del siglo pasado serían las *yuppies* de los próximos años: propietarias de su vivienda, protagonistas de dos de cada cinco viajes de negocios y participantes en la mitad de los viajes de aventura.

Una década después, más o menos entro en la estadística descrita (región 4, claro está). Amo mis viajes de trabajo, y como varias de mis amigas ya viven solas, nos vamos a turistear por el país, ya sea a la playa, al pueblito típico, al bosque, o al spa a consentirnos. Y puedo decir con certeza que son de los mejores viajes que he tenido.

¿Alguien dijo *Sex and the City*? Precisamente debido al fenómeno de la soltería surgieron varios retratos de la mujer en los medios: Esta serie (1998-2004), considerada de las mejores de la década por la revista *Entertainmet Weekly*, le siguió a la de *Ally McBeal* (1997-2002), y *El diario de Bridget Jones* (1996) fue un *best seller* instantáneo que, debido al éxito, volvieron película (2001). Sólo por mencionar los más importantes.

Todos retratan a la mujer descrita por *Time*. Ally McBeal se centra un poco más en la discriminación en el trabajo, Bridget quiere adelgazar; pero todas son mujeres que, aunque están en la búsqueda incesante del hombre ideal, no ceden con alguien que no las llene. Sí, todas sufren en el camino, entre ilusiones, confusiones y fracasos amorosos. Luego salen y se divierten como nunca. Y todas son comedias, porque las protagonistas tienen la capacidad de reírse de lo que les pasa.

Pero lo que más me encanta, en especial de *Sex and the City*, es que entre ellas jamás se traicionan. Jamás se juzgan ni se critican. Se dicen las cosas como son, comparten sus opiniones, pero respetando el punto de vista tan diferente de cada una.

Y así es con mis amigas. Cuando a una le dan el anillo, o tiene novio, o se va a casar, o se embaraza, todas estamos ahí para festejarla, para brindar, para apoyarla y vivir su sueño. Cuando ellas ya no nos pueden acompañar a los viajes, les da gusto por nosotros, nos echan porras y dicen que les da envidia: "Ustedes disfruten ahora que pueden. Yo me quedo en el glamoroso mundo de lavar los platos y cambiar pañales", y nos reímos.

Cuando hay amistad, no hay envidias. Todas van respetando su propio sueño, su meta personal. Brujas siempre va a haber. Juicios también. Pero no entre verdaderas amigas, y es lo que también retratan estas series.

Las seductoras

Esto es lógico: según *Time*, 80% de los solteros (hombres y mujeres) queremos encontrar a la pareja ideal. Pero lo sorprendente es que sólo 34% de las mujeres se casaría con su segunda opción; mientras que 41% de los hombres lo haría. O sea que los "solteros codiciados" se terminan casando con su último tren más que las mujeres.

Y así conozco a un amigo, que babeaba por su novia; pocas veces se veían parejas tan enamoradas. Pero lo convencieron de que ella no era lo mejor para él. Finalmente se casó con su segunda opción, y no lucía tan feliz. Cuando le preguntaron por qué se casaba, contestó: "Para no estar solo".

Así que las mujeres se la arreglan mejor divorciadas, solteras o viudas que los hombres. Y debido a esto el cine también retrata a la otra mujer soltera, la que no tiene ni tantitas ganas de casarse y que usa su sexualidad para obtener lo que quiere. Para ejemplo están Sharon Stone y sus *Bajos instintos* (1992), en la que a sus 34 años hace a Michael Douglas como quiere. O *The Last Seduction* (1994), en la que Linda Fiorentino, a los 36 años, se vuelve rica y libre, mientras que con su belleza y sensualidad maneja a todos a su antojo. Entre varias otras. Te digo que me gustaría ser así, pero nada más no se me da.

La madre soltera

Una mujer que conocimos en uno de nuestros viajes turísticos nos estaba contando de su divorcio. Todo era muy intenso, así que le dijimos: "Qué bueno que no tuviste hijos". Se nos hizo el típico comentario de "porque así los niños no sufren", bla, bla, bla.

Me impresionó que nos contestara que en realidad eso era lo malo, porque ahora ¿con quién los iba a tener? Me shockeó. Dijo que, con tal de ser madre, estaba pensando en un embarazo solitario. Ella era mayor que nosotras y nos explicaba que de aquí a que volviera a encontrar a otro novio, que pudieran compaginar, que se volviera a casar... a lo mejor ya no podía tener hijos.

Ya que me puse a pensar, sí conozco varias madres solteras por elección. Como el Príncipe Azul no respondió al llamado de la canción, deciden aventarse por un hijo, solas.

Una tiene un súper puesto y trabaja el doble porque desde temprano tiene que llevar a su hijito a la guardería. A la hora de la comida va por él y lo lleva a la casa de sus papás. Medio come, regresa al trabajo, y en la noche va por el niño y se van a su casa. Yo la admiro profundamente. Es papá y mamá al mismo tiempo. Y se me hace muy difícil.

Otra, rompiendo todas las reglas sociales del "buen comportamiento femenino" que le habían inculcado, también llegó con la sorpresa de que sería mamá. En la familia al principio fue un conflicto gigante. Muchos juicios y críticas, "¿qué van a pensar?", "¿qué dirán de nosotros?", bla, bla, bla. Jamás se supo quién era el papá, pero ella estaba encantada con su hija, a quien también mantenía teniendo un gran puesto. Poco después encontró a un "príncipe" divorciado. Como los dos ya tenían hijos, y no les interesaba tener más, se casaron y fueron felices.

Por eso, entre todas estas nuevas problemáticas de fines del siglo pasado, mi querida *Time* publicó que 50% de las mujeres entre 18 y 34 años dijo que el feminismo era poder elegir lo que querían ser: soltera, trabajadora, casada, artista, madre o presidenta, o, ¿por qué no?, las dos.

Y si la televisión, los libros y las películas retratan la nueva situación de la mujer, Disney no se iba a quedar atrás.

Estadísticas de los noventa

- 1991: hay 119 solteros por cada 100 solteras. Los hombres contratan más servicios de citas que las mujeres (Faludi, 1991).
- Solteras en 1960: 30%. Solteras en 1999: 40%.
- Mujeres casadas de entre 25 y 55 años en 1963: 83%. En 1997: 65%.
- 41% de los hombres dijo que sí se casaría con alguien que no es su ideal. Sólo lo aceptaron 34% de las mujeres.
- La tasa de natalidad en las solteras en su treintena subió 15%; 61% de solteras de entre 18 y 49 años dijeron que sí considerarían tener un hijo solas.
- 60% de las solteras son propietarias de su vivienda.

Los años noventa según...

Un psicoterapeuta de parejas:
"Las mujeres se niegan a relacionarse, a menos que se sientan cautivadas inmediatamente por un hombre, y no permiten que la relación se desarrolle. Creen que debe haber una

enorme pasión para iniciar una relación, lo que no siempre es funcional." [Michael Broker, *The Art of Living Single*, 1990]

Una periodista:
"El feminismo no es tenerlo todo, es encontrar un balance en nuestras prioridades y saber qué es lo mejor." [Jane Eisner, *Philadelphia Inquirer*, 1995]

Un grupo musical:
"Si quieres ser mi amante, te tienes que llevar bien con mis amigas, y que dure para siempre, porque la amistad no termina." [Spice Girls, *Wannabe*, 1996]

Una cantante:
"Soy una perra, soy una amante, soy una niña, soy una madre, soy una pecadora, soy una santa, no me avergüenzo. Soy tu infierno, soy tu sueño, no soy nada en medio." [Meredith Brooks, *Bitch*, 1997]

Una investigadora:
"Un feminista es cualquiera que cree en la completa igualdad de oportunidades, tanto en la casa como en el trabajo, para los dos sexos." [Ginia Bellafante, periodista de *Time*, 1998]

Una novelista:
"Las mujeres se han hecho adictas a que tienen la libertad de hacer lo que deseen, y aunque siguen buscando el amor, saben que les costará renunciar a su propio espacio y horario a cambio de los compromisos y sacrificios del matrimonio." [Melissa Roth, *On the Loose*, 1999]

9. Pocahontas: más vale sola…

> Lo que me gusta del río es que nunca se mantiene igual.
> El agua siempre cambia, siempre fluye.
> Posible no es vivir así, un precio hay que pagar.
> Ser estables nos impide ver al frente.
>
> *Pocahontas*, 1995

Pocahontas es famosa porque, además de que es la primera princesa que está inspirada en una trama histórica de Estados Unidos, es la primera que no se queda con el galán al final de la película. Diez años después hicieron la misma historia, en una película que se llamó *El nuevo mundo* (2005).

Es un drama bastante más intenso que los cuentos infantiles que habíamos analizado. Disney se pone más real.

El conflicto de expectativas

"Kokoum será un buen esposo; leal, fuerte, y te hará una linda casa con muros, con él estarás fuera de peligro."

El Jefe enlista las cualidades de proveedor que eran las preferidas de las mujeres clásicas. Otra vez, el primer conflicto de Pocahontas es el mismo que el de las otras princesas modernas:

1. La diferencia de expectativas entre padre e hija, como en *La sirenita.*

"Eres la hija del Jefe, es hora de que tomes tu lugar", insiste el papá.

2. El matrimonio por compromiso, como el de Jazmín.

"Pero él... es tan *serio*", Pocahontas no se emociona.

Y...

3. No le gusta "el galán" de la tribu, que es homenajeado por sus batallas y las chicas comentan que es guapo... como a Bella no le gustaba Gastón. Por lo visto, todo esto es el conflicto básico de fines del siglo pasado.

Cuando tu deseo es confuso

Pocahontas tiene un sueño recurrente, pero no es claro (el de las primeras princesas era amor, el de las de la segunda etapa es libertad). Ella sueña con una flecha que da vueltas.

"Padre, creo que mi sueño se dirige en otra dirección."

Lo único que la heroína sabe perfecto es que Kokoum no es su camino. No sabe lo que quiere, pero sabe lo que no quiere. Ése, dicen, es el primer paso de la sabiduría. Para distinguir a quien no nos gusta sí somos muy buenas. Luego se va a meditar ante su inquietud:

"Mi padre quiere que sea constante, como el río, pero en realidad... no lo es", y empieza su himno de los deseos:

> Lo que me gusta del río es que nunca se mantiene igual.
> El agua siempre cambia, siempre fluye.

Posible no es vivir así, un precio hay que pagar.
Ser estables nos impide ver al frente.

Mientras va cantando, disfruta del río con velocidad, y se avienta a las cascadas; se avienta a vivir. Pocahontas es la primera princesa que no tiene un objetivo claro. Ella va viviendo el presente, pero demuestra que el río, como la vida, es para lanzarse a ver qué pasa, no para controlar:

"Ese murmullo que me avisa, no lo puedo ignorar, sutil sonido que distante llama. No lo cambiaré por alguien que me ofrece un firme hogar."

Muy parecida a la mujer de los noventa. Rechazando galanes, sin saber exactamente lo que espera. El río se divide en dos vertientes. Una se nota recta, segura. La otra llena de curvas. Pocahontas medita:

"¿Es mi vida Kokoum, y no mi sueño conocer? ¿Qué otra señal me dará el camino?"

¿Me debo casar con alguien que no es mi ideal? ¿O debo esperar a encontrar al verdadero? ¿Después será demasiado tarde para mí? ¿O ahora debo aprovechar mi libertad? Los cuestionamientos en los que todas, como mujeres modernas, nos hemos detenido a pensar.

Una conocida llevaba años con su novio. Era el típico "buen muchacho" que adoraban los papás, los amigos y la familia completa. Y ella se veía contenta. Por fin, después de tanto tiempo, él le dio el anillo con la seguridad de que en poco tiempo se casarían y vivirían felices por siempre. El desconcierto fue que ella dijo, como Pocahontas, "déjame pensarlo". Él se sacó muchísimo de onda, porque no es que se acabaran de conocer.

Finalmente, ella le devolvió el anillo y todo el mundo le preguntó por qué. La chica dijo que lo único que sabía es que él no era el indicado. En ese momento pocos la comprendieron y muchos la criticaron. Pero ella dice que pudo volver a dormir tranquila.

Pocahontas se va, como la típica mujer de fin de siglo, por el camino menos transitado, el menos elegido y el más difícil: el lleno de curvas. Desafiará los deseos del típico padre y de toda la sociedad: no se casará con el más fuerte (o proveedor) de la tribu.

Choque de mundos

Rubio, ojos azules, alto, fuerte, John Smith llega a la tierra nueva. Su primer encuentro es con Nico, el mapache de Pocahontas. Ella lo observa escondida y lo primero que descubre es que es bueno con el animal, lo que le da confianza. Parece algo tonto pero yo también me fijo mucho en eso, para mí dice mucho de una persona la manera de tratar a los animales.

Se acerca, pero John, miedoso, le apunta con una escopeta. Ella escapa:

"No, ¡espera!, por favor, no tienes que huir, no te haré daño", Pocahontas mágicamente comprende lo que Smith le dice.

En un principio ella tiene miedo, con obvia razón, si hay un tipo con una escopeta. Él es muy diferente, pero aun así Pocahontas se atreve a conocerlo, no rechaza lo desconocido.

El mensaje básico de esta cinta es el de la tolerancia a lo diferente. Aunque ya lo habíamos visto en *La bella y la bestia*, y hasta en *Aladdin*. En *Pocahontas* las diferencias son raciales, y la primera reacción es de temor.

Y no nos hagamos los buenos, la educación te mete mucho el temor a lo distinto. Me acuerdo de que cuando me fui a

Australia yo me maravillaba todos los días porque convivía con diversidad de razas, religiones, culturas, formas de pensar, físico, todo.

El primer día que fui a la universidad me impresionó ver en mi salón de clases, sentados, a una niña musulmana, que tapaba su cabeza con una burka, y a sólo unos lugares estaba un punk, con el pelo en picos, miles de tatuajes y aretes en la nariz y en las orejas. Por supuesto, había prácticamente un representante de cualquier cultura que quisieras. Yo era la única latina, por ejemplo.

Pensé que ésa era verdaderamente una universidad. Es decir, ver "el universo de todo". Era interesantísimo oírlos hablar desde sus experiencias, y jamás, jamás oí una discusión. Siempre había respeto. Evidentemente no había un patrón común. Obviamente yo también era "rara", venía de un lugar muy lejano, y tenían estereotipos y prejuicios de mi cultura; como que todos eran narcotraficantes, o que todos éramos charros con burro. Pero cuando les explicaba, se interesaban. Me pareció una experiencia que abrió todas mis perspectivas. Entraba a las conferencias de las distintas religiones (desde los cristianos que cantan, hasta la Wicca de neopaganos) y siempre me sentí bienvenida. Había grupos, "clubes" de todo tipo a los que podías inscribirte y capillas para todos los cultos.

Desde entonces tengo sed de buscar gente distinta a mí. Es de lo más interesante. Era hermoso. No había miedo a lo diferente. Tal fue mi emoción, que yo, que nunca me había pintado el pelo, me lo corté y me hice mechones de varios colores.

Cuando salía a la calle, sentía que todo el mundo me iba a ver como rara, y la verdad es que entre tanta diversidad ni llamaba la atención. En la diferencia, todos éramos iguales.

Cuando sí me impacté fue cuando regresé a México. Y había

señores que me preguntaban: "¿Y tu papá no se infartó con ese look?" "¿Te dejan ir a trabajar así?" Y sobre todo me dio risa cuando varias niñas me decían que les encantaría hacerse algo así, pero que no se atrevían... Ahora en mi país la "anarquista" era yo.

Yo sé más que tú

Ya se tocó el tema de la soberbia por la guapura con Gastón. También el de la soberbia por el dinero, con los pretendientes de Jazmín. En *Pocahontas*, el problema de John Smith es que cree que sabe más y que viene a enseñar.

La princesa se enfurece cuando el capitán se refiere a su tribu como "salvajes" y que les enseñará a ser "civilizados". Él trata de justificarse: "Cuando digo incivilizado quiero decir que...", y Pocahontas termina la frase: "Quieres decir que es diferente a ti", y le canta:

> Si hay tanto por saber, tendrías que *aprender a escuchar.*
> Te crees señor de todo territorio, la tierra sólo quieres poseer

"... hablas como un gran conocedor", concluyó el capitán.

A veces estamos acostumbradas a fingir que nos interesa todo lo que le gusta a nuestro galán. Es nuestra "súper táctica" para conquistarlo, pero no es genuino. Lo que me encanta de Pocahontas es que nunca finge. Ella le habla claro a John Smith desde un principio de lo que piensa que está bien y lo que está mal, y no le importa quedar bien.

Una conocida empezó a salir con un chavo al que le fascinaban los toros. La verdad es que a ella le chocaban, pero fingía interés y lo acompañaba a todas las corridas con tal de ligárselo. La verdad es que terminaron casándose, y cuando esto sucedió, ella se quitó el disfraz y le dijo: "Odio los toros, los odio. No te vuelvo a acompañar, ya hice suficiente". Y ya te imaginarás el matrimonio feliz que fue ése.

A Pocahontas le da igual lo que John Smith vaya a pensar o no de ella. Se muestra como es. Le enseña a no creerse superior a los animales ni a quienes son diferentes a él. Y es que él cree que está haciendo un "bien" al "enseñarles" a los "incivilizados" a ser como él. Parte de sí mismo como el centro y luego juzga a los demás.

En mi etapa de búsqueda intelecto-espiritual, cómico-mágico-musical, cuando fui a todo credo que se me pusiera en frente, me topé con un "maestro" así.

Llegó con aires de grandeza, sintiéndose muy "bueno" porque nos iba a "enseñar a todos" a encontrar "la luz" (que, según esto, él ya tenía). Aunque su teoría era interesante, luego nos pedía que contáramos historias personales donde pudiéramos tener una superación. Cuando las contábamos siempre nos insultaba. Que todavía éramos muy egoístas, que no dábamos lo suficiente, que no entendíamos; le faltaba decirnos idiotas.

Un día me mandó llamar a través de su asistente, quien me dijo: "El maestro quiere hablar contigo. Como sabes, esto es una gran oportunidad de crecimiento, debido a que él está más cerca de la luz que tú, y deberías aprovechar todo lo que puedes aprender". Ya sé que suena a "mucho ojo, mucho ojo", pero ya ves que soy bien curiosa, y fui.

Le dije que no entendía por qué nos insultaba si le compartíamos experiencias personales para aprender. No se lo dije reclamando, quería saber si había una intención detrás. Me contestó: "No me hagas perder mi tiempo con esas preguntas (cuando de hecho él fue quien me mandó llamar), yo estoy aquí para ayudarte, para que aprendas algo, para entregarte la luz que te falta, porque quiero tu bien". (Y quiero tu cheque, tu "oro".) Y la siguiente clase pretendió hablarnos de la humildad. Dejé de ir, por supuesto.

Pero cuando Pocahontas cuestiona a John Smith, él no se ofende, sino que se enamora, porque el que pretendía enseñar tuvo la humildad de aprender. Ella se mostró auténtica, y desde un principio expuso sus creencias. Eso hizo que la respetara y admirara. Y por eso le pide otra cita.

El miedo a lo diferente

Pocahontas le explica a Smith que no hay oro en su aldea, entonces él promete que se regresarán a Inglaterra. Ella le pregunta si él también se irá (se está encariñando la muchacha). Él le dice que en realidad no pertenece a ningún sitio.

—Podrías pertenecer aquí —¡¡¡iuuuu!!! Pocahontas se avienta, y no solamente al río... Es otra mujer que no tiene miedo al rechazo—. ¿Cuándo volveré a verte? —insiste.

—¿Qué te parece esta noche, aquí mismo? —aquí no hay cabaña del bosque, pero también la cita se concreta rápido.

Pocahontas se atreve a tratar a John Smith. No sabe si es el bueno o no, pero por lo menos está dispuesta a averiguarlo. Porque siente algo por él y quiere descifrar qué es. Pero se besan, y los encuentra Kokoum que, furioso, se va contra el inglés (como Gastón contra la Bestia). Pocahontas trata de detenerlo, pero obtiene un duro empujón por parte de su antiguo pretendiente (bien caballeroso él, otra vez demuestra cómo los antagonistas no respetan a la mujer). Un compañero del capitán dispara y Kokoum muere.

El Jefe se entera de lo ocurrido y reprende a su hija, como Tritón a Ariel:

"Te dije que te quedaras en la aldea y desobedeciste. Has avergonzado a tu padre. Por tu insensatez, Kokoum está muerto." (Por "haber subido a la superficie", "por encontrarse con otros mundos", "por desobedecer las normas", "por estar con alguien diferente".)

Los padres son retratados como gente que sigue reglas, reacios al cambio. Y después, a través de sus hijas, se vuelven más abiertos.

Smith es apresado, y con ese pretexto el Gobernador alebresta a sus ayudantes (como Gastón a su pueblo) para ir a atacar a los "bárbaros inhumanos con piel demoniaca". Por su parte, el Jefe describe a sus oponentes como "demonios de piel blanca". Otra vez, la intolerancia a lo diferente.

En un festival de cine al que asistí, se presentó el reparto de una película muy interesante que trataba de una chica italiana que se había casado con un guía de turistas de Playa del Carmen que tenía antecedentes mayas. La cinta era precisamente de cómo los dos, viniendo de civilizaciones tan diferentes, habían educado a su hijo, aportándole lo mejor de dos mundos.

El público alabó la película, pero muchos no vieron el significado. Cuando el papá del niño pasaba, todos lo volteaban a ver como si estuvieran frente a algo muy raro. Él, orgulloso de sus raíces, traía una cola de caballo amarrada con una pluma de águila (el pelo muy largo), un arete de hueso en la oreja y otro en medio de la nariz. Iba descalzo, con pantalones de manta muy guangos.

—Míralo, ahí va —decía la gente a su paso.

—¿De dónde lo habrán sacado? —mientras él caminaba erguido y seguro.

En el camión de regreso me tocó junto a él y su novia; una chica española rubia, de ojos verdes (ya se había separado de la italiana). Aproveché para conversar con los dos. Él me contaba todo lo que le decían en la ciudad, incluso insultos. Pero evidentemente era un gran sabio, de mirada profunda, que conocía la ignorancia y la pobreza mental de la gente, así que no lo tomaba personal. Durante nuestra plática se le acercó una chica mexicana y le preguntó: "¿Tú de dónde vienes?, ¿dónde te encontraron?" Y él le contestó: "De tus mismas raíces".

Ella se dio cuenta de su imprudencia, pero ya era demasiado tarde.

"Lo amo, padre —Pocahontas trata de explicarle a su padre, como Ariel a Tritón—. El amor es el camino que yo elijo, ¿cuál elegirás tú?"

Otra vez, una heroína salva al hombre, pero esta vez con su forma de pensar.

Saber decir adiós

El Gobernador intenta matar al Jefe y John se interpone, por lo que es herido, y tiene que irse de nuevo a Inglaterra o morirá. Entonces le propone a su amada que lo acompañe. La joven duda, y su padre, que ha entendido de la libertad de elección, le dice:

—Debes elegir tu camino —como Tritón a Ariel, o como el Sultán a Jazmín.

—Me quedaré aquí —decide Pocahontas con lágrimas en los ojos.

—Entonces me quedaré contigo —insiste Smith.

Por primera vez, la mujer no sigue al hombre. Ellas eran quienes se quedaban en el mundo de él. Ahora es él quien se ofrece a quedarse.

"No. Debes volver —dice firme Pocahontas a pesar de la voluntad de él—. No importa lo que pase. Yo estaré contigo siempre", y corre para ver cómo zarpa el barco y decir adiós.

Una prima tomó una decisión similar. Se hizo novia de un chico que tenía valores muy diferentes (curiosamente su nombre era estadounidense). Poco a poco "el sueño de la flecha" se le empezó a aparecer.

Dudaba si él era realmente el hombre de su vida, porque en muchas cosas importantes no congeniaban, aunque ambos se gustaban. En las noches se atormentaba y no sabía qué hacer. Sobre todo le costaba mucho trabajo terminar con él, porque le daba miedo empezar desde cero. Otra vez estar sola.

Era una decisión muy difícil. Mucha gente se va por la compañía, por el "así ya pasé al bando aceptado socialmente", "ya no tengo que preocuparme por buscar pareja". Es triste, pero la mayoría se decide por el camino del río recto y fácil. Mi amiga tomó el curveado. Después de mucho pensar, y de mucho sentir. Supo que él no era el correcto. Por mucho que le gustara, por mucho que lo quisiera.

Así como Pocahontas sabía que no podía compaginar con alguien que se creía superior, que había peleado contra los suyos, o que había cazado algún animal. Hay valores que pesan más que el enamoramiento inicial o la comodidad de una compañía. Para mi amiga fue muy complicado terminar. Se lo cuestionó mucho, el proceso no le fue sencillo en lo absoluto, pero supo que hizo lo correcto.

Pocahontas se queda soltera por decisión personal; no porque no tenga de otra o porque nadie la pele (los típicos prejuicios). Es muy valiente, sensata y congruente consigo misma. Quiere descubrir su sueño y lo intenta con Smith, pero después de analizarlo sabe que no hubiera funcionado.

Jazmín y Aladdin eran de diferente clase social, pero no importaba porque ambos tenían un fin común. Bestia se superaba en educación y cultura, pero sus valores e intereses eran los mismos de Bella. Las metas y los valores de Smith y Pocahontas eran distintos. El precio que ella tenía que pagar era muy alto.

Estas princesas ya analizan mucho más su matrimonio. Valoran bien antes de casarse "con un extraño".

Test: ¿Eres Pocahontas?

Así que te gustan los rápidos, el deporte extremo, la naturaleza y ayudas a Greenpeace. Qué bien, pero se requieren más aptitudes para ser una verdadera Pocahontas.

1. El ideal para comenzar una relación de pareja es:
    a) Que mi galán tenga un buen trabajo, que sea exitoso en lo que hace y gane bien.
    b) Que pertenezca a mi mismo grupo, de buena familia.
    c) Para mí lo más importante es la atracción, que me guste.
    d) Busco que tenga experiencia, que sea hombre de mundo, vivido.
    e) Que tenga interés en descubrir mi mundo, y que a mí me interese el de él.
    f) Alguien inteligente.
    g) Que me sienta a gusto con él y que sea yo misma. Que la plática fluya.
    h) Que me ofrezca seguridad, que no sea codo.

2. Tu sueño en la vida es:
   a) Casarme y formar una familia.
   b) Tener una carrera.
   c) Conocerme a mí misma, desarrollar mi persona y mi espíritu y tener crecimiento personal.
   d) Simplemente ser libre para hacer lo que crea conveniente.
   e) Tener una pareja y una carrera que me permita avanzar.

3. Para tomar una decisión fuerte e importante, tú te basas en:
   a) El razonamiento, soy muy racional y analítica, me gusta pensar en mis opciones.
   b) Me voy por los sentimientos.
   c) Mi intuición. Busco mi voz interna. A veces sentimos que hay algo que está bien aunque no tenga lógica. Eso es lo que decido.
   d) Los consejos que pido.

4. Para relacionarte con gente que no conoces...
   a) Debo tener alguna referencia de ellos, algún conocido en común o a lo mejor el mismo lugar de trabajo, la misma escuela, algo que nos relacione; si no, no confío.
   b) Me abro y lo conozco. Así es como se conoce a la gente más interesante.
   c) Me voy con cautela. No sé quién sea, así que más bien primero observo detenidamente para no llevarme un susto.
   d) De plano no hablo con extraños, si no hay ninguna referencia que nos una, ¿para qué?

5. Cuando estás conversando con alguien que manifiesta una opinión distinta a la tuya, tú...
   a) Le escuchas y, aunque sabes que no tiene la razón, lo dejas ser, no te gusta discutir.
   b) No piensas seguir escuchando tonterías, te vas o cambias el tema.
   c) Intentas convencerlo.
   d) Expones tu forma de pensar y te vale lo que te digan.

6. Para relacionarte con gente diferente a ti...
   a) Puedo hablar con ellos, mantener una plática, pero no voy más allá. No se van a volver mis amigos ni nada. Soy tolerante y respetuosa, pero hasta ahí.
   b) Si hay tantos sabores y colores en el mundo, ¿para qué limitarme a uno solo? En la variedad está la riqueza. Todos son bienvenidos.
   c) Depende de las cosas en común que tengamos. A veces la gente aparentemente igual a mí tiene menos en común conmigo que la gente aparentemente distinta a mí. Así que primero hay que conocer y luego decidir. Finalmente lo que importa es el respeto.
   d) Ni lo intento, si son diferentes a mí, ¿para qué me peleo?

7. Cuando quieres ligarte a alguien...
   a) Lo halago, lo hago sentir bien, le doy la razón; así se sienten más hombres y seguros de sí mismos. Darles en el ego es lo mejor.
   b) Dejarlos hablar, escucharlos, y ver por dónde van.
   c) Me muestro como soy desde un principio. Que sepa a lo que va para después no tener sorpresas.
   d) De hecho le pongo pruebas, me doy a desear.

8. Las nuevas experiencias, por elección a lo desconocido...
   a) Prefiero el terreno ya andado y seguro. No me gusta perder el control de una situación. Me gusta saber por dónde voy.
   b) Siempre me gusta lo nuevo, me hará crecer como persona y aprender. Más vale arrepentirse de lo hecho que de lo no hecho.
   c) Depende. Si sé que son seguras esas experiencias, sí me lanzo; si me implican algún peligro, pues no.

9. Para ti el cambio es...
   a) Lo único que es seguro, no se puede evitar. Por eso lo mejor es adaptarme.
   b) Algo que busco. En el cambio está la evolución. Si es una experiencia nueva ¿por qué perdérmela? Y es de sabios cambiar. Lo mismo de siempre nos evita infinitas posibilidades.
   c) Lo que me hace perder la estabilidad y el control de las cosas, prefiero evitarlo.
   d) Pues depende, si yo lo busqué está bien; si me llegó, me hace perder mi estabilidad.

10. ¿Qué tanto estarías dispuesta a sacrificar por el hombre que amas?
   a) Todo. El amor lo puede todo y es lo más importante. Si nos amamos no hay nada que perder. Si no hay sacrificio, no hay amor.
   b) Pondría en una balanza lo que ganaría y lo que perdería. Puedo amar muchísimo a alguien, pero me amo más a mí, y si salgo perdiendo, pues no hago sacrificio.

c) Creo que amar es compartir, y no sacrificar. No cambiaría mi vida. Tendría que seguir con lo que es importante para mí.
d) Lo mismo que él estuviera dispuesto a sacrificar por mí. Dando y dando.
e) Nada. Si me quiere, que él se adapte a mí.

11. Tu principal talento es...
a) Algún arte, hacer algo creativo.
b) Me gusta estudiar, soy culta.
c) Los deportes, soy atlética.
d) Soy ordenada y organizada.
e) Me sé relacionar bien.
f) Soy persuasiva, soy buena para convencer a la gente.
g) Tengo facilidad de palabra.

12. En tu tiempo libre, lo que más te gusta hacer...
a) Medito, yoga, leo algo filosófico.
b) Algo tranquilo que ponga en *off* mi cerebro, ver tele, leer revistas...
c) Salgo a caminar.
d) Me gustan los deportes que me hagan sentir adrenalina.
e) No me gusta la rutina, busco nuevas actividades.
f) Ordeno y limpio mi habitación.
g) Cocino, tejo, coso.
h) Platicar con alguien.

Puntuación de las respuestas

1.
- a) 0
- b) 0
- c) 4
- d) 0
- e) 3
- f) 2
- g) 5
- h) 0

2.
- a) 0
- b) 4
- c) 5
- d) 5
- e) 3

3.
- a) 4
- b) 3
- c) 5
- d) 3

4.
- a) 0
- b) 4
- c) 5
- d) 0

5.
- a) 2
- b) 0
- c) 4
- d) 5

6.
- a) 3
- b) 4
- c) 5
- d) 0

7.
- a) 0
- b) 3
- c) 5
- d) 1

8.
- a) 0
- b) 5
- c) 3

9.
a) 4
b) 5
c) 0
d) 3

10.
a) 1
b) 5
c) 5
d) 3
e) 1

11.
a) 1
b) 2
c) 4
d) 0
e) 3
f) 5
g) 5

12.
a) 5
b) 0
c) 5
d) 4
e) 5
f) 0
g) 0
h) 3

Resultados

Suma tus puntos, el máximo es 60. Multiplica tu resultado por 10 y divídelo entre 60. Ése es tu porcentaje de Pocahontas.

Aviéntate a la cascada de la Pocahontas actual:

- Pocahontas es una mujer que no está dispuesta a sacrificar sus valores, ni siquiera por amor a alguien.
- Sabe bien quién es y no se deja llevar por "la corriente" de los demás. Se atreve a probar cosas nuevas con tal de encontrar su sueño, no le teme a lo distinto, porque su bandera es el respeto.

- No le teme a la soledad, al contrario, la ve como una aliada para encontrarse a sí misma y meditar. Ama la libertad para poder expresarse como mejor le convenga. Experimenta y va decidiendo a su paso, sin un plan a seguir.

Close up de Pocahontas

Cualidades principales de Pocahontas:	Meditabunda y analítica.
	Respeta las diferencias. Sabe escuchar.
	Está en contra de la violencia.
	Quiere cambiar reglas.
	Defiende sus creencias y valores.
	Es segura de sí misma, auténtica, valiente.
	Salva al héroe.
	Aprecia su libertad.
	Elige los caminos difíciles.
Meta en la vida:	Encontrar su camino.
Conflictos:	Elegir entre alguien que le ofrece "un firme hogar", aceptar las expectativas de su padre, o rechazar todo eso para descubrir lo que realmente quiere.
Puntos débiles:	Te atormentas demasiado en la duda. Está muy bien que analices punto por punto las decisiones importantes que debes tomar, así debe de ser, pero confía en tus instintos, escucha tu voz interior, y no te juzgues tanto a la hora de hacerlo.
El hombre debe:	Ofrecer algo más que protección, manutención y una casa. Respetar la libertad de acción y decisión de la mujer. Aceptar y respetar las diferencias. Escuchar.

10. Megara: soltera por miedo

> Soy una dama, estoy en peligro, y no te necesito. Esfúmate.
>
> MEGARA, *Hércules*, 1997

Hércules es la primera cinta de Disney adaptada de la mitología griega. Como en *Aladdin*, el protagonista es un hombre; pero Megara es la primera *femme fatale* que seduce no a un príncipe, sino a un semidiós.

NO NECESITO TU AYUDA

Están las mujeres que esperan que llegue un príncipe azul a que las rescate. Y están las que lo tienen, y lo corren...

"No ayudes, niño."

Megara está atrapada por un monstruo gigante, pero rechaza la ayuda de Hércules cuando éste se la ofrece.

—¿No eres tú la dama en peligro?

—Soy una dama, estoy en peligro y no te necesito. Esfúmate.

La primera heroína que no le interesa ni siquiera trabajar en equipo. Prefiere resolver las cosas por sí misma.

Hércules que insiste en ser caballeroso, acaba con el monstruo, y aunque Megara se hace la indiferente, se le acerca a Phil, el entrenador, para averiguar:

—¿Ese fortachón es real?

—Por cierto, lindura, yo también soy real —por ser un viejo raboverde, Phil es empujado al agua por la doncella.

¡Ash! Siempre me pasa que no son los Hércules los que se fijan en mí, sino los chaparritos calvos con cuerpo de cabra. Y los he tenido que "empujar al agua".

Yo también tuve mi época en que no aceptaba ningún tipo de ayuda. La gente me decía que así asustaba; que me tenía que volver "vulnerable". Pero yo, por el contrario, seguía los consejos de Megara, porque a ella le funcionaban muy bien sus pasos para impresionarlos:

a) Intimidar.

—¿Puedo ayudarla, señorita...?

—Megara. Mis amigos me llaman Meg. Y tú... ¿tienes un nombre aparte de esos enormes pectorales? —tienes que ser muy segura para lanzar una línea así (yo nunca he podido), pero en realidad los intimidas. Más aún si cuando se quedan sin contestar se los haces notar:

—Eres tan elocuente.

—Eeeeeee... Hércules, mi nombre es Hércules.

—Prefiero llamarte Fortachón.

b) Trátalos como perros y como perros te seguirán.

Megara sabe que si les dices que "no" a los pretendientes, ellos insistirán. Ya ves que creen que te estás dando a desear, cuando en realidad no quieres nada con ellos:

—Los hombres creen que un no significa un sí, y un largo que soy toda tuya —ella le explica a Hércules por qué la atrapó el monstruo.

—Dile al enanito que te lo explique —está dando por hecho que Hércules no entendió nada, o sea, lo minimiza. Y de paso se burla de Phil.

c) Cuando te ofrecen aventón…

—Oye, ¿quieres que te lleve? —insiste Hércules.

—Creo que tu pony no quiere llevarme —otra vez Megara minimiza a Pegaso, el caballo alado de Hércules.

—¿Pegaso? Sería un placer —insiste galantemente.

—Estaré bien, soy una chica fuerte, me ato las sandalias yo solita.

¡Uf! Por mucho tiempo yo no quería que pasaran por mí. Siempre les decía que mejor nos veíamos en el lugar de destino. A ellos se les hacía rarísimo que yo rechazara su caballerosidad, pero, ya sabes, "me ataba las sandalias yo solita".

Seguí todos los pasos de Megara, y me sentía súper *cool.* Pero, ¿te digo la verdadera razón de por qué ella y yo actuábamos así? Por miedo. Nos moríamos de miedo.

Vender tu alma

Yo sé que si te pregunto, te vas a ofender. Pero pongámonos sinceras, que ahora el orgullo no nos queda. ¿Has "vendido tu alma" por un hombre? En primera instancia dirás que por supuesto que no, que cómo se me ocurre, que tú eres súper digna; pero simplemente recuerda el momento en que diste de más, en que diste demasiado y no recibiste lo mismo a cambio. Duele, ¿verdad?

"¿Cómo le voy a decir que no? —me decía una amiga ante una propuesta que le hacía su galán, a la que ella se negaba—. Ni que yo fuera una reina. Si me niego, se va."

"Dice que yo sería su mujer ideal si tuviera más busto. Me lo voy a operar." Era una chava que tenía un súper cuerpo y que estaba a gusto con él, pero dio de más...

"Aceptó que fue infiel, pero me dijo que todos los hombres lo son, y que ella no significó nada para él. Así que lo perdoné, finalmente la que lleva el título de su novia soy yo." ¿Un "título" le fue suficiente?

Yo sigo pensando en vender mi alma por Jude Law. Pero no es el caso. Cada quien sabe su límite. Cuando sientes que estás dando de más para agradar, para ser aceptada, la dignidad se aminora.

Megara le vendió su libertad a Hades, el dios del inframundo, con tal de que él salvara a su novio. Poco después él la deja. Desgraciadamente no conozco el caso de una chava que haya dado de más y que el cuate se haya quedado con ella. A las tres que te conté, las dejaron. No sabemos bien esa parte de la vida de Megara, pero nos identificamos con ella porque lo que hizo fue por amor. Y la traicionaron.

Todos los hombres son iguales

Cuando te hieren, puedes:

a) seguir mendigando amor,

b) salir a "divertirte" superficialmente y "engañarte" de que ya lo superaste,

c) cerrarte y no volver a confiar en nadie.

Ya aprendimos con Bestia que cuando alguien pretende ser muy rudo es que tiene miedo de mostrar su fragilidad. Megara no la esconde con fuerza física, ni con agresividad, sino con su aire lejano y seductor. Entre más armaduras tengas, es que eres más vulnerable.

Por eso a Megara ya no le impresionan los monstruos:

"Hice todo lo que pude, pero me hizo una oferta que tuve que rechazar, le explica a Hades sobre el obstáculo con el que se topó.

Ni le impresionan los héroes:

"Además, llegó ese fortachón Hércules, con aires de héroe, pero lo puse en su lugar de inmediato."

"Todos los hombres son iguales." ¿Cuántas veces no lo hemos dicho? Es nuestra desconfianza hablando. Porque nos hemos topado con dos o tres o cinco tipos nefastos, y nuestra mente juzga que "todos" son así.

Megara está en la etapa de no creer en el amor ni en los príncipes ni en los semidioses. Es la primera heroína que ya conocemos decepcionada. Hades aprovecha ese despecho y le ordena que atraiga a Hércules a una trampa. La típica fórmula de la *femme fatale* que trabaja para la mafia, y que con su sensualidad lleva al héroe a la red.

Meg lo hace no una, sino varias veces. Pero sólo descubre que Hércules vence todos los obstáculos, y lo admira. Además, él se va volviendo más famoso (con club de fans incluido, y productos de mercadotecnia con su cara).

—Se acabó el juego. El fortachón batea todas las curvas que le mandas, —le dice segura a Hades, a lo que él responde:

—Todavía no le mando buenas curvas, mi querida Meg —haciendo alarde al cuerpo de la joven.

—Yo ya no puedo con los hombres.

—¡Qué bueno que te das cuenta! Porque es lo que te metió en este problema, ¿no es cierto? Tú dame la clave para acabar con el súper zopenco y yo te daré lo que más anhelas en todo el cosmos: tu *libertad*.

Otra vez, la libertad como el valor más ansiado de la mujer moderna. Pocahontas se debatía entre volverse estable con Kokoum o ser libre. Entre seguir a John Smith o continuar su camino. Ganó lo último. Hasta ahora, para Meg su libertad (sobre todo su paz, el ya no querer sufrir) tiene más importancia, así que visita a Hércules para averiguar cuál es su debilidad.

Cuando herir es sencillo

Megara logra sacar a Hércules de sus múltiples actividades y utiliza todos sus recursos femeninos (o remilgos femeninos, como diría Gruñón) para que diga su vulnerabilidad.

Se tropieza, cae en los brazos del galán y se hace la débil, dice que sus tobillos son un problema. Entonces intenta la seducción:

"¿Tú no tienes ninguna debilidad con cosas como ésta? —y levanta su pierna, que pone frente a la cara asustada del héroe—, ¿con tobillos frágiles? —insiste y le acaricia la cara con el pie. El héroe se va haciendo a un lado, cada vez más nervioso—, ¿en la rodilla, o en otro lugar?", le dice con voz sexy, poniéndole una mano en la rodilla y la otra en el pecho.

Es una gran sensación de poder cuando sientes que estás manejando a un hombre a tu antojo. Truenas los dedos y ellos hacen lo que quieres. Pero eso en realidad es tu ego herido que intenta restablecerse imitando al que te hirió a ti. Hacer daño es fácil cuando ya te lo han hecho.

Hércules, que está profundamente alterado, le sube el tirante a Megara y responde: "Mmm, no. Estoy en excelentes condiciones".

Recuperar la confianza

—¡Ay, Fortachón, eres perfecto! —termina aceptando la seductora.

—Cuando era niño, yo hubiera dado cualquier cosa por ser como los demás —Hércules se sincera.

—Miserable y deshonesto —Megara ya no cree en la gente.

—No todos son así —Hércules es más inocente.

—Sí lo son.

La mejor forma para volver a tener confianza es que alguien abra tu corazón contigo, y pueda verte como realmente eres.

—Tú no eres así —esto le llega profundamente a Megara.

—¿Cómo sabes que no soy así? —ella está traicionando a su amigo.

—No lo sé, yo sólo sé que eres la mujer más fascinante con tobillos frágiles —Megara da un paso hacia atrás y se pega con la estatua de un cupido; metafóricamente ha sido flechada.

Una compañera de la universidad estaba iluminada de felicidad cuando tuvo a su primer novio. Pero el tipo resultó un patanazo que la estaba usando para sacar ventaja de algunas palancas que tenía su papá. Ella lo volvió a intentar con otros dos cuates que resultaron igualmente nefastos. Mi amiga se cerró por completo.

Cada vez que salía con alguien, le encontraba todos los defectos del mundo, reales o inventados, para justificarse y dejar de salir con él. El tipo le podía estar tirando toda la onda, pero su pretexto favorito era pensar que él "era gay, gaysísimo", y con eso en mente, no le volvía a contestar el teléfono. Su miedo era tanto que no se daba cuenta de que ella solita se alejaba. Se empezó a deprimir.

Tiempo después, un tipo del trabajo le empezó a tirar la onda. Ella, como buena Megara, lo empezó a tratar mal, a minimizarlo, a burlarse de su "pony" y de su "entrenador enanito" (sin albur). El cuate ahí seguía, sin tambalearse, con dignidad. No se asustaba ante las barreras que ella le ponía. Esa actitud le sorprendió a mi amiga, y se picó. Él le empezó a abrir su corazón, a contar sus cosas, y sobre todo a ser completamente sincero acerca de sus "debilidades". En cuanto menos lo pensó, esta "Meg" ya había sido completamente flechada por cupido.

—Meg, a tu lado ya no me siento solo —sigue Hércules con su declaración.

—A veces es mejor estar solo —responde ella, mostrando su desconfianza.

—¿Por qué? —a él nadie lo ha herido.

—Así nadie te hace daño.

¡Uf! Ése es mi mecanismo de defensa favorito. Y mira que estoy abriendo mi corazón contigo. La soledad por elección es a veces una barrera que nos ponemos para no sentirnos heridos. Cuando me han lastimado, prefiero no tender lazos con nadie más, alejarme. Y tardo mucho en salir de mi cueva.

—Meg, yo jamás, jamás te haría daño —creo que es la frase que todas queremos escuchar, que es muy difícil decir, y que si nos la dicen no la creemos.

—Ni yo quiero herirte, así es que hagámonos un favor y paremos... —Hércules y Meg se empiezan a besar. Ella está a punto de recuperar la confianza.

Entre el miedo y el amor

Un día estaba dando clases muy feliz, cuando un "tierno" y curioso alumno me preguntó si estaba casada. Le dije que no con tranquilidad, pero volteé a ver las miradas inquisitorias de 30 personitas en cuyo semblante se notaba la inocencia de jamás haber sido heridas.

—¿Te quieres casar? —me siguieron preguntando, atónitos de que el príncipe no hubiera llegado aún por mí.

—Sí —respondí e hice una pausa—. Pero no con mi novio.

Aquellas lindas cabecitas de pronto desorbitaron los ojos, se les cayó la mandíbula y casi se les salió la lengua como rollo de alfombra al toparse con alguien que… definitivamente no era tan ingenua como ellos.

Megara entona su "himno de los deseos", que es contrario al de las primeras princesas. No quiere amor, quiere alejarse de eso para no volver a sufrir.

> Si a los engaños dieran premios, hubiera varios ya ganado.
> No me interesa tener novio, eso es historia, ya lo sé todo…
> Creía ya haber aprendido. Siempre el inicio es hermoso.
> Mi mente dice ten cuidado, porque no todo es maravilloso.

Si estás herido, siempre que empiezas una nueva relación es con sospechas. Como si estuviéramos ante un presunto asesino y fuéramos detectives del FBI averiguando cualquier clave de un crimen. Mi amiga buscaba algún detalle para saber si el tipo era gay, otra amiga se fija detenidamente en las manos para ver si no tiene la marca del anillo de casado. Otra está checando si es lo suficientemente caballeroso; la siguiente se fija en las inconsistencias al hablar y en cómo mira. Yo en todo.

Ante la herida, nos volvemos profesionales para encontrar "espantosas equis" por las cuales el tipo en cuestión será terriblemente rechazado... con tal de que no nos hiera.

"Trata de entenderlo, que lo quieres y lo extrañas." Las musas tratan de que Megara acepte su amor.

"Trata de admitirlo, debes de aceptarlo, muy enamorada estás... Tu orgullo no, deja que hable el amor."

Tengo otra amiga que cada vez que le gusta un chavo dice: "Lo bueno es que estoy en control de la situación". Y cuando dices eso... ¡oh, oh! Cuidado, porque lo que menos tienes es el control. Gloriosos mecanismos de defensa que la mente aplica para tapar lo que tu corazón siente. Los reconozco incluso en mí.

Las otras princesas, con poca experiencia, estaban dispuestas a darlo todo. Megara quiere permanecer soltera, pero por miedo a que la vuelvan a herir.

Entregarte de nuevo

Desgraciadamente Phil descubre que Megara trabaja para Hades y trata de advertírselo a su aprendiz, pero Hércules no le cree, y lo golpea. Es el momento ideal para que aparezca el dios del inframundo, quien le ofrece un sucio trato al héroe: él debe renunciar a su fuerza por 24 horas y Megara quedará libre. Además, ya como para molestar, le cuenta que la joven sí trabaja para él, lo que lo destroza.

Ya habíamos dicho que "herir" a alguien produce sensación de poder. Obviamente, en una mentalidad muy inmadura e infantil. Te sientes bien en control, bien *femme fatale*. Porque es el puritito ego herido tratando de sentirse importante y poderoso. Pero es bien feo cuando heriste a esa persona y ves que sigue ahí por ti. No te gusta hacer lo que ya te hicieron.

Hades suelta a los Titanes, y Hércules, deprimido, trata de pelear contra un cíclope que lo está haciendo pedazos. Megara intenta detenerlo, pero él, despechado, le dice: "Hay cosas peores". Por primera vez, él ha entendido sobre el engaño y la decepción amorosa.

Como el tipo que se aparece borracho frente a tu casa, gritándote que por tu culpa está como está. Y no sabes qué lo está matando más, si tu rechazo o el alcohol que trae encima.

Meg, preocupada, libera a Pegaso, y juntos se van a buscar a Phil:

"Hice mal y lo reconozco, pero ya no es por mí, es por él —acepta la chica ante el entrenador que, ofendido, no quiere ayudar—. Si no lo ayudas, va a morir."

Phil regresa, y Hércules vence al cíclope con agilidad, más que con fuerza. Justo cuando acaba, una columna le va a caer encima; Megara lo evita y la columna le cae a ella. Otra vez, la heroína que salva al héroe. Hércules recobra su fuerza y puede levantar la columna.

Herida, Meg se le declara: "A veces se hacen locuras por amor".

Dicen por ahí, y es muy cierto, que lo que no te mata te hace más fuerte. No es que yo tenga la gran experiencia de vida, pero he visto que la mente y el corazón tienen una capacidad increíble para restructurarse nuevamente.

He visto chavas que cuando terminan con su novio enflacan seis kilos de la tristeza (o los engordan, según sea el caso), y tiempo después traen la misma mirada iluminada que tenían, con otro galán. He visto mujeres que han estado en depresión, en cama, pensando que no hay nadie para ellas, y ahora están planeando su boda.

Y sí, estamos las que nos vamos con demasiado cuidado, pero que, en esta maravillosa aventura que es la vida, nos dejamos sorprender, porque la vida te pone gente en el camino en la que puedes volver a creer.

Volviendo del inframundo

Meg muere, así que el héroe va al inframundo a rescatarla. Ahora él la salva a ella. Dando y dando. Trabajando juntos.

Cuando Megara despierta, no por un beso de amor, sino por una lucha que venció su pareja, están a punto de besarse, pero llega una nube por ellos y los sube al Olimpo. Hera y Zeus felicitan a Hércules por ser un héroe verdadero al ofrecer su vida para rescatar a la chica y le abren las puertas. Meg, viendo de lejos, se retira con tristeza: "Felicidades, Fortachón, serás un dios excelente". A ella le importa su felicidad, aunque eso implique estar separados.

"Padre, éste es el momento que siempre soñé —agradece Hércules—. Pero la vida sin mi amada Meg, incluso la vida inmortal, estaría vacía. Yo quiero ir a la tierra con ella, encontré el lugar donde pertenezco."

¡Wow! Y doble ¡wow! Hércules es el primer galán que abandona su sueño con tal de estar con su mujer. No es que esté bien que renuncien a su sueño, pero el hecho de que piensen que estar contigo es más importante que ser un semidiós (o sea, un ejecutivo de alto nivel, un presidente de la compañía, directivo de renombre) es precisamente lo que los hace héroes. Primero estás tú, luego su ego.

Porque, ¿cuántos *workaholics* no hay que prefieren ganar más, tener un mejor puesto, o hacer currículo? Y en segundo lugar, su familia. A ti te traen de arriba para abajo, como accesorio personal, si bien te va, o más bien olvidada, de adornito en tu casa, pa' cuando lleguen cansados. O para cuando tengan ganas de compañía.

No. Hércules deja su lugar (su puestazo, que es ser dios, no cualquier cosa) por Megara. No conozco muchos Hércules, sinceramente, porque en nuestra cultura es más esperado que sea la mujer la que deja todo para que él sea el semidiós. Pero sí los hay. De primera entrada, conozco a la chava que se quería ir a estudiar una maestría al extranjero. El novio renunció a su trabajo, se casó con ella y se fueron juntos. Consiguió un empleo muy bueno allá. Ya se están nacionalizando. Él siguió el sueño de ella.

Otro que le ofrecieron un trabajo en España. Ella no quiso irse. Él no aceptó el puesto.

Pero ése no es el mensaje de Megara. No se trata de pedirles que renuncien a su sueño, porque no nos gustaría que nos pidieran lo mismo. Meg nunca lo pide, él lo ofrece porque así lo quiere.

Lo que nos dice Megara es que las armaduras, fingirnos rudas y alejarnos, no nos va a evitar el dolor. Puedes enamorarte mil veces y te pueden herir mil veces más. Y siempre tendremos la capacidad de salir adelante, de morir en el inframundo y resurgir. Con o sin Hércules.

Creo —lo digo yo, que ya he sido herida y soy desconfiada— que es más cansado y desgastante estar defendiéndote de la vida y de ti misma. Hércules prefirió ser humano y frágil pero vivir intensamente. Megara aceptó su vulnerabilidad y se hizo más fuerte.

Los dos quedan juntos (por cierto, no se casan). Van lento, a conocerse más. Ya no hay mentiras de por medio y su amor pasó varias pruebas. Se admiran, su escala de valores es similar y están dispuestos a luchar el uno por el otro, porque saben que tienen la fuerza para renacer; aunque a veces parezca que estés en el inframundo.

Test: ¿Eres Megara?

Tu tipo son los hombres musculosos y te gusta coquetear con ellos… ¿pero eres una Megara de verdad?

1. Cuando un hombre quiere tener un gesto de caballerosidad contigo, ya sea abrirte la puerta o ayudarte a cargar algo, tú:
   a) Lo aceptas, te encanta la caballerosidad.
   b) De hecho, obligas al hombre a ser caballeroso. Si él no te abre la puerta, te quedas esperando, o directamente le pides que te cargue algo.
   c) Piensas que eso está pasado de moda, yo puedo abrir la puerta, cargar cosas o pagarme una cena. No necesito que lo hagan por mí, ni dependo de nadie.
   d) Te da igual. Si te lo ofrece lo aceptas, si no, tampoco te importa mucho. No es algo en lo que te fijes.

2. Cuando se te presenta un hombre de mundo, que te exhibe la experiencia que tiene en negocios, viajes, profesión, dinero, etcétera, tú:
   a) Me gustan mucho los hombres admirables que realmente lleven un recorrido en su vida y tengan algo que ofrecerme.

b) ¡Bah! Son puros lucidos. Lo que quieren es llamar la atención, pero así no lo logran. Les bajo los humos a la de ya. En realidad esa gente es poco segura, así que es fácil romperlos.
c) Pues los escucho y veo sus intenciones. No creo que esté mal que quieran impresionarme, es su forma de ligar. Pero más bien me fijo en otras cosas.
d) Les pongo pruebas; rasco tantito en lo que me dicen a ver si como roncan duermen. Mucho hablan, pero que lo demuestren.

3. Tu táctica para coquetear es…
   a) ¿Coquetear? Soy pésima, no tengo ninguna táctica.
   b) Les digo directamente su cualidad: no tengo problema en decirles que se me hacen guapos, o de buen cuerpo, o lo que sea que resalte.
   c) De hecho me hago la difícil. Me niego. Así los pico más.
   d) La mejor opción es halagar-insultar. Los sacas de onda y así se quedan picados.
   e) Decirles con cierta indiferencia sus cualidades, pero sin darles mucha importancia.
   f) Si ellos no toman acción, la tomo yo. Yo les pido su teléfono o los localizo y los invito a salir.

4. Cuando sales por primera vez a una cita amorosa, tú:
   a) Te dedicas simplemente a escuchar y observar, analizas al tipo.
   b) Le halagas todo lo que diga. Es la manera más segura de amarrarlo, acrecentar su ego.
   c) Te muestras demasiado superior para él. A ver si te llega.

d) Te da la peor flojera tener una táctica. Eres como eres y punto.
e) Le mandas dobles mensajes: te encanta estar con él, pero eres difícil.

5. Cuando alguien te quiere presentar a un chico que no conoces y te arregla una cita a ciegas, tú:
a) La verdad es que sólo voy porque me siento comprometida con la persona que insiste en presentarnos, pero me chocan las citas a ciegas. Y pues intento medio pasarla.
b) Voy pero con miedo. ¿Qué tal que sale un tipo aburridísimo, tetísimo o feísimo? De hecho voy con un plan b para escapar.
c) ¡Qué emoción! ¡Voy a conocer un chavo nuevo! Qué buena onda, no tengo nada que perder.

6. Cuando conoces a un chavo que te gusta…
a) Te pones nerviosísima y haces el ridículo. Eres malísima en esas situaciones.
b) Aunque esté muy guapo, no te intimida en lo absoluto. Has visto muchos otros así.
c) Te apuntas luego luego. Que sepa que estás interesada y disponible.
d) Platicas normal con él. Si él se interesa, bien; si no, también.
e) No lo pelas para que no se crea mucho.

7. Le pides ayuda a un hombre porque…
a) Es la mejor forma de ligar. Se sienten útiles y viriles.
b) Nunca. ¿Quién los necesita?
c) Porque en verdad necesito ayuda.

8. ¿Qué tan rápido te recuperas de una decepción amorosa importante?

   a) Rápido. No tengo tiempo para estar llorando. ¡El que sigue!
   b) Lloro en las noches, como chocolate y helados. Pero pasando el duelo estoy más que lista.
   c) Busco paz y tranquilidad. Me alejo de la zona de ligue. No quiero salir con nadie, lo que quiero es estar sola, conmigo misma.
   d) Me pregunto qué fue lo que hice mal, qué me falló, y qué hizo mal él. La cabeza me da vueltas y vueltas analizando la situación. Es muy cansado.

9. Tu idea de los hombres es…

   a) Conoces a uno, conoces a todos. Mismas debilidades, mismos vicios, mismos lugares comunes, mismas cualidades.
   b) Todos son infieles en algún momento de su vida. Tienes que aprender a lidiar con eso.
   c) Los buenos ya están ocupados. Los que quedan son de terror.
   d) Sola encuentro mucho más paz y tranquilidad. Las relaciones me estresan.
   e) Pues hay de todo, para los gustos de cualquiera, el chiste es probar.
   f) Sólo sirven para divertirnos. En la formalidad, ya todo es más complicado. Hay que utilizar sus ventajas como ellos utilizan las nuestras. Nosotras también podemos jugar.
   g) El mío es perfecto. Nos amamos y somos felices.

10. Cuando cometiste un error en una relación que te importaba:
   a) Pides perdón y tratas de hablar. Si no te dan la oportunidad, pues ya ni modo.
   b) Pides perdón y tratas de reparar el daño hecho con alguna acción. Quizás ayudando en algo; pero vas más allá del diálogo para recuperar la confianza de tu pareja.
   c) Eres humano y te equivocaste, ni modo. La regaste, pero no estás como para rogar.
   d) Te alejas, eres malísima pidiendo perdón.

11. ¿Crees que eres lo suficientemente buena como para andar con el chavo que más te gusta?
   a) Mmmmm, lo dudo.
   b) Por supuesto, no tiene por qué rechazarme.
   c) Pues igual y sí me daría la oportunidad de conocerme y salir conmigo.
   d) Nada pierdo con intentarlo.

12. Para conseguir lo que te propones, tú:
   a) Soy muy persuasiva, puedo convencer muy bien a la gente para que me ayude.
   b) El deseo y la visualización es lo más importante.
   c) Voy yo misma a luchar directamente.
   d) Espero las oportunidades y las tomo.

13. Tu belleza es…
   a) Creo que soy bonita.
   b) Tengo encantos más importantes que la belleza.
   c) Soy normal.
   d) La gente me dice que soy guapa y me siento muy a gusto con mi físico.

14. En lo que te fijas en un hombre:
    a) Que sea guapo.
    b) En su experiencia, que sean hombres de mundo, viajados, vividos.
    c) En su inteligencia.
    d) En que me sienta a gusto con él, que la plática fluya y los silencios no sean incómodos.
    e) Que sea exitoso en su ramo, que lo admire.
    f) Si es romántico y detallista.
    g) Que sea amable y bueno.

15. Tu mayor miedo es…

    a) A la soledad, quedarme sola.
    b) A que me hagan daño.
    c) A las críticas y al rechazo.
    d) A que me controlen y perder mi yo.

Puntuación de las respuestas

1.
   a) 3
   b) 2
   c) 5
   d) 4

2.
   a) 2
   b) 4
   c) 3
   d) 5

3.
   a) 0
   b) 4
   c) 2

4.
   a) 1
   b) 2
   c) 3

d) 5
e) 5
f) 3

d) 1
e) 5

5.
a) 5
b) 3
c) 1

6.
a) 0
b) 5
c) 1
d) 3
e) 2

7.
a) 5
b) 4
c) 2

8.
a) 0
b) 2
c) 5
d) 3

9.
a) 5
b) 3
c) 3
d) 5
e) 2
f) 4
g) 0

10.
a) 3
b) 5
c) 1
d) 0

11.
a) 5
b) 3
c) 1
d) 2

12.
a) 5
b) 0
c) 3
d) 2

13.
- a) 3
- b) 2
- c) 1
- d) 5

14.
- a) 2
- b) 0
- c) 4
- d) 5
- e) 5
- f) 4
- g) 4

15.
- a) 0
- b) 5
- c) 1
- d) 3

Resultados

Suma tus puntos, el máximo es de 75. Multiplícalos por 10 y divídelos entre 75. Ése es tu porcentaje de Megara.

¿Musa griega? Conoce más sobre cómo es la sexy Megara de la actualidad:

- Megara es una mujer aparentemente segura de sí misma, independiente y fuerte; pero en realidad es muy frágil y tiene mucho miedo de ser herida.
- Está sola por decisión propia, pero no en conciencia, sino para evitar el dolor.
- Se volvió desconfiada y está decepcionada. Sin embargo, se abre y descubre que todavía hay hombres que valen

la pena, y que siempre se puede renacer.

Close up de Megara

Características principales de Megara:	Sabe cuidarse sola.
	Indiferente ante los hombres que se quieren lucir.
	Es bella y seductora.
	Sarcástica, desconfiada, decepcionada.
	Tiene experiencia con el sexo opuesto.
	Prefiere estar sola que ser herida.
	Tiene miedo al amor.
Meta en la vida:	Libertad.
Conflicto:	Megara tiene que aprender a confiar nuevamente en los hombres, y en general en la gente. Como se siente herida, ha aprendido a herir, pero no le gusta.
Punto débil:	"Todos los hombres son iguales", juzgas con base en tu experiencia y prejuicios. Date la oportunidad de comprobar lo contrario.
	Acuérdate de que lo que no te mata te hace más fuerte.
El hombre debe:	Ser honesto, tierno y jamás hacer daño. Dispuesto a dar la vida por la mujer que ama. Tener en consideración primero a ella, y luego su ego personal. Sacrificarse por amor.

11. Mulán: sé quien realmente eres

> Lo que quería era probar que podía ser alguien, para que al verme en el espejo viera mi propio valor.
>
> *Mulán*, 1998

Mulán, como *Pocahontas*, está basada en una leyenda, pero esta vez de China. Fue una cinta bastante polémica, al presentar a la mujer más ruda de todo el universo Disney. Es la heroína que empieza más sumisa, y la que termina liberándose más. Su arco de cambio es el más grande de todos. Y definitivamente es difícil encontrar una de carne y hueso.

Cómo conseguir marido

Antes nos dijeron que todo era tan sencillo como cantarle a un pozo o pedir un deseo. Mulán (y nosotras) se tiene que esforzar mucho más. Aprendamos junto con ella todos los preceptos para conseguir esposo:

a) Callada, reservada, graciosa, educada, delicada, refinada, equilibrada, puntual:

"¡Es tarde!... Vamos, amigo, ¿me ayudarás a las labores de hoy?"

¡Bueno! Está clarísimo que yo jamás conseguiría esposo en China. Creo que tengo solamente una de esas cualidades. ¿Y las labores del hogar? Si se pudiera, haría como Mulán, poner a mi perrita a que las haga y yo sólo observar. No como Cenicienta, que las haría por sí misma.

b) Tu padre debe rezar:

"Honorables ancestros, ayuden a Mulán a impresionar a la casamentera."

Yo creo que mis pobres padres sí han rezado por mi matrimonio a sus ancestros. Vaya, recuerdo que en mi misa de 15 años mi abuela pidió en las intenciones que yo encontrara un buen marido. Y se lo agradezco, pero "los ancestros" no han respondido.

Por lo visto, todos los padres de las princesas (desde el Rey Estéfano de Aurora) desean enormemente que su hija se case. Al primero se le cumplió su deseo y su niña se casó con el pretendiente que él quería. Tritón, el Sultán y el Jefe tuvieron que aprender a respetar las decisiones de sus hijas, más modernas.

c) Mantener el honor de la familia:

—Mulán, deberías estar en la ciudad. Contamos contigo —le dice su padre.

—Sí, para mantener el honor de la familia —responde ella como si fuera de memoria y un poco fastidiada—. No te preocupes, padre, no los defraudaré. Deséame suerte.

¡Qué fuerte! No me había puesto a pensar. Una muchacha que no se casa, es deshonra, para ella y su familia.

Una vez le preguntaron a una tía cuántos años tenía mi prima. Cuando ella respondió con total tranquilidad, le contestaron: "¿Y qué esperas para conseguirle marido?" Mi tía se sintió "deshonrada". Y no estamos en la antigua China.

d) Puntualidad y arreglo personal impecable:

"¿Tenía que llegar tarde hoy? Le debí pedir suerte a los ancestros", se queja la madre. Mulán es la primera heroína que tiene mamá (Aurora también, pero como si no la tuviera).

La chica llega corriendo y las mujeres que la arreglan le cantan: "Miren este lindo retoño, querida, *he visto peor.*" O sea, Mulán es la primera protagonista que no es bonita. Para colmo, la casamentera la juzga:

"Muy *flacucha*. No serás buena para tener hijos." Al menos en China podíamos engordar, y eso era bueno. Pero como dicen, no hay mujer fea, sino mujer que no se arregla: "Hay que *quitar lo feo*, serás un primor."

La joven no está disfrutando el proceso de "conversión", bastante más complicado que el de Cenicienta. A mí sí me encanta que me arreglen. En cualquier oportunidad voy al curso de maquillaje, al de qué corte de pelo me queda mejor, y si hay promociones en salones de belleza yo soy feliz. Este punto es el único en el que me puedo sentir cómoda.

e) Características generales:

"Debes ser especial, *calmada, obediente* y muy *servicial. Gusto fino y figura ideal*, nos vas a brindar honor… *Con armas el varón, con hijos la mujer…*"

Ok, otra vez no tengo ninguna cualidad de éstas. Las características que piden son las de Blanca Nieves, Cenicienta y Aurora. Lo que me tranquiliza es que desde Ariel ya ninguna era así.

"¿Eres soltera, verdad?", le preguntaron a una prima en una conversación. Cuando ella respondió afirmativamente, le dijeron: "Se nota". Ella no supo si eso era un insulto o un halago. Al ver su cara, le explicaron que se notaba muy independiente, autosuficiente, trabajadora… O sea, no seguía los preceptos chinos.

f) "¿Hablando sin pedir permiso?"

Mulán es regañada cuando llega con la casamentera y se presenta. Otra vez nos muestran la falta de voz (y voto) en la mujer, que ya habíamos visto en *La sirenita.* Y aquí se reitera varias veces.

g) "Para complacer a tus futuros *suegros, debes* mostrar tener sentido de la dignidad y refinamiento. También debes ser equilibrada", recomienda la casamentera.

¡Uf! Se nos pone más difícil. Además de conquistar al galán, hay que complacer a sus papás. Sobre todo ¡a la madre! Y, lo sé, eso es de lo más complicado: dignidad sí tengo; refinamiento no tanto, y soy cero equilibrada. ¿Será por eso que no convenzo a los suegros?

¡Reprobada!

Me queda claro que Mulán y yo reprobamos con lo de conseguir marido. Pero, para colmo, a ella le ocurre un terrible accidente, y la casamentera la corre, gritándole en plena calle:

"Eres una desgracia. Podrás parecer una novia, pero *no brindarás honor a tu familia nunca*". La única manera de brindarles honor es casándose. No hay otra cosa que puedas hacer. Bueno, bendito sea que no nací ni ahí ni en ese entonces.

Triste porque no cumplió con su deber, Mulán regresa a su casa sabiendo que decepcionó a sus padres y canta su "himno de los deseos" mirando su reflejo en el agua:

> Mira bien, nunca voy a ser una novia ideal, o una buena hija.
> No sabré tal papel jamás tomar.
> Ahora sé que al demostrar quien realmente soy, gran dolor podría causar.
> No puedo continuar esta gran falsedad.
> ¿Cuándo en mi reflejo yo me veré en verdad?

Una Mulán que conozco había conseguido al "novio ideal" a partir de "casamenteras", o sea, *blind-dates*. Le estaba brindando muchísimo "honor" a sus familiares, fascinados con el galán de apellido rimbombante y suegros intachables. Cuando el pretendiente le pidió matrimonio, ¡uf!, gran fiesta. ¡Se casa con el mejor partido!

Años después, Mulán me contó que cuando entró a la iglesia vestida de novia, y lo vio a él esperándola, se empezó a marear. Llegó al altar, se sentó y se desmayó. En ese único instante de conciencia (o inconsciencia, según se vea) se preguntó: "¿Qué diablos estoy haciendo aquí? Ésta no soy yo". La despertaron con alcohol y se sintió atrapada, pero siguió con la boda. Años después se divorció y se dedicó a trabajar en su negocio y cuidar de sus hijos. Dice que por fin "pudo ver su reflejo".

"Mira ese retoño, todavía está cerrado —dice su papá a Mulán—. Pero apuesto que cuando abra será el más hermoso de todos", y así es como apoya a su hija.

La protagonista otra vez no simpatiza con las normas sociales. Bella no encajaba en su aldea. Ariel deseaba subir a la superficie. Jazmín escapó de su palacio. Quizás Mulán deba salir también para encontrar dónde pertenece; para encontrarse a ella misma.

Sin hada madrina

—Mis hijos nunca causaron tantos problemas, todos fueron acupunturistas.

—Pero no todos podemos ser acupunturistas.

Los ancestros de Mulán —que por cierto no le encontraron marido— están mucho más preocupados por el qué dirán y por juzgar, que por ayudar a la pobre niña. ¡Familias!

"¿Por qué todos quieren estudiar comunicación?", nos preguntó mi papá a mis hermanos y a mí. Nosotros nos reímos, porque mi papá es comunicólogo. No podíamos ser "acupunturistas", pero dedicarse al cine era definitivamente algo raro en la familia.

A un primo y a mí nos preguntaban de qué íbamos a vivir, y si nos iba a alcanzar el dinero. Bueno, a mí no me lo cuestionaban tanto porque daban por hecho que algún hombre me mantendría. Sobra decir que mi primo tiene un puestazo, y ganado por él solito. Vocación, es todo lo que se necesita.

Pero la vocación de Mulán sí que es controversial: se vistió de hombre y se fue a la guerra para evitar que su padre se enlistara.

"No teníamos que ser travestis como tu bisnieta." Los ancestros siguen juzgando.

Pero ya cuando te señalan de "travesti" es que la cosa está fea. Una vez vi llorar a una amiga cuando sus compañeros de trabajo le cuestionaron sus preferencias sexuales por no tener novio. Le dije que contestara como María Félix a un reportero que la juzgó: "Qué bueno que no todos los hombres son como usted, porque entonces sí sería lesbiana".

Las Mulanes son muy discriminadas. La misma caricatura lo fue, algunos críticos interpretaban al personaje como lésbico. Si no haces las "cosas de mujer" que la sociedad espera de ti, no tarda en caerte la "Santa Inquisición" encima para analizar tu conducta sospechosa. La gente disfruta pensando mal de todo el mundo.

Mulán lo entiende y aun así se va a la guerra; pero Mushú, un dragón chino sin poderes y que es rechazado, decide ayudarla. No hay hada madrina. No hay tías casamenteras. No hay genio de la botella ni bruja del mar. Ni siquiera la familia está a su favor. Mulán está completamente sola, y además es juzgada.

¿Dónde están los príncipes?

La protagonista entra a registrarse al campamento militar, pero al ver a tantos hombres (unos chupándose los pies, otros comiendo con la boca abierta) le dice a Mushú que jamás podría ser así.

"Son hombres y tendrás que actuar como ellos", le explica el dragón.

Se acabaron los príncipes. Aquí los hombres son "asquerosos", según la heroína. Sin embargo, Mulán no es capaz de ser lo suficientemente delicada y refinada como para conseguir marido; pero tampoco está dispuesta a ser como los hombres del ejército. No encaja en patrones preconcebidos.

Me acuerdo de la primera vez que me cayó el veinte de que "los caballeros" eran difíciles de encontrar. Yo regresaba de Australia, con un *jet lag* terrible y 24 horas de vuelo. Llevaba tres maletas grandes. Al llegar a los dos aeropuertos donde tuve que hacer escala, me impactó que los hombres veían cómo cargaba las maletas con dificultad, y no movían un dedo. Yo casi me caía con el peso, y no se inmutaban. Curiosamente fue una mujer la que se acercó a ayudarme. Y ahí fue donde dije: ¿Dónde están los príncipes?

El regimiento de Mulán va cantando: "Mi chica debe de admirar mi fuerza y mi valor. No importará qué se pondrá o si es muy fina, dependerá de qué cocina".

Un amigo mío dijo una vez que las mujeres pasaban de ser mantenidas por el papá, a ser mantenidas por el esposo. Que su cambio real era hasta que tenían hijos, y entonces sí tenían razón de ser... Y esto lo dijo en 2010, no en la antigua China.

Mulán tiene que adaptarse a la nueva situación y se cambia el nombre a Ping. Al verlo como novato y más débil, todos lo molestan, se ríen a su costa, y le echan la culpa de los problemas. Después de varias pruebas que la chica no logra superar, la corren del ejército. Podía darse por vencida y regresar a su casa tranquila, pero entrena todas las noches y demuestra que es la única que puede llegar a la meta que el Capitán impuso como reto, así que la vuelven a aceptar.

Una directora de cine me platicaba en entrevista que le costó trabajo entrar al mundo de los cineastas, a pesar de haber estudiado la carrera. Cuando logra que la contraten, le pasan el chisme de que hay algunos productores que no creen en el control que ella pudiera tener en el equipo. Entonces decide "disfrazarse" de "ogro".

En una visita de uno de estos productores criticones, la directora —previo plan— empieza a gritarles a todos sus colaboradores como una gran tirana, y todos se ponen a trabajar de inmediato. Todo era actuado, pero en un mundo juzgado como "de hombres" tuvo que fingir ser más dura que ellos, aunque no fuera su estilo.

Continuó trabajando como siempre, pero calló a las malas lenguas. Finalmente, su película fue un éxito y siguió con más proyectos.

Cuando los halagos no sirven

Ya habíamos aprendido con Jazmín y Megara que si adulas a un hombre es fácil conquistarlo. La verdad es que esto no siempre es cierto. A veces tienen su ego tan grande, que un halago más los hace sentirse verdaderamente inalcanzables.

Así es Shang, el Capitán. Para empezar, el tipo es galán y tiene un cuerpazo que pone nerviosa a Mulán, además, es el jefe del grupo. Pero por más apoyo que la chica intenta darle, él, orgulloso, sigue su paso sin contestarle.

Después de que lo regañan por haber tenido pocos avances, "Ping" lo anima: "Si de algo sirve, yo creo que eres un gran capitán", pero él ni le responde.

Cuando el padre de Shang muere, también es "Ping" el único que le da las condolencias. Él ni se inmuta.

Cómo me chocan estos hombres. De verdad les dices cualquier cosita, que son inteligentes, que son trabajadores, y creen que te estás muriendo por ellos. Levantan el cuello y se van como cisnes. No es necesario trabajar con un Capitán para haberlo experimentado.

Me acuerdo de que a un amigo director de cine le dije sinceramente que me había gustado mucho su película. Era una ópera prima, no que fuera experimentado ni nada, pero pensé en echarle porras en su primer trabajo. Me contestó: "¿Quieres que te autografíe?" Y lo dijo de verdad creyéndolo. ¡No, bueno! Se juró en los Óscares y la película es hasta la fecha bastante desconocida.

En el campo de batalla, los hunos parecen invencibles. Son muchos más que los chinos, sus armas son mejores, vienen con gran fuerza, y sólo queda "morir con honor". Pero "Ping" es el único que piensa en esos momentos, dispara a una montaña y desencadena una avalancha que atrapa al oponente. Mulán escapa, pero se da cuenta de que Shang quedará atascado, así que arriesga su vida y lo salva. De nuevo, la heroína que salva al hombre.

Ya que están bien, la forma de "agradecer" de su jefe es:

—Ping, eres el hombre más loco que he conocido y por eso te debo la vida. En adelante tienes mi confianza.

—Tres hurras para Ping, el *más valiente*, el rey de la montaña —grita uno de sus compañeros. Obviamente, no saben que *el más valiente* es mujer.

Hay hombres por los que verdaderamente tienes que arriesgar la vida para que volteen a verte y te den "su confianza". Megara lo sabía y por eso se decepcionó. ¿Vale la pena? Mulán estaba salvando a su país. Nosotros no. Pero a veces actuamos frente a ellos como si eso hiciéramos…

Y así te pagan

Una amiga que tenía un gran puesto movió sus influencias para conseguirle trabajo a un cuate. Él fue aceptado, pasó el tiempo y entró a un concurso para un puesto superior. Ella lo volvió a recomendar, y se quedó en el puesto; arriba de ella, por cierto.

De pronto su actitud dio un giro de 360 grados. La empezó a minimizar, a insultar e instaló un régimen de terror, en el que se dedicaba a criticarla todo el tiempo. Pasaba frente a ella y ni la saludaba. Le hacía hincapié en que él era director y ella no, y si le hablaba era para regañarla. ¿Complejo? ¡No, qué va!

Así le pasó a Mulán, que al rescatar a Shang descubren que es mujer.

"¡Alta traición! —juzga el Ministro—. La peor de las deshonras." ¿Por qué se sienten deshonrados? ¿Porque una mujer los salvó?

El Capitán es el encargado de matar a la joven, pero toma su espada y la avienta: "Te doy vida por vida. He pagado mi deuda". Mulán dio su vida por él, y él se siente tan superior que cree poder "dar vida". Seguramente está herido en su orgullo.

Mulán es la heroína más sola de todas. No tiene quién la ayude (Mushú le echa porras, pero no tiene demasiada influencia), y nadie la apoya. Es desolador encontrarse así. Es la pérdida de la inocencia. Darte cuenta de que en realidad no cuentas con nadie para ciertas cosas, por más que te lo hayan prometido.

Me acuerdo de una gran decepción que sentí con alguien que yo pensaba que era mi amigo. Salíamos y nos platicábamos nuestras cosas. Él casi siempre hablaba de sus logros y éxitos, y yo genuinamente me alegraba por él y le echaba porras. Una vez me encontré desesperada y realmente necesitaba un consejo. Pensé que él podía dármelo, dado que admiraba la mente analítica que tenía para resolver sus problemas. Le hablé y me dijo que sí, que me hablaría en unos días. Pero nunca lo hizo.

Cuando le escribí para preguntarle si podíamos hablar de mi problema, ni siquiera me contestó. Entonces me di cuenta de que yo lo consideraba mi amigo, y él me consideraba una porrista para acrecentarle el ego. Por supuesto, jamás lo volví a buscar. En este mundo de relaciones —no hablo de pareja, sino de amistad, de familia, de lo que sea— es duro darse cuenta de quién es realmente confiable, y quién siente que "nos hace el favor de darnos vida".

Pero como Mulán, así es como aprendemos que en realidad el problema lo podemos resolver nosotras solas.

Las opiniones

Ya sabemos que el principal conflicto de las princesas modernas es la diferencia de expectativas con sus papás. La mayoría se rebela y los padres terminan entendiéndolas y aceptándolas. Mulán sí está muy preocupada por "brindar honor a su familia". Y es que lo primero que hacemos en la vida es para agradar a nuestros papás, porque de ahí formamos nuestra personalidad: "Nunca debí salir de mi casa —comenta Mulán a Mushú—. Tal vez no lo hice por mi padre; tal vez lo que quería era probar que podía ser alguien, para que al verme en el espejo viera mi propio valor; pero me equivoqué, no veo nada."

Tengo una amiga que cuando se divorció puso un negocio con el que siempre había soñado. Le empezó a ir muy bien, pero se desesperaba porque no sentía el reconocimiento que ella esperaba de la gente. Decían que en realidad su negocio no era tan bueno y que necesitaba de hombres para llevarlo bien. En una ocasión que fui a comer con ella me impresionó porque me dijo: "No importa todo lo que haga, mis papás estarían mucho más orgullosos si yo siguiera casada y con hijos".

A veces, equivocadamente, queremos saber quiénes somos a través de la opinión de los demás.

"Hay una fecha de expiración para echarle la culpa a tus padres de tu vida", dijo hace poco una mujer exitosa. Ella había estudiado literatura sin el apoyo de su familia, que le advertía que se moriría de hambre. Ya de por sí tenían muchas limitaciones económicas, pero ella prosiguió. Años después de que se graduó se consideraba una fracasada: no tenía trabajo, efectivamente era pobre, estaba divorciada y tenía que mantener a su hija ella sola. Pero dice que fue el fracaso el que la sacó adelante: su más grande miedo ya había sido cumplido, así que no tenía nada que perder. Sacó su poder, el que no sabía que tenía, y se puso a hacer lo que quería: una novela. El libro es *Harry Potter*, la escritora es J. K. Rowling, la mujer más rica de Inglaterra.

Nadie te oye

Mulán se da cuenta que los hunos han sobrevivido y corre a avisarle a Shang, quien está recibiendo honores —el muy hipócrita— por haber sido "el héroe de China".

—Tú no puedes estar aquí, vete a casa —¡obvio! No le vaya a quitar los premios…

—Shang, los vi en las montañas, tienes que creerme —Mulán insiste.

—¿Por qué he de creerte?

—¿Por qué otra razón habría de regresar? Dijiste que confiabas en Ping. ¿Por qué Mulán es diferente? —¡ooooohhhh! La chica se va encontrando. Ya no tiene miedo de confrontar. Ya confía en sí misma, sin importar lo que le digan.

Pero el asqueroso de Shang le da la espalda y no hace caso (¡uuuuuuh! Pobrecito niño, está ardido de que lo salvó una mujer).

Nadie la escucha, e incluso se sienten ofendidos de que les hable.

Me acuerdo de una vez que en una reunión había un chico que acababa de cortar con su novia y estaba pidiendo consejos. Yo empecé a hablar y me dijo: "Tú no tienes novio, no puedes dar tu opinión". Y, repito, no estábamos en la antigua China.

Tampoco necesitas estar en guerra para sentir que pides ayuda y nadie te le da. En un principio todos se ofrecen, y ya que ven venir "la batalla" se van llenos de miedo.

Durante un servicio social organicé un evento con fines altruistas. Muchos hombres "bien valientes y ayudadores" me dijeron que se apuntaban para aventarse todo el numerito. Éramos un equipo y yo me sentía tranquila. A la hora de la hora se nos acabaron los boletos por haber sobrecupo, y la gente que esperaba se empezó a enojar muchísimo. Yo era la de la entrada y quien veía las caras furiosas que me empezaron a insultar. ¿Dónde estaban los valientísimos hombres? Hasta atrás, escondidos.

Saqué a la Mulán que llevo escondida y me puse ruda. Tuve que organizar a la gente de afuera, recibir insultos, escupitajos, vomitadas, pero sobreviví. Terminé muy cansada y agotada. Momentos después algunos "valientes" se me acercaron y me dijeron: "Te íbamos a ayudar, pero vimos que te defendías bien tú sola". Ya ni cómo contestarles… Eso sí, se pararon en la puerta para recibir las gracias de la gente que sí entró. Me acordé de la pobre Mulán, yo sufrí por un evento así, ella sí la pasó mal.

Así que Shang, bien heroico él, observa sorprendido cómo los hunos llegan y se llevan al Emperador. Entra al palacio y se encuentra con el líder de los invasores, quien amenazadoramente le dice:

—Tú me robaste la victoria —a lo que Mulán responde:

—No. Yo lo hice —y vuelve a salvar a Shang, que ya vimos que es tetísimo y odioso.

Con la ayuda de Mushú, Mulán vence por fin a los hunos, frente a miles de testigos. Después de uno que otro destrozo en el palacio, ella pelea y gana.

Encontrando tu reflejo

"Esa criatura no merece protección alguna —dice el Ministro de Mulán al haber terminado la batalla—. Jamás será digna de nada."

También dijeron eso de una amiga cuando se embarazó… y su novio no le respondió.

Aparece el Emperador, calla a Shang (por fin alguien lo hace) y comienza su discurso:

"He oído hablar mucho de ti, Fa Mulán. Robaste la armadura de tu padre, huiste de tu casa, suplantaste a un soldado, engañaste al Capitán en mando, deshonraste al ejército, destruiste mi palacio... y ¡nos has salvado a todos!"

El Emperador le hace una reverencia, seguida por el ejército, el mismo Ministro y todo el pueblo ahí reunido, que le rinde honor. Le ofrecen ser Miembro del Consejo, pero ella no acepta:

—Con todo respeto, excelencia, creo que he estado mucho tiempo lejos de casa —podría continuar en el trabajo, pero también quiere un poco de paz y descanso de espíritu.

—Entonces toma esto —le da una medalla—, para que tu familia sepa lo que has hecho por mí, y esto —le da una espada—, para que el mundo sepa lo que has hecho por China.

Es difícil pensar en Mulanes a gran escala. Sí las hay en las noticias, en el conteo de líderes excepcionales, etcétera. Pero no tenemos que ir a lugares poco comunes para encontrarlas. Porque no tienes que salvar a tu país para ser Mulán. Puedes empezar por tu familia.

Mi maestra de baile era quien mantenía su casa. Su esposo había perdido el trabajo y no encontraba otro (ni se le notaban muchas ganas de buscarlo). Mi maestra puso en su sala un salón de baile y daba clases a todas horas. En sus hombros estaba su familia y la sacó adelante.

La madre soltera que te platiqué, su novio se fue y le dio la espalda. Sus padres le dijeron que no la iban a mantener y que era su responsabilidad (eso es obvio y ella así lo asumió). Trabaja nueve horas o más al día, lleva y recoge a su hijo de la guardería, en la poca noche que le queda está con él, y al día siguiente continúa. Es una Mulán.

Lo único que atina a decir Shang, despojándose un poco de su orgullo, es:

—Mmm, tú... eres valiente —no muy convencida por la frase, Mulán responde:

—Mmm, gracias —y se va, ante los aplausos y las porras del público.

—La flor que florece en la adversidad es la más extraña y valiosa de todas. No en todas las dinastías ves mujeres como ésa —termina por decir el Emperador a Shang, que se queda como mudo.

El honor de ser tú misma

—Son obsequios para honrar a la familia Fa —Mulán llega a su casa y entrega a su padre sus trofeos:

—El mayor honor y obsequio es tenerte a ti como hija —otra vez, en el final feliz, tenemos al padre que entiende lo que realmente quiere su hija. Pero…

—¡Trae a casa una espada! —dice la abuela decepcionada, sin entender lo que significa el honor—. Un hombre es lo que debió traer —la abuela es el retrato de las generaciones antiguas, a las que se les complica admirar en la mujer otra cosa que no sea un buen matrimonio.

Unas amigas que viven solas y yo nos preguntábamos por qué a nosotras no nos hacen miles de "casa-*shower*" o cosas así, como a las que se casan. Primero les hacen una reunión (o más bien varias), donde se les dan sobrecitos con dinero, luego ponen su mesa de regalos. Y son dos personas con dos sueldos que se van a mantener juntas (digo, en tiempos modernos). Se supone que esta tradición es para ayudarlos a empezar su vida; todo eso me parece muy bien y muy lindo.

Pero nadie concibe lo mismo para las que nos vamos a vivir solas. A mí me parece de lo más injusto y prediqué mi teoría en todos lados. Yo regalaba y regalaba y a mí nadie me daba. Y, claro, me costaba más trabajo comprar una sala que si la ponía en una mesa de regalos. Así que una tía —que por cierto también se las arregló sola en un momento de su vida, en el que tuvo que luchar y salió adelante— me escuchó claramente y me hizo el "casa-*shower*, como un *baby shower* pero para una casa".

A mis papás les daba pena, que porque qué iban a pensar... Me decían: "¿Y cuando te cases?" Y yo les dije... "¿Y si no me caso?" Pero eso es difícil de ver. Cuesta trabajo pensar en la posibilidad de que una mujer no se case, como si fuera una maldición; pero la probabilidad ahí está, hay que verla y prepararse para ello. Obvio, los *showers* son para el camino aceptado por la sociedad, no para el difícil.

Pero yo tuve el mío e invité a mis primas y amigas de confianza, a quienes, como no están acostumbradas a estos eventos raros que me invento, les agradezco enormemente que hayan participado en mi causa loca. Te digo que cuando las princesas —aunque piensen diferente— se unen para apoyarse se logran muchas cosas. *Shower* por *shower* iremos aportando. ¡Ja!, por supuesto me dijeron que cuando me case me harán otro.

Aparece Shang, que viene a buscar a Mulán, probablemente arrepentido por las "shangaderas" que le hizo. Cuando la ve, se pone algo nervioso y le devuelve su casco.

—¿Te gustaría quedarte a cenar? —lo invita ella.

—¿Quieres quedarte para siempre? —le dice la abuela.

—¿A cenar? Será un placer —responde.

Ojalá se haya quedado solamente a cenar. Si Shang no sabía valorar a la mujer que tenía enfrente, era mejor que Mulán lo mandara a la "shangada" y consiguiera a alguien que creyera en ella y la apoyara (como Eric a Ariel, Aladdin a Jazmín o Hércules a Megara).

Una divorciada conocida intentó perdonar a su esposo (que no le había hecho caso a ella ni a sus hijos en mucho tiempo), y cuando él volvió arrepentido, decidieron dejarlo vivir con ellos. De pronto el "arrepentido" trató de cambiar toda la rutina que llevaban, porque a él no le parecía. Se juntaron los hijos y la esposa y le dijeron: "Lo sentimos, no funcionamos contigo". Y bien "arrepentido" tuvo que tomar sus cosas e irse. Dicen que una mujer completa no necesita a su media naranja. Y ése fue el caso.

Mulán es la mujer que toma los caminos más difíciles y menos aceptados. Es juzgada por ello, es poco entendida y poco apoyada. Pero eso la ha hecho mucho más fuerte y verdaderamente independiente. Aunque el proceso es largo y complicado, termina por importarle poco lo que opinen los demás. Ella cree en sí misma, y eso es suficiente.

Test: ¿Eres Mulán?

¿Te gusta el *kung-fu*? ¿Te gusta montar a caballo? ¿Prefieres la comodidad de unos pantalones que una falda? No es suficiente. ¿Estás realmente lista para luchar? A ver si es cierto:

1. Cuando te ves en la necesidad de limpiar tu casa, tú:
   a) Esteeeeee... la verdad busco a alguien que me ayude. Yo soy pésima para eso. Barro y no me sale polvo.
   b) ¿Limpiar? ¿Cuándo o qué?
   c) Soy una obsesiva de la limpieza y el orden. Me gusta que todo esté reluciente y en su lugar.
   d) Pues con que esté decente, ya es más que suficiente.

2. Para ti, la puntualidad:
   a) Tampoco importa tanto ser exactos: 15 minutos más, 15 minutos menos no hacen la diferencia.
   b) Es muy importante. No me gusta dejar esperando a una persona, ni que me dejen esperando a mí. Llego en punto a las citas.
   c) Normalmente llego rayando y apresurada a las citas.
   d) Me lo tomo con calma, por favor no me carrereen. No pasa nada.

3. ¿Qué tanto te gusta arreglarte?
   a) Me encanta ir a peinarme al salón de belleza, o alaciarme el pelo; el maquillaje, la ropa de moda. Soy fan. Me gusta estar siempre presentable.
   b) Depende del evento. Para diario, qué flojera. Pero ya si es una boda, pues le echo más ganas.
   c) Me arreglo cuando me dan ganas. A veces me da flojera y prefiero los pants. A veces despierto con ímpetu y sí le doy tiempo e importancia.

4. ¿Qué opinas de tu físico?
   a) No estoy a gusto con él, me cambiaría muchas cosas.
   b) Creo que soy bonita.
   c) La gente me dice que soy muy guapa y estoy a gusto con mi físico.
   d) Pues equis. No es algo a lo que le ponga mucha atención.
   e) Me dicen que me arregle más, pero pues así soy yo.

5. Para conseguir novio…
   a) Volteo a San Antonio de cabeza y hago rituales como traer listones rojos o medallas. Rezo novenas. Leo libros de ligue.

b) Con salir a un bar, o que me presentan a alguien. No es tan complicado.
c) Pues me organizo muchas citas, le pido a la gente que me ayude.
d) No hago nada, no me interesa. Si llega, bien, y si no, también.

6. ¿Qué tan importante es que tengas novio?
a) Sólo tengo si me encanta, si no, ¿para qué?
b) Mucho, es deprimente estar sola.
c) Prefiero estar sola y en paz.
d) Es una necesidad secundaria. Primero hay que ser autosuficiente y realizarse, ya luego compartir.
e) Mucho, sino, ¿qué va a decir la gente de mí?

7. Tu mayor deseo:
a) Casarme y formar una familia.
b) Tener una carrera profesional y una pareja que me apoye en mi desarrollo.
c) Desarrollarme profesionalmente.
d) Ser aceptada.
e) Desarrollar mi espíritu.

8. Tu principal talento es…
a) Eres muy buena anfitriona. Te gusta recibir invitados, ser servicial y atender a la gente.
b) Eres persuasiva, buena para convencer a la gente.
c) Estratégica e intuitiva. Buena para resolver problemas
d) Ser muy atlética.
e) Hacer algo artístico o creativo.
f) Ser culta, te gusta estudiar.

9. Cuando no te piden tu opinión, pero conoces la solución a un conflicto o problema:
   a) Si no es mi problema, para qué me meto o discuto. Sólo hablo si me piden mi opinión.
   b) Expreso mi opinión. Me quejo.
   c) No creo que yo pueda hacer algo al respecto, para qué me agobio. Lo acepto y ya.
   d) Voy y arreglo las cosas directamente. Si no lo haces tú mismo...

10. ¿Qué piensas de tu familia?
   a) Me agobian. Hablo con ellos para lo estrictamente necesario y de cosas superficiales, pero no puedo confiar. Su opinión me hace sentir presionada.
   b) Es la mejor familia del mundo, somos muy unidos y nos llevamos muy bien.
   c) Pues tienen sus cosas buenas y sus cosas malas. Me llevo bien con ellos, pero en otras cosas chocamos; les voy agarrando el modo.

11. ¿Qué tan amiguera eres?
   a) Mucho. Tengo amigos para la fiesta, para ir al cine, para llamarles y contarles mis cosas. Amigos y amigas por igual.
   b) Tengo pocos amigos, pero ésos son muy buenos. Son con los que verdaderamente puedo contar.
   c) Tengo varios amigos pero en ninguno confío realmente.
   d) Soy más bien reservada. Los considero conocidos, pero no amigos.

12. Para lograr una meta, tú…
    a) No descanso hasta obtener lo que me propuse. Tarde lo que me tarde, cueste lo que cueste. Aunque llegue a ser muy desgastante.
    b) Depende, si veo que es algo demasiado complicado que me va a hacer perder tiempo y esfuerzo, cambio de camino y me retiro.
    c) El deseo y la visualización es lo más importante.
    d) Confío en mi destino. Él me presentará lo que busco.
    e) Cuando aparecen las oportunidades, las tomo.

13. Cuando hay un problema por resolver, ¿cómo reaccionas?
    a) Con el corazón. Soy más emocional. Depende de cómo me sienta en la situación.
    b) Con la razón. Soy cerebral. Analizo y estudio el caso. Luego actúo.
    c) Con los instintos. Soy intuitiva. Me dejo llevar según lo que esté sucediendo.
    d) Necesito pedir consejos o escuchar a alguien que ya haya pasado por lo mismo.

14. Cuando por una actitud tuya o por algo que hiciste metes en problemas a los demás…
    a) Pues así como los metí en problemas, resuelvo lo que hice. Finalmente soy la responsable.
    b) Fue por hacer el bien, ahora que todos me ayuden. Finalmente somos equipo, ¿no?
    c) Me da muchísima pena, me disculpo y me retiro. Fui una tonta.
    d) Me salgo por la tangente. Yo no quise fastidiar, ni modo, las cosas salieron mal.

15. Cuando ayudaste a alguien que nunca te devolvió el favor ni te dio las gracias, tú:
    a) Lo sigo saludando, pero con reservas, a ver quién lo vuelve a ayudar.
    b) Lo quito de mis amistades. ¿Para qué quiero a alguien así?
    c) Él tiene un problema de actitud, pero yo no. Yo puedo seguir ayudando, y su actitud no me va a hacer cambiar.
    d) Tengo que ayudarlo más veces para que ya me acepte.

16. Durante tus trabajos o tareas, lo que buscas es:
    a) Con pasar o sacarlos me conformo.
    b) Me gusta que reconozcan mi trabajo y sepan qué buen elemento soy.
    c) Los hago lo mejor posible, porque así soy, perfeccionista.

17. ¿Con qué frase te identificas más en los problemas?
    a) Lo que no te mata te hace más fuerte.
    b) Bienaventurados los que sufren, porque de ellos es el reino de los cielos. Después de la tormenta viene la calma.
    c) Cuando se cierra una puerta, se abre una ventana.

18. ¿Qué tanto te importa lo que piensen de ti?
    a) Creo que vivimos en una sociedad, somos seres sociales y, como tales, siempre nos importará el rechazo o la aceptación. Así nos guiamos en la vida, es cuestión de supervivencia.
    b) Me da exactamente igual. Tanto para bien como para mal. Finalmente es mi vida, y ellos hablan desde sus experiencias y preconceptos.

c) Depende quién lo diga. Si es alguien que me importa, pues sí me va a afectar. Si no, pues no.
d) En un principio me afecta, pero trato de seguir mi camino y sacudirme las opiniones, aunque sea difícil. Aunque me dejen alguna huella, le sigo.

Puntuación de las respuestas

1.
   a) 5
   b) 3
   c) 0
   d) 4

2.
   a) 4
   b) 0
   c) 5
   d) 3

3.
   a) 0
   b) 5
   c) 3

4.
   a) 2
   b) 0
   c) 0
   d) 5
   e) 5

5.
   a) 5
   b) 0
   c) 3
   d) 2

6.
   a) 3
   b) 0
   c) 4
   d) 5
   e) 2

7.
   a) 0

8.
   a) 0

b) 1
c) 5
d) 1
e) 5

b) 1
c) 5
d) 4
e) 0
f) 0

9.
a) 1
b) 3
c) 0
d) 5

10.
a) 3
b) 1
c) 5

11.
a) 0
b) 4
c) 3
d) 5

12.
a) 5
b) 0
c) 2
d) 1
e) 3

13.
a) 1
b) 3
c) 5
d) 0

14.
a) 5
b) 2
c) 1
d) 0

15.
a) 2
b) 0
c) 5
d) 2

16.
a) 0
b) 3
c) 5

17.
- a) 5
- b) 1
- c) 3

18.
- a) 1
- b) 4
- c) 3
- d) 5

Resultados

Máximo 90. Multiplica tu resultado por 10 y divídelo entre 90. Ése es tu porcentaje de Mulán.

Mulán no encaja ni siquiera en su familia. Es diferente a lo que le enseñaron que era "normal". Por lo mismo parece insegura y atrapada al no tener el contexto adecuado para desarrollarse como a ella le gustaría. Pero no se quedó con los brazos cruzados esperando que alguien la rescatara. Ni las circunstancias más adversas le impiden resolver sus problemas. Sin importarle las opiniones de los demás, comprendió su propio valor y, segura de sí misma, desafió las reglas que le imponía la sociedad.

Como Pocahontas, es también soltera por convicción. No necesita de un hombre para realizarse, es completamente autosuficiente e independiente. Por eso el camino que ha elegido será muy juzgado. Pero ella se mantiene firme. Y si llega un hombre a su nivel, ella le abrirá las puertas, no a los que se intimidan con ella.

Close up de Mulán

Características principales de Mulán:	Según su sociedad, no es bella.
	No posee ninguna de las características que le han enseñado que debe tener.
	Creció en una cultura en la que el hombre es superior.
	Independiente, tenaz, ágil de mente.
	Valiente, salva al héroe (dos veces).
	Defiende sus derechos.
Metas en la vida:	Demostrar que no sólo lo que dicta la sociedad es lo correcto, y que el honor no tiene nada que ver con seguir normas.
	Ser ella misma y ser aceptada tal cual.
Conflicto:	Vive en un mundo de hombres donde no es escuchada, ni apoyada, ni aceptada.
Puntos débiles:	Cuidado con basarte demasiado en las opiniones de los demás. Sé que es difícil, pero tú debes estar segura de quién eres sin esperar que todos te aplaudan o no por tus logros.
El hombre debe:	Apoyar a la mujer en su crecimiento profesional, que está ligado al personal. Compartir con la mujer su mismo campo de trabajo. Escucharla en sus opiniones, razonamientos y consejos. Reconocer sus logros.

12. Jane: soltándose el pelo

¿Qué? ¿Tú hablas? Todo este tiempo pensé que eras un bruto salvaje o algo así.

JANE, *Tarzán*, 1999

Todos conocen la historia de *Tarzán* basada en la novela de Edgar Rice Burroughs. El niño que crece con los monos tiene su mensaje de superación, de buscar (otra vez) la aceptación del padre, y con eso su lugar. Pero Jane es la mujer que, mientras le enseña buenos modales, aprenderá a soltarse de las lianas.

ME ASUSTA, PERO ME GUSTA

Mis amigas y yo nos educamos en un colegio de monjas, de ésos en los que no veías ni un hombre, era pecado acercarse a ellos, y si entraban al colegio gritábamos, corríamos y nos escondíamos. No nos fueran a expulsar. Bien educaditas, bien reprimiditas.

A unas nos ha costado más, a otras menos, a otras no les interesa quitarse la represión. Bueno, imagina nuestros peinados estirados con gel y limón, nuestras largas faldas que no mostraban ni la rodilla y los horribles mocasines. Eso sí, todas muy estudiosas.

Así es Jane, que llega a la selva con un gran vestido amarillo, abultado y estorboso para la ocasión. Su pelo recogido, sus guantes y un sombrero. La pobre pretende, en esas condiciones, estudiar a los monos.

Cuando una manada de babuinos la ataca, Tarzán la rescata, arregla los problemas con los simios y la observa atentamente:

"¡Apártate! No, no te me acerques", dice la chica con autoridad, interponiendo su pierna entre ella y Tarzán, que toma el pie y lo empieza a analizar.

A nosotras, las señoritas decentes, no se nos podía acercar un hombre a toquetearnos. Nos decían: "Todo empieza por la mano, y te sigues". Así que el pie ya era muy atrevido. Tarzán sigue investigando y con curiosidad le levanta la falda, a lo que Jane responde con una patada. Tarzán, en su inocencia, no sabe que eso no está permitido.

"Escúchame bien —dice Jane resguardando sus piernas entre sus brazos—. Aléjate de mí. Sé un buen hombre salvaje. Quieto, quieto..." Estoy casi segura de que Jane estudió en mi misma escuela. Y es que así le hablé a un tipo en la jungla que para mí era la universidad, que puso sus manotas de gorila en mis rodillas, donde terminaba mi falda.

Pero Tarzán no entiende de espacios privados, y ya está demasiado cerca de ella; le hace una caricia en la mejilla y ella intenta darle una cachetada; pero él le pone la cabeza en el pecho para escuchar su corazón. Ojo: estamos hablando de Tarzán. Ningún hombre te puede salir con el pretexto de que es inocente y no sabía que hacer eso estaba mal en la primera cita (o en el salón de clases). Luego él la jala para que escuche su corazón. Ella se queja ("ay, no, no"). ¿Tensión sexual? Pues sí, y mucha.

Para tener todo bajo control, Jane se finge tranquila: "Muchas gracias, es un hermoso palpitar. Muy lindo". Yo no podía contestarle así al gorila de enfrente, porque de inocente no tenía nada (él, no yo).

Tarzán repite:

—Muy lindo.

—¿Qué? ¿Tú hablas? Todo este tiempo *pensé que eras un bruto salvaje* o algo así.

Jane es intelectual. Ha tratado a Tarzán como inferior a ella, pero lo hace también inocentemente, no como barrera (como Megara) ni con mala intención. Como se da cuenta de su penoso comentario, sigue hablando hasta que Tarzán le pone la mano en la boca para callarla (cosa que a muchos hombres les gustaría hacer); él dice su nombre, y con señas le pide a Jane el suyo. Jane se da a entender y le pide que la lleve a su campamento.

"¡¿Podrías ir caminandooooo?!", no aguanta las emociones tan extremas de irse colgando en lianas. Yo tampoco, y no acepté la invitación de mi bruto-salvaje para subirme a su moto. Tenía demasiado miedo.

Intelecto *vs.* instinto

La atracción sexual, cuando te llega de pronto, da miedo. Es como algo prohibido e intimidante. Entonces, primero juzgas: "Es un bruto salvaje". Y después vas cambiando de opinión...

Jane llega a su campamento y les platica a su padre y al señor Clayton, el cazador, todo lo ocurrido:

—...y fui salvada por un volador salvaje con taparrabo —de "bruto salvaje" pasó a "volador salvaje con taparrabo". Su percepción va mejorando notablemente.

—Que escándalo —dice su papá en broma, porque está divertido con el asunto—. Entiendo, un hombre sin lenguaje, sin comportamiento humano.

El papá de Jane es mucho más alivianado que los anteriores. No tiene expectativas sobre su hija, sino que se divierte con sus anécdotas, y por eso ella le tiene confianza.

—Se puso así de cerca, casi acechándome... Sus ojos eran intensos y fijos, jamás había visto tales ojos —Jane dibuja ensimismada, por lo que el padre bromea:

—Hija, te dejo con el pizarrón a solas.

Qué a gusto sería llegar con tu papá y decirle: "Papá, hoy conocí a un 'gorila' con el pelo largo y chamarra de cuero. No tenía respeto al espacio personal, me acecha todos los días con ojos intensos y fijos, y puso sus manos en mis rodillas mientras me invitaba a subir a su moto", y que él contestara tranquilamente: "Qué interesante historia".

"¡Ay, papá, ya basta! Lo importante es *lo que podemos aprender de él.*" Ya que el "bruto salvaje" te gustó, quieres aprender de él, ¿no? Hay que justificar intelectualmente todos nuestros impulsos, para que se sientan correctos. El raciocinio puede ser una barrera contra el instinto animal. ¿Unos cursitos de moto?

Enseñar y aprender

En muchas culturas el contacto corporal es un tabú, incluyendo la nuestra. Es difícil que alguien se haga el "inocente" y lo vea como algo muy "natural". La mayoría más bien tienen mucho "colmillo" y definitivamente sí son de la jungla. Pero sí conocí a alguien que veía el cuerpo con total naturalidad.

Tarzán aparece en el campamento y se le acerca a Jane con suavidad mientras dice su nombre. Luego se para erguido como Clayton. El profesor y su hija aprovechan el interés del "salvaje" para enseñarle. Ahora ella es quien toma el papel de Aladdin y le muestra "el mundo" a través de diapositivas. Le enseñan a leer y a andar en bicicleta. Jane, como Bella, es quien instruye a su pareja a portarse socialmente, a educarse.

Poco después de graduarme di un pequeño curso de cine en una escuela con chavos que eran como de mi edad, o un poco más chicos. Yo, como Jane, era la maestra intelectual que ponía los ejemplos y enseñaba mucha teoría. Como me apasiona mi materia, algunos alumnos se contagiaron queriendo aprender más.

Al terminar el curso uno de ellos se me acercó para "entrevistarme" para una tarea que tenía que hacer. Yo acepté y él estaba fascinado con toda la teoría cinematográfica de la que yo no paraba de hablar. Realmente le interesaba el tema y hasta quería dedicarse a eso. Sus escritos, por cierto, eran muy buenos.

Lo que me gustó es que era seguro de sí mismo y no se intimidaba a pesar de que yo era "la maestra". Así como Tarzán, que sabe que él también tiene cosas que enseñarle a Jane y la lleva por las lianas a una comunidad de periquitos. Este ex alumno no es que viniera de la selva, pero sí del trópico, y por lo tanto estaba más acostumbrado a la naturalidad del cuerpo. Me refiero a que su sabio don natural era el baile caribeño, desde salsa, rumba, hasta lambada. Lo traía en la sangre, así que no se le dificultó sacarme a bailar en un restaurante mientras estábamos comiendo. Yo le dije que sí, y me sentí como Jane en las lianas, porque en la pista de baile él me aventaba, me cargaba, me lanzaba y me giraba con total facilidad, como si fuera algo que hiciera a diario. Al principio yo gritaba, pero me solté y empecé a divertirme muchísimo. Obvio, terminé siendo su más adepta alumna, y a todos lados donde hubiera un baile lo llevaba conmigo. Yo podía enseñarle teorías, pero él tenía inteligencia corporal.

No sólo Tarzán se adapta al mundo de Jane, sino que ambos comparten experiencias. Como también en algún momento Pocahontas le mostró su visión a John Smith. A veces el alumno se convierte en el maestro. Las lianas se enredan y ellos quedan muy juntos. Tarzán está encantado, Jane se sonroja y sonríe apenada. Hay una evidente atracción física, nunca antes mostrada tan eróticamente entre los protagonistas.

Cuando yo le decía a mi alumno que sacara a bailar a mis otras amigas del colegio, algunas de ellas, como Jane, se "protegían" y se entumían como robots; no se soltaban, pues. Y entiendo, porque, como nos decían las buenas conciencias, "el hombre es fuego, la mujer estopa, llega el diablo y sopla". Pero el encanto de él es que lo hacía de una forma muy natural, sin morbo ni falsas intenciones, disfrutando del cuerpo; porque creció viendo bailar a su gente. Realmente se divertía. Y yo más.

¿En tu casa o en la mía?

Jane invita a Tarzán a Inglaterra (como John Smith a Pocahontas: "conquistador" a "salvaje").

—Jane debe quedar con Tarzán —insiste él mientras se hinca y le ofrece una flor. Ya aprendió a ser caballeroso. Qué a gusto poder entrenar a un hombre para que te trate a tu modo, ¿no? Se me hace que también quiero un Tarzán.

—¿Quedarme aquí? No, no, no, tengo que regresar. Es que tengo a mi padre y... —los cientos de prejuicios que Jane tiene formados aparecen... y se vuelven pretextos.

Así le pasó a mi amiga, cuando su novio le ofreció quedarse a vivir en Australia. Dice que fue doloroso pensar en no ver a su familia, alejarse de su país y dejar su negocio en México, que iba creciendo muy bien (curiosamente, casi como Jane, ella es una veterinaria exitosa).

—Jane. Quedar —le pide Tarzán mientras le agarra la mano.

—No sigas —y a punto del llanto, Jane se va corriendo ante la inminente despedida.

Clayton, que observa la escena, aprovecha la situación para manipular a Tarzán, diciéndole que la única manera de que ella se quede es que la lleve con los gorilas. Él acepta.

Esto en la película parece un mero chantaje, y lo es. Pero en la realidad para mi amiga fue muy importante conocer a la familia de su novio correctamente, y contar con el apoyo que le brindaron. Ella sabía que ya tenía casa donde llegar, amigos y una familia que la acogía.

La familia de mi novio

Tarzán lleva a Jane, al profesor y a Clayton con su manada. La temida presentación con los papás... y la temida visita a los suegros. Pero Jane es inteligente y sabe cómo ganárselos:

1) A donde fueres, haz lo que vieres. Para convencer a su suegra de que no hay peligro, Jane se agacha y actúa como

un gorila haciendo los mismos sonidos. O sea, si le copiamos a la suegra, es más probable que la conquistemos (y también al galán). Híjole, depende de qué suegra nos toque, pero es bueno saberlo.

2) Hablar el mismo idioma. Es decir, adentrarte en la "cultura" de su familia.

"¿Puedes enseñarme a hablar 'gorila'?", le pregunta Jane a Tarzán, al verlo jugar con unos pequeños.

Aprender de sus *hobbies,* su forma de vida, mostrarse interesado en sus actividades diarias.

3) Si tus suegros no confían...

Llega Kerchak (el líder gorila) furioso, y ataca al señor Clayton porque lo ve con un rifle, pero Tarzán se interpone, y lucha agresivamente contra "su padre". Después se detiene y se da cuenta de lo que ha hecho.

—Kerchak, no quería, perdóname.

—Te ordené proteger a la familia y tú nos traicionaste.

Así pasó en la despedida de soltera de una conocida. Era, ya sabes, una despedida muy fresa con las dos familias presentes. Se hacía tarde y el novio no llegaba y no llegaba y todos se empezaron a preocupar. Cuando llegó, ya entrada la noche, estaba con mil copas encima.

Y llegó así porque era inocente como nadie, nunca tomaba y sus amigotes lo emborracharon. Él se sentía fatal y había estado vomitando para componerse. Pero, obvio, los papás de mi amiga se infartaron y empezó la pelea. La familia del novio, que sabía que él era bueno como el pan, se ofendió por los juicios y de que no entendieran lo que realmente había pasado. Tremenda "lucha" animal. Ambos bandos se sentían "traicionados".

Tarzán observa con horror que no defendió a los que lo criaron, sino a los de la "familia" de Jane. Así, el novio, a pesar de las ofensas cometidas, supo que si quería formar una nueva "manada", por más que quisiera a su familia, tenía que irse con su Jane.

Otro amigo tenía una mamá muy metiche, que le decía a la nuera cómo hacer todo. Ella, siguiendo los consejos de Jane, trataba de imitarla, pero sentía que había un punto en el que ya era demasiado. Fue a pedirle a su esposo que por favor le explicara a su madre que ésta ya era otra manada diferente a la suya. Y él le dio el lugar a su esposa. Aunque apegado a su mamá, le explicó que por más que su Jane "aprendiera a hablar 'gorila'", era de otra especie y la dejara ser.

Cualquier familia, por más parecida que sea, va a encontrar todas las diferencias con la otra (y dirán: "yo soy el humano", "ésos son gorilas"); pero lo interesante es que Jane y Tarzán saben de qué manada vienen, y a qué familia van. Se respetan.

Entre el amor y la familia

Por amor, Tarzán decide dejar su mundo para ir con Jane a Inglaterra. Ésa es una decisión muy complicada para un hombre, si ya de por sí lo es para la mujer.

—Tarzán, no te imaginas lo que te espera —le dice Jane emocionada—. Verás nuestro mundo y todos vendrán a conocerte. Reyes, científicos, famosos escritores.

—¿Yo voy a estar con Jane? —ella se sonroja. Como Hércules, Tarzán es otra vez el hombre que está dispuesto a dejar su mundo por estar con su amada. No le importa nada más.

Cuando suben al barco son encerrados por los secuaces de Clayton; pero poco después Tantor y Terk, los amigos de Tarzán, los rescatan. Todos van corriendo a la morada de los gorilas, que está siendo atacada; pero, como buen equipo, tienen una batalla campal en la que liberan a los simios y encierran en jaulas a los cazadores. Kerchak está herido:

—Volviste.

—A mi hogar —contesta Tarzán seguro.

Kerchak muere y le pide a Tarzán que cuide a su familia, porque dependerá de él. Su responsabilidad es grande, ya no puede irse con Jane. Hace ademanes de gorila líder y su manada lo sigue. El profesor quiere seguirlo también, pero Jane lo detiene. Ella entiende el peso de la decisión de Tarzán, que ahora es el guía de su familia, y es ella quien tiene que decidir si se queda o se va.

La hermana de una compañera del colegio conoció a su pareja en un viaje de él a México. Él quedó prendado de ella y le escribía y le hablaba diario por horas. Ella poco a poco se empezó a enamorar. El novio americano mostró tanto interés que vino a México a hablar español y a conocer más a mi amiga. En muy poco tiempo le pidió matrimonio, pero ella sabía que tenía que irse, pues el negocio de él era precisamente familiar, levantado por sus papás y sus hermanos. Y no tenía que irse a una ciudad, sino a una isla con 300 habitantes… ¿podría?

Encontrando tu lugar

—Londres parecerá pequeño comparado con todo esto —Jane se despide de Tarzán.

—Te voy a extrañar Jane.

—Creo que debemos despedirnos —y le extiende la mano a Tarzán, que la une con su palma.

Jane, a punto de llorar, se sube a la lancha.

—Adiós, Tarzán, adiós —grita el profesor con entusiasmo—. ¡Ay! Extrañaré a ese muchacho.

Por fin hay un papá que, de entrada, está feliz con el galán de su hija, por más "salvaje" que éste fuera. Y curiosamente es el padre quien le hace la atrevida propuesta a su hija:

—Jane, hija, siento que deberías quedarte aquí.

—Ya no empieces con eso, olvidarlo será lo mejor. Sería imposible —otra vez aparecen los prejuicios de Jane—. Tú sabes que pertenezco a Inglaterra, a ti, a las personas con las...

Romper paradigmas establecidos es muy complicado.

Me impresionó saber que el papá de una vecina fue quien le dio la idea de que se fuera a vivir con su novio y la apoyó cuando ella aceptó la propuesta. He de aclarar que el novio no era de la devoción del papá, pero en su sabiduría y entendimiento sabía que su hija lo tenía que conocer realmente antes de casarse, y así fue. La hija, que también había sido conservadora en su momento, poco a poco se fue soltando de las lianas. Al principio la idea le causó conflicto, pero abrió las puertas a la unión libre, para que ella y su Tarzán fueran conviviendo en su propia "selva". Años después se casaron y siguen felices.

Jane luce muy incómoda con su amplio vestido amarillo, como si estuviera amarrada. Su guante vuela y cae junto a Tarzán... quizás como una señal.

"Pero tú lo amas. Hazlo." Es el primer papá liberal que ve por la felicidad de su hija, no por el qué dirán, las leyes o sus propias expectativas.

Jane sonríe, abraza a su padre por el apoyo y se lanza al mar. Llega con Tarzán, se le abalanza y le da un beso en la boca. Ya se soltó el pelo, literal y metafóricamente. Tarzán la toma del rostro y la vuelve a besar. Jane se libera de su estorboso vestuario que simboliza todos los prejuicios que venía cargando y que la incomodaban.

"Siendo sincera, no me fue muy difícil la decisión de volver a Australia —me confesó mi amiga—, ya que encontrar a otro 'Tarzán' así nunca sucedería", y me encantó su respuesta.

Ella sabía que las posibilidades de trabajo para su novio eran muy difíciles en México. Y sí, ella tuvo que empezar desde cero y certificarse como veterinaria otra vez para poder tener trabajo (casi hacer la carrera nuevamente). Ahora está orgullosa del logro, pues es la única mexicana que lo ha conseguido.

Después de momentos frustrantes y difíciles para obtener la visa, la licencia y todo lo que le costó volver a certificarse, dice que vale la pena, ya que el apoyo que le dio su ahora esposo los unió más como familia. Su calidad de vida es excelente, sus sueldos también, y ella se siente parte de la cultura y le da gusto aportar a una sociedad que la acogió. Como espera que algún día su "Tarzán" haga lo mismo por México.

Pareciera que Jane deja todo por Tarzán, pero es también porque encuentra un lugar mejor para ella. Otra amiga conoció a su novio en España, y decidió quedarse a vivir con él, por él, pero también porque se halló a ella misma en otro lado. Cuando vivía en México —e íbamos en la escuela de monjas— ella planeaba su boda todo el tiempo, era estudiosa, y se guiaba por el "qué dirán". Pero España fue su selva personal, en la que se liberó poco a poco de los prejuicios que le incomodaban. Ahora se ha adaptado con su pareja a aprender de diferentes culturas y se han abierto a valores universales y no a detallitos particulares como el idioma, la historia de sus países o su nacionalidad.

Jane comprende que es más "ella" en la selva, gracias a su papá, que también lo percibió. Volver a Inglaterra era volver a encerrarse en prejuicios viejos que ya no le servían. Su decisión no es una vacación, es un compromiso de vida. Kala, la madre de Tarzán, le extiende la mano como gesto de aceptación y la lleva con el grupo. Quiero una suegra así, que no juzgue a las chicas que se van a vivir con su hijo. Jane les dice en idioma "gorila" que se quedará con Tarzán y todos lo festejan, ¡ah, qué bonita familia!

Mi otra amiga decidió irse a la isla de 300 habitantes. Ésa sí es una decisión como de Jane. Dejó su exitoso trabajo en México, y ahora lleva la administración del negocio de la familia de su esposo. Aunque en un inicio le dolía, dice que ve la sonrisa de su pareja y se le olvida todo. El amor pudo más. Dejó a un lado el tráfico y la inseguridad de la ciudad, y ahora anda en bicicleta por una playa en la que hay caballos salvajes. Así como Kala le dio la mano a Jane, mi amiga siente que sus suegros la acogieron por completo. Y se divierte con la adaptación a una nueva y muy diferente forma de vida, con un nuevo lenguaje. Su esposo también tiene otra religión, pero no ha sido problema para ellos, pues es más importante el respeto. Él también aprende su idioma y eligen lo mejor de las dos culturas.

El profesor, conmovido, lo ve todo desde lo lejos y luego se pregunta:

"¿Qué estoy haciendo? —y se vuelve al Capitán—. Diga que jamás nos encontró. Además, la gente se pierde en la selva todos los días. ¡Adiosito!", se quita la corbata como liberándose y se da un chapuzón.

Después de un tiempo, Jane y Tarzán juegan libremente en las lianas. Ella le sigue bastante bien el paso. Trae el pelo suelto y viste un top y una minifalda que dejan lucir su ombligo. Está mucho más relajada que con sus chongos, sus abultados vestidos y su antigua forma de pensar. El profesor no se queda nada atrás. Grita con emoción colgado de una liana y sólo viste un short.

Es impresionante, pero años después los papás de mi amiga en España —que, como Jane, se volvió más sexy allá— también se fueron a vivir con ella. Encontraron un muy buen trabajo y "¡adiosito!"

Test: ¿Tú, Jane?

¿Te gusta irte de campamento? ¿Amas convivir con los animales? ¿Te gustan los hombres con taparrabo?... Bueno, las preguntas que realmente cuentan son las que siguen:

1. Tu profesión e intereses tienen que ver con:
   a) La investigación.
   b) Viajar.
   c) Los negocios.
   d) El arte y la cultura.
   e) Los números.

2. La importancia del estudio para ti:
   a) Siempre me ha gustado estudiar, sigo estudiando y especializándome en lo mío. Me gusta dominar el tema.
   b) Pues estudié la universidad y con eso ya es suficiente, ¿no?
   c) No terminé la carrera, la vida se aprende de la experiencia.

d) No creo en los ratones de biblioteca, hay que estudiar, pero también salir a comprobar la teoría y ponerla en práctica.

3. Cuando conoces a alguien que no tiene tus conocimientos, tú:

a) Aggghhh, qué flojera. No soy maestra como para estarle explicando.
b) Ah pues le platico de lo que sé. Eso me da cierta satisfacción interna.
c) Lo que me prende es que él esté interesado en lo que sé. Si no, ni para qué hablo.
d) Prefiero a alguien que esté a mi nivel. Lo mejor es tener una conversación de iguales.
e) Yo prefiero que me enseñen.

4. En lo primero que te fijas en un hombre es en:

a) El físico.
b) La inteligencia.
c) Sus habilidades.
d) El trato que te da.
e) Su educación.
f) Su experiencia.
g) Que sea exitoso en su ramo.

5. ¿Saldrías con alguien que no tiene tu nivel social ni de educación?

a) Ah, eso es lo que menos me importa, con que sea bueno (física y emocionalmente, je, je) está bien.
b) No me importa tanto el nivel que tiene en ese momento, sino el nivel que quiere alcanzar.

c) No, yo quiero a alguien superior a mí en esos aspectos. Del que pueda yo aprender, a quien admire.
d) Para nada, qué pena.
e) Mejor alguien que sea igual que yo.

6. Cuando vas a conocer a tus suegros, tú:
   a) A donde fueres, haz lo que vieres.
   b) Pues me comporto como soy. Por algo le gusté a su hijo, ¿no?
   c) Mejor ni hablo. Trato de estar callada lo más posible, sólo observando.
   d) Trato de impresionarlos, mostrando lo mejor de mí.
   e) Hago notar mi interés en su estilo de vida, sus costumbres, etcétera.

7. ¿Cuánta confianza les tienes a tus papás?
   a) Les cuento sólo lo que me conviene que sepan.
   b) Muchísima, son mis mejores amigos y consejeros.
   c) Ni me conocen. Soy una extraña para ellos, pero lo prefiero, así mantengo la paz.

8. Cuando tomas una decisión importante, tú:
   a) Me aviento a donde me lleva el corazón sin pensarlo.
   b) Me detengo mucho tiempo en el deber ser, busco lo lógico.
   c) Necesito consejos de alguien de mi confianza.
   d) Trato de sentirme en todas las posibles situaciones. Donde me sienta mejor, eso elijo.

9. En el amor, ¿qué tanto estás dispuesta a ceder?
   a) Con tal de estar con quien amo, lo doy todo de corazón.

b) Dando y dando creo que es lo mejor.
c) Cedería si creo que es lo mejor para mí.
d) No mucho. ¿Por qué tengo yo que ceder?

10. Tu proceso de vida ideal sería:
a) Vivir con mi familia, luego casarme.
b) Vivir con mi familia, luego con mi novio para conocernos mejor, luego casarnos.
c) Vivir con mi familia, luego sola, luego con mi novio, luego casarnos.
d) Vivir con mi novio. No creo en el matrimonio. El verdadero compromiso no tiene papeles.
e) Vivir con mi familia, luego sola, luego casarme.

11. ¿Cuánto sueles arriesgarte en la vida?
a) Me es complicado, pienso mucho las cosas. Pero ya que lo decidí, me lanzo con todo.
b) Más vale arrepentirse de lo que hiciste que de lo que no.
c) Prefiero no arriesgarme mucho. No me gusta perder el control de la situación.

12. En tu tiempo libre…
a) Convivo con mis mascotas.
b) Salgo a caminar.
c) Busco nuevas actividades para salir de la rutina.
d) Leo o estudio por gusto.
e) Medito.
f) Hago deportes.
g) Alguna manualidad o algo creativo.
h) Ordeno mis cosas.

Puntuación de las respuestas

1.
   - a) 5
   - b) 4
   - c) 0
   - d) 2
   - e) 2

2.
   - a) 4
   - b) 3
   - c) 2
   - d) 5

3.
   - a) 0
   - b) 4
   - c) 5
   - d) 3
   - e) 1

4.
   - a) 5
   - b) 3
   - c) 4
   - d) 3
   - e) 4
   - f) 0
   - g) 3

5.
   - a) 2
   - b) 5
   - c) 1
   - d) 0
   - e) 2

6.
   - a) 5
   - b) 3
   - c) 1
   - d) 1
   - e) 5

7.
   - a) 2
   - b) 5
   - c) 0

8.
   - a) 1
   - b) 4
   - c) 5
   - d) 3

9.
- a) 3
- b) 5
- c) 4
- d) 1

10.
- a) 2
- b) 3
- c) 1
- d) 5
- e) 3

11.
- a) 5
- b) 4
- c) 2

12.
- a) 5
- b) 5
- c) 5
- d) 4
- e) 1
- f) 0
- g) 4
- h) 0

Resultados

Suma tus puntos, el máximo es de 60. Tu resultado multiplícalo por 10 y divídelo entre 60. Ése es tu porcentaje de Jane.

¿Ya tienes tus resultados? Aviéntate de las lianas y conoce más sobre Jane:

- Jane es la mujer que basa sus decisiones en la lógica y la razón, pues encuentra comodidad en el intelecto. Enredada en prejuicios incómodos —como su abultado vestuario—, tarda en contactar con su instinto natural, pero en eso le ayuda Tarzán, que es libre de las reglas sociales.

- En un principio cree que sus conocimientos la hacen superior a Tarzán, pero siempre tiene la humildad de aprender de él y se vuelve su alumna. Finalmente, y con el apoyo de su padre, logra deshacerse de tanta "tela apretada" para pasearse entre las lianas dejando atrás el control. Al quedarse con Tarzán consigue atreverse a lo que realmente quería en la vida —ser libre—, y así aprende a vivir y respirar si corsés ni ataduras… ni siquiera del matrimonio.

Close up de Jane

Características principales de Jane:	Estudiosa, intelectual, amante y respetuosa de la naturaleza. Debido a sus conocimientos se cree superior. No se enoja fácilmente, tiene buen sentido del humor.
Meta en la vida:	Quiere crecer en intelecto y enseñar la "civilización".
Conflicto:	Tiene un debate entre el "deber ser", la razón, los prejuicios y el razonamiento, o dejarse llevar más por sus instintos y liberarse de ataduras sociales.
Puntos débiles:	Tienes demasiados patrones mentales de los que es difícil separarte. Son como un abultado vestido que no te deja mover con libertad. Tu barrera y tu defensa ante todo es el intelecto, que es donde mejor te sientes; pero no todo es racional en esta vida, mucho menos el amor.
El hombre debe:	Admirar a la mujer. Querer conquistarla y agradarle, trabajar en eso. Ser detallista y protegerla. Interesarse en el mundo de la mujer, pero también mostrarle el propio. Trabajar en equipo con su pareja, aprender de ambos mundos y culturas.

LOS DOS MIL: ¡ADIÓS ETIQUETAS!

¿Tú a quién prefieres? ¿A Angelina Jolie o a Jennifer Aniston? Hay quienes dicen que Jolie es una "quita maridos", demasiado "sexosa", sin ningún pudor. Que en cambio Jennifer, tan linda ella, tan sonriente, tan "amiga", se ve que es decente.

Yo diría que Angelina hace obras de caridad por todo el mundo, es embajadora de la paz de la ONU, y hasta adopta a chamacos cuyos destinos de pobreza absoluta cambió por completo. A mí me cae re bien.

Recuerdo que cuando recién Angelina se quedó con Brad Pitt, en algunas tiendas de Estados Unidos se vendían camisetas con la leyenda "Equipo Jolie" o "Equipo Aniston". Las últimas se vendieron bastante más. Esto nos dice mucho del sentir de las mujeres.

Es más fácil identificarse con la chica buena, la víctima, casada con el hombre perfecto, que con la bruja del cuento que llega y te lo quita. Desde 2005 Aniston se divorció de Pitt, y hasta el día de hoy los tabloides quieren vender portadas con el chisme. Y es que parecían arquetipos definidos, pero las cosas cambian.

Ahora Jennifer sale en portadas sexys de revistas para hombres, semidesnuda, comprobando en qué buena forma está... ¡la "*amiga*" se rebeló! Por su parte, Angelina, una *femme fatale* del nuevo siglo, que hace películas de acción en las que rescata a hombres aparentemente rudos, es en realidad una madre entregada a su familia numerosa y hace obras de caridad por doquier; eso sí, sin perder jamás su sensualidad y lado "oscuro". Las dos son famosas, queridas, exitosas, bien pagadas, iconos de una década y con muchas facetas. No se pueden definir.

Aquí me tienes, desde una librería, escribiendo y filosofando sobre cultura popular. Primero pasé por las diversas portadas de revistas en las que unas aseguran que Pitt y Jolie se divorcian y otras aseguran que se casan, y riéndome del asunto me fui a la sección de "Estudios femeninos" para ahondar en el asunto.

Es difícil encontrar algo que realmente defina a la mujer actual. Más bien hay estudios históricos, o del feminismo como teoría filosófica, o se intenta dibujar un arquetipo confuso. Todavía hay quejas de tal o cual ley, de la diferencia de la paga entre hombres y mujeres, de los abusos domésticos. Pero el verdadero sentir femenino, el actual, el popular, el de todas, se encuentra en los estantes de "Relaciones".

Hay todo un público sediento de que le den cierta lógica. Así que me tomé un cafecito para decidir qué libro leería (hay uno que pudo haberse llamado *¿Por qué los Brads aman a las Angelinas?*).

Están los que ofrecen respuestas mágicas, debido a visualizaciones, amuletos y "manejo de energía", que son como si te guiara un "hada madrina" empastada. Están los que prometen resultados rápidos, cual cántico al pozo de Blanca Nieves. Los que recitan los preceptos que Mulán debió haber seguido. Los que son duros, directos y van al grano para que entiendas que te vendiste a Hades y estás en el inframundo, y los que, disfrazados de una enseñanza para el ligue, son manuales de autoestima para que aprendas, como Pocahontas, a decir que no.

Pero en general todos analizan un fenómeno curioso:

Los cuarenta son los nuevos treinta, y los treinta son los nuevos veinte (¡¿?!).

En los noventa, la mujer soltera dominaba el panorama; ahora se analiza que esa mujer decide casarse tardíamente y ser mamá después de los 40, por más tabú que esto pueda sonar. Por eso finalmente Carrie Bradshaw, la protagonista de *Sex and the City*, terminó casándose en la película (2008) a sus cuarenta y tantos, y también Bridget Jones obtuvo pareja estable en su segunda parte (2005).

Ya habíamos dicho que "el reloj biológico" tenía muchas excepciones. ¿Cuántas famosas se han embarazado en sus últimos años de los treinta o los primeros de los cuarenta? Madonna, Nicole Kidman, Halle Berry, Salma Hayek, Jennifer López, Marcia Cross, Susan Sarandon, Jerry Hall... ¿sigo?

Una conocida de la secundaria criticaba a quienes a los 35 todavía no eran mamás, que porque ya iban a ser abuelas, típico prejuicio. Otra amiga le respondió que su mamá la tuvo cuando tenía 40 años y que jamás sintió que le faltara energía o atención. La llevó a los parques, a la feria y de viaje, como nuestras mamás de veintitantos a todas nosotras. Fin de la conversación.

Según los análisis, estas mamás en sus 40 son mujeres que se esperan a cumplir sus metas profesionales, y les es más fácil entregarse a la maternidad sin sentir que algo les faltó. Tienen carreras establecidas y salarios altos que les permiten darles a sus hijos una mejor calidad de vida; han escogido a su pareja con mucho más conciencia, y la opción está mucho más aceptada socialmente.

Por lo mismo hay tantas películas sobre mujeres que en la víspera de los 30 o en los primeros años de sus 40 se casan con hombres menores, o que tienen un menor puesto al de ellas. *La propuesta* (2009), *Mi segunda vez* (2009) y *La cruda verdad* (2009) son ejemplos de chicas más poderosas que sus parejas, pero que eso no les impide establecer una relación.

La edad se estira, y los paradigmas llevados por tantas generaciones se empiezan a abrir.

¿Y los hombres son de Marte?

Espera... estoy viendo algo muy raro: un hombre se acerca al mismo estante en el que pasé horas. Es joven, como de nuestra edad. ¿Se irá a burlar de todos los libros que acabo de ver? No, no se está riendo en lo absoluto, de hecho, muy seriamente agarra un libro, agarra dos, agarra tres... ¡y se los lleva!

Ya que se fue, discretamente avanzo ¡y encuentro otra gran sección de libros para hombres! O sea, como los nuestros, pero para enseñarles a ligar a ellos. Por cierto, se ven divertidísimos.

Hay uno que es un caso real sobre un grupo de hombres que se dedican a dar cursos de seducción, y ganan montones de dinero porque hay chicos desesperados por aprender. Están los que prometen sexo, los que prometen milagros, los que enseñan a manipular, para los tímidos, y hasta para volverse "padrotes".

Así que no vengan con el cuento de que nosotras somos las confundidas. Ellos están igual. Vaya, hasta el canal de los animalitos trata el punto: después de que un pajarillo exótico trabajaba con mucho gusto y hacía una hermosísima casa, con flores y todo, para conquistar a su pareja; después de cantar una bella melodía, y bailar desplegando un plumaje impresionante... su damisela, poco convencida, se va, dejando al pajarillo anonadado.

Los pajaritos, las abejitas, los hombres y mujeres estamos en confusión desde la eternidad. No es una cuestión histórico-social. Sólo que ahora, debido a la gran diversidad de caracteres, educaciones y culturas, ya no hay etiquetas. Eso es —volviendo al tema de los tabloides— lo que me gusta tanto de Jennifer y Angelina.

Jennifer puede ser una niña "decente y mona", y a la vez mostrarse sexy y atrevida en las portadas de revistas. Angelina puede ser "oscura" y sexualmente abierta, y formar una familia de seis hijos y ser líder de la paz al ser nombrada "Embajadora de la buena voluntad de las Naciones Unidas". Se puede ser todo a la vez, multifacéticas, con más dimensiones, y eso no es correcto o incorrecto.

Y es que en el cine, en los libros y en las estadísticas, como en la vida, ya tenemos más posibilidades: está el final feliz con boda, el final feliz con pareja pero sin boda, el final feliz en el que ella o él quedan solos, el final feliz de mamá, el final feliz de mujer trabajadora... Podemos serlo todo, escoger todo, o no. La confusión siempre ha sido la misma, sólo que ahora hay más opciones.

Estadísticas en los dos mil

- En 2005 había más mujeres sin pareja que con pareja, 51% para ser exactos. Contra 49% en 2000 y 35% en 1950.
- El 14% de la generación nacida entre 1955 y 1964 se casó después de los 30 años *(Newsweek)*.
- Una mujer con título universitario tiene más facilidades de casarse que una que no lo tenga; 97.4% de las mujeres nacidas entre 1960 y 1964 con licenciatura se casaron (Sam Roberts, *The New York Times*).

Los años dos mil según:

"La gente dice que estás tomando el camino equivocado, cuando en realidad sólo estás tomando tu camino." [ANGELINA JOLIE]

"He aprendido que puedes sobrevivir a cosas que realmente te hieren. Nada te puede matar. Nuestra resistencia es increíble. ¿Sabes cuándo me siento realmente hermosa? Cuando estoy con mis amigas." [JENNIFER ANISTON]

"Ahora tenemos mucha evidencia de mujeres que realmente están felices y completas con su carrera, que ya no dependen de alguien más para su felicidad. Lo importante es que encuentren su camino, desde ser doctora, abogada o artista, hasta ser mamá o ama de casa." [SANDRA BULLOCK]

13. Giselle: todas en una

> A veces se vuelve realidad, cuando lo crees.
> Sin miedo y sin pena,
> Hay alegría para reclamar en este mundo.
> Hasta te sorprenderás lo feliz que eres al ser tú.
> Cada final feliz es un nuevo comienzo.
>
> *Encantada*, 2007

En una de sus películas más exitosas, la empresa Disney retrata el fenómeno de la mujer contemporánea. Aunque *Encantada* es un homenaje a los cuentos clásicos, toca temas que antes nunca habrían sido material infantil:

1) Uno de los galanes, Robert Phillip (Patrick Dempsey), es divorciado y, siendo abogado, ayuda a la gente a divorciarse. Es papá "soltero" y lleva cinco años de relación con una novia a la que no le ha pedido matrimonio.

2) En el momento de filmar la película, Amy Adams, quien interpreta a Giselle, tenía 33 años; no 16, como las princesas antiguas. James Marsden tenía 34, y Patrick Dempsey 41. Todos pasan de los 30, la edad en la que se forma una

pareja en total conciencia; no en la adolescencia, como antes hacían creer.

3) La heroína utiliza sus habilidades para poner un negocio en el que incluso su pareja le ayuda.

Encantada no es una película animada (más que por el principio y el final), pero es importante mencionarla porque Giselle, su protagonista, es la única "princesa" que pasa por todas las etapas de Disney.

Nosotras también. Aunque siempre una princesa es la dominante en nosotros, tenemos algo de todas. Disney comprendió que las mujeres de ahora somos multifacéticas, dependiendo de nuestro momento, y así lo retrató.

Ninguna etapa es mejor que la otra, no significa que tengas que pasarlas todas, ni que estén en orden de importancia. Simplemente es nuestro ciclo personal.

Etapa 1: Blanca Nieves, Cenicienta y Aurora: el deseo y la fe

Mientras nos tomábamos un café, una de mis mejores amigas nos platicaba que había tenido un sueño donde se le aparecía su hombre ideal, tanto físicamente como en forma de ser. Decía que no lo conocía, pero que cuando despertó creyó que su hombre ideal "ahí estaba en algún lugar".

Otra amiga que ha estudiado mucho el "poder de la atracción" le decía: "No digas que 'crees'. Di que estás segura de que tu hombre ideal existe, para que así llegue".

Me dio risa porque era como ver a Giselle. Ella cree que por ver en un sueño a su príncipe él aparecerá, y conoce muy bien lo de la visualización, así que construye el modelo de su galán ideal. Y lo presenta, efectivamente, como si ya existiera: "Les presento a mi verdadero amor, mi príncipe, mi sueño hecho realidad".

Su himno de los deseos, por supuesto, incluye un beso:

Con un beso de amor soñé, y un príncipe que me lo dé.
Eso traen al final los grandes cuentos.
Lo que siempre a ti feliz te hará, tras de un beso de amor está.

Este sentimiento de que "los sueños se te cumplen" no tiene que ver con una etapa histórica o con una edad. La fe, dicen, es lo último que se pierde, porque nos ayuda a sobrevivir. Y lo que continúa es la idealización.

"Ahora sí, éste es el bueno, con éste sí me voy a casar", me decía una compañera de trabajo. Veía en su galán todas las características que siempre había querido, y me lo "comprobaba": escribió una lista con las particularidades que quería en un hombre, y aseguraba que él tenía la mayoría. Me dio la lista y me quedé en las mismas; porque encontré como tres cualidades que el novio poseía, y como 45 que no. Pero ella lo veía como "un milagro".

Así ve Giselle al Príncipe Edward cuando se aparece para ayudarla: "No puedo creerlo, eres tú", ¿eh? Nunca se habían visto, pero ¿eres tú? Ok... Y deciden casarse por la mañana.

A veces nos aferramos a la idea del enamoramiento, de verlo todo maravilloso... Pero a veces te empujan a la realidad. Como la Reina Narissa, quien, disfrazada de bruja, avienta a Giselle "a un mundo donde no hay un felices para siempre". (O sea, Nueva York, ciudad que por cierto yo amo.)

Ahí, Giselle conoce al típico hombre contemporáneo, el divorciado, que más que creer en el amor siente la obligación de establecerse para darle una "mamá" a su pequeña hija.

Robert, que la ve perdida, la lleva a su departamento para conseguirle un taxi, pero Giselle se queda dormida por el cansancio. Por supuesto, al día siguiente limpia todo el departamento con la ayuda de los animalitos (palomas, ratas y cucarachas neoyorquinas).

"Oh, espero desde aquí, que Edward venga a mí, y yo suspiro. Y mientras sigo aquí, *la vida para mí tal vez dé un nuevo giro.*" Sigue en espera de que "alguien" la rescate. Pero lo más importante es que está abierta a nuevas aventuras y situaciones, y no pierde la capacidad de ver la magia en todo.

Hay etapas de nuestra vida en las que confiamos demasiado en la magia. Me acuerdo de que mi abuelita cargaba con una piedra que servía "para no caerse". Un día se cayó, y le dijimos que entonces su piedra no servía. Ella contestó: "Al contrario, gracias a la piedra no me rompí ningún hueso".

Y una prima: su novio la acababa de cortar, y habían durado solamente un *summer-love* como de cuatro días. Ella estaba triste, pero nos decía: "¿Ya ven cómo el poder de la atracción sí sirve? Al menos me lo trajo". De que nos proponemos creer en algo, lo creemos.

La primera decepción

Una compañera de la universidad estaba muy orgullosa de que en su familia no hubiera ningún divorcio, y por otro lado discriminaba a quienes sí se habían divorciado. Les daba lecciones de familia y de cómo debieron haberlo superado, que no le echaron suficientes ganas, que si hubieran aguantado, etcétera.

Mis otros compañeros y yo pensábamos que tenía mucha suerte de nunca haberse topado con un divorcio cercano. Poco después su hermana mayor, su gran ejemplo a seguir, se divorció. Se tragó todas sus palabras, porque el rompimiento de su mundo mágico fue fuerte.

Cuando Giselle va a felicitar a una pareja que ve pasar, por lo enamorados que lucen, Robert le explica que en realidad se están divorciando. Ella no entiende bien el concepto de un amor que no siempre perdura y rompe en llanto.

"Un día son pareja y al otro ya no. ¿Qué clase de mundo horrible es éste?", dice decepcionada.

Hay un punto en el que, por más que nos queramos aferrar a nuestra burbuja de cristal, la realidad se nos pone enfrente. Y tenemos nuestra primera decepción. Nuestro "Santa Claus" no existe.

Agradecer siempre, y no temer a los sentimientos

Robert, desesperado, le dice a Giselle que ya no la puede ayudar más, le está trayendo muchos problemas. Ella tiene una capacidad enorme de ver lo positivo tanto en las situaciones como en las personas, así que le agradece: "Robert, lo lamento. Tú fuiste mi único amigo en el mundo cuando no tenía a nadie. Y yo jamás me atrevería a lastimarte o causarte problemas, así que adiós. Te deseo la mayor felicidad".

Evidentemente, Robert queda completamente sorprendido por su reacción y vuelve a ayudarla. Mientras caminan por el parque, él le explica que el "felices por siempre" no existe, y ella, a su vez, le aconseja que tiene que decir lo que siente. Así que canta:

> No es suficiente que a quien amas des por hecho. Haz que se entere, o ella puede así decir:

¿Cómo sabré si me ama? ¿Si acaso soy de él? [y le da una gran clase de romanticismo]. Tu amor reafirma ferviente, pues ella no es vidente, que sienta que estás presente, y que tú la amas.

Así como Jane usaba el intelecto como barrera hacia el cuerpo, muchos de nosotros estamos reprimidos para decir lo que sentimos. Es muy difícil abrir el corazón, y damos por hecho que el otro sabe que lo queremos. Por eso, cuando escuchamos que alguien más nos dice lo que siente, nos impacta. Y cuando nosotros hablamos de amor, impactamos. No necesariamente en una relación de pareja, puede ser de amistad, o en familia.

A mí me impresionó un nuevo amigo al que no le tenía suficiente confianza, pero un día me habló y me dijo: "Es que te extraño. Quería oírte". Y no me quería ligar. Era real. Obvio, me ganó en dos patadas. Y ahora a mí no me es difícil decirle lo que siento. Pero fue porque él se abrió primero.

Otro, que tampoco me quería ligar, me dijo: "No entiendo porqué no te has dado cuenta de toda la belleza que tienes". Y también me dejó perpleja. A un simple "te quiero" le da un trabajo enorme salir de nuestra boca. Nos sentimos amenazados de que no nos respondan igual. Pero el chiste no es decirlo mendigando amor. Es decirlo regalándolo.

Giselle no ve peligro en decir lo que siente. No piensa que la vayan a herir, y ése es su encanto. Robert no puede entenderlo. Yo soy como él, bastante cerrada a decir lo que siento, pero gracias a estos dos amigos que son más seguros que yo he aprendido poco a poco a abrirme con todo el mundo. Y los resultados siempre son favorables.

Etapa 1: Blanca Nieves, Cenicienta y Aurora

- Le cuesta trabajo aceptar la realidad (las decepciones) y prefiere evadirlas. Se aferra a la magia.
- Cree que el "felices para siempre" se da por sí mismo, que es gratuito.
- Tiene fe y siempre espera lo mejor por venir. Pero disfruta del presente y está abierta a las situaciones que se le presentan.
- Siempre espera lo mejor de las personas. Es abierta a conocer gente diferente.
- Es agradecida y no tiene problemas en decir lo que siente.
- No se toma las cosas de forma personal. Ve las cosas con sencillez.
- Aprecia la importancia de los detalles y por lo mismo es detallista.

Etapa 2: Ariel, Bella y Jazmín: enfrentamiento con la realidad

Aceptando el enojo

Giselle se pone la pijama y —como Bella— lee interesada un libro sobre las mujeres importantes que han influido en el mundo, ya está abriendo sus paradigmas. Después Robert le insinúa que es dura la decepción de que Edward no haya venido por ella:

"Yo no deseo que venga, lo hará." Giselle sigue teniendo fe y es positiva. Él no le cree, y discuten.

Giselle se exaspera por la actitud negativa de Robert y entonces se da cuenta de que está enojada, y se alegra por haber experimentado una nueva emoción. El aceptar el enojo es crecimiento. Algo mucho más maduro que negarlo o reprimirlo.

Tengo una conocida que pasaba por una situación difícil. Sus papás se separaron y a ella la terminó el novio. Pero cuando la veíamos nos decía siempre: "Estoy muy bien". Parecía que lo decía para convencerse a sí misma, pero la realidad es que a los demás no nos engañaba y estábamos preocupados. Sin embargo, era difícil acercársele porque parecía no querer hablar de eso. Hubo un punto en que el cuerpo fue el que dijo: "estoy enojado", y se desmayó. Tuvo que hacerse análisis y relajarse; no exigirse "estar bien", sino aceptar que había pasado por una etapa muy complicada.

En nuestra sociedad es mal visto estar "enojado", pero a veces es necesario. Gracias a su "enojo" fue que Ariel, Jazmín y Bella consiguieron energía para ir hacia adelante y obtener lo que querían. Si hubieran pensado que "estaban bien" en su encierro, jamás habrían salido.

"Me siento maravillosa. Estoy muy bien. En perfecta salud", dice Giselle, ya que experimenta el enojo y lo acepta. Y también lo dijo mi amiga.

Se acerca a Robert y le toca el pecho con cierta atracción y curiosidad. Están a punto de besarse; pero él, nervioso, se da la media vuelta y se va confundido. Giselle queda congelada; percibe otra nueva emoción…

Sensatez y sentimiento

Mi amiga, la del sueño del hombre ideal, era como Giselle, confiaba demasiado en los hombres. Con ilusión, aceptaba ser novia de ellos casi de inmediato, y después siempre se decepcionaba.

En una ocasión, un chico al que acababa de conocer la invitó a dormir a su departamento con el pretexto de que ya era tarde, para que ella no manejara sola. Mi amiga aceptó, claro, siempre en el sofá. Al día siguiente él le pidió ir a dormir a su departamento, y ella creyó que era justo. Aceptó con total confianza, y lo mandó al sofá. Pero al día siguiente el tipo resultó ser bastante patán y, entre otras cosas, decidió comerse todo el refrigerador de mi amiga y comportarse como si estuviera en su territorio.

Ella sintió que ya no debía confiar tanto a la "primera", sino que realmente debía conocer con citas calmadas a sus pretendientes. Así que para las siguientes decidió ir poco a poco. Como Giselle, quien, después de que Robert le explicara las ventajas de las citas, le propone a Edward "conocerse", cuando él llega por ella.

Cuando el Príncipe la ve en el departamento de Robert, los dos se abrazan y dan vueltas. Después él canta: "La más bella dama del lugar, eres mi…", y se calla para que Giselle siga cantando, pero ella no lo sigue.

—No estás cantando —le dice él.

—Es verdad, lo lamento. *Estaba pensando* —Giselle ha cambiado. Ahora ha aprendido a tener un equilibrio mayor entre pensar y sentir. Ya no cae por una "cancioncita" o una "sonrisita", necesita conocerlos más.

Edward no entiende el concepto de cita, pero acepta, y Giselle se nota un poco incómoda forzando la plática. Nunca habían hablado. Edward, ansioso, le ofrece regresar a Andalasia ahora mismo para casarse; pero ella duda, así que le propone ir a un baile, donde sabe que asistirá Robert.

Etapa 2: Ariel, Bella y Jazmín

- Quiere conocer al hombre con el que está saliendo. Se interesa por su vida y por sus cosas.
- Aunque acepta que hay situaciones de la vida que no son agradables, no pierde el positivismo.
- Dice lo que piensa.
- Tiene fe en el futuro, pero se abre a otras formas de pensar.
- Acepta su enojo y parte de ahí para resolverlo.

Etapa 3: Mulán, a la guerra si es necesario

En el baile, Giselle y Robert se encuentran. Presentan con confusión a sus respectivas parejas, y aunque bailan juntos una canción, terminan despidiéndose con tristeza. Al estar comprometidos con otras personas, no pueden decirse que se quieren.

—¿Estás triste? —le pregunta el Príncipe a Giselle mientras suben las escaleras.

—No. Estoy bien —Giselle está a punto de darse por vencida.

Una amiga decidió, de la forma más valiente que he visto, luchar por su amor. Cuando su novio le dio el anillo, ella le habló a su ex —el amor de su vida— y le dijo: "Te hablo porque ya me voy a casar, pero si tú me dices que todavía me quieres, cancelo la boda para estar contigo". Ésos sí son pantalones.

Aparece la bruja que aventó a Giselle al pozo, y ahora le ofrece una manzana para alejarla del sufrimiento de no estar con quien ama. Giselle duda, por un momento quiere ser la de antes, la que no sufría, la que creía que siempre había finales felices, la inocente. En su desesperación, da la mordida (quiere evadir los problemas) y se desmaya.

Edward la carga, y grita pidiendo ayuda. Muy rescatador, pero no sabe qué hacer en un momento real de crisis (como los soldados que según esto eran muy listos, pero que Mulán tenía que pensar por ellos).

A Robert se le ocurre la solución: "El beso de amor, la fuerza más poderosa del mundo". Él comenzó como Megara, en la decepción del amor, y terminó creyendo en él.

Pero por más que Edward la besa, Giselle no despierta. Así que Robert, un poco apenado, acepta hacerlo.

"Sabía que eras tú", dice la protagonista al despertar. Y se vuelven a besar.

La realidad es que la historia de mi amiga no tuvo el clásico "final feliz". El ex novio se vio miedoso (él también estaba comprometido) y le dijo: "Después te hablo", y nunca le habló. Pero al menos ella no se quedó con el gusanito de qué hubiera pasado. Lo hizo, y eso le trajo total tranquilidad para formar un buen matrimonio con su segunda opción.

Luchar por él

La bruja grita furiosa y se convierte en dragón, amenazando con matar a Giselle.

"Sobre mi cadáver", dice Robert.

Así que lo toma a él y escapa. Giselle la sigue sin dudar. Se quita los zapatos —que son transparentes, haciendo referencia a los de Cenicienta— y, tomando una espada clavada en el piso —haciendo referencia a la Espada en la Piedra—, sale corriendo a defender a su amado. Ya reaccionó, no espera un hada madrina, ni que un príncipe la ayude. Sabe que ella misma tiene el poder de luchar, de ir a la guerra y defender lo que quiere.

Una maestra conoció a su novio en Estados Unidos. Los dos eran mexicanos, pero habían ido a estudiar inglés. El flechazo fue instantáneo, pero él regresó, y ella se quedó más tiempo. Cuando volvió a México se enteró de que él tenía novia, sin embargo, sin miedo, lo encontró y le dijo que había sentido algo demasiado especial por él como para no decírselo. Tuvo muchos pantalones y mucha seguridad. No tenía temor al rechazo y no quiso quedarse con la duda. El galán dejó a su novia, y ahora están casados y con dos hijos. Eso es ir a la guerra y no pedazos.

—Nuestra valiente princesita viene al rescate —se burla irónica Narissa—. Eso te convierte en la damisela en peligro, ¿no, cariño? —le dice a Robert, que está inmovilizado. Los arquetipos que ya cambiaron. La mujer que rescata, la mujer que va a luchar por él.

—Narissa, no voy a dejar que te lo lleves —le dice Giselle desafiante. Y es como si eso le hubiera dicho mi amiga a la ex novia. Finalmente el dragón pierde el equilibrio y cae, pero suelta a Robert y la heroína lo detiene. La lucha valió la pena.

Etapa 4: cada quien con su "felices por siempre"

Final feliz: boda

Nancy encuentra la zapatilla transparente que dejó Giselle y la toma nostálgica.

"¿Por qué tan triste, mi bella doncella?", se acerca Edward, y le pone la zapatilla que calza a la perfección. Salen corriendo felices como si aquello fuera una señal y se echan por la coladera.

Nancy y Edward se casan en Andalasia rodeados por los animalitos. A punto de besarse, suena el celular de Nancy, pero ella lo avienta olvidando su vida anterior y comenzando la nueva. Así que besa apasionadamente a Edward.

El deseo interior de Nancy siempre fue casarse. Por eso perdonaba tan fácilmente a Robert. No lo cuestionaba demasiado, por miedo a perderlo, pero en su interior sabía que él no estaba tan enamorado. Aun así, Nancy se hacía de la vista gorda y omitía las señales.

Dentro de ella sabía que Giselle era su rival. En la versión de Nancy, Giselle es la terrible "quitanovios", pero hay que tener las dos versiones del asunto.

Nancy no perdió su objetivo, ni Edward tampoco, los dos querían casarse, ése es su deseo en la vida, y lo logran.

Final feliz: juntos para conocerse más

Giselle ha abierto una casa de moda llamada Andalasia Fashion (siempre se fabricaba sus propios vestidos). En ella le ayudan las ratas, las palomas, y contrató además personal humano. Descubre su vocación, sabe para lo que es buena, y decide trabajar y crecer profesionalmente. Robert la apoya y se involucra en lo que a ella le interesa. Hasta ahora, en ninguna película de Disney habíamos visto a la heroína trabajando. Los dos viven juntos (como Tarzán y Jane) y juegan y bailan alegremente con Morgan, la hija de Robert.

Giselle se abrió ante la imagen de un hombre que no era su ideal: muy racional, divorciado, con una hija. Pero con el crecimiento personal que tuvo se fijó en otras características más valiosas, ya que requería otro tipo de "hombre ideal".

Uno siempre tiene la idea de casarse con un soltero. Pero la verdad es que también son estereotipos sociales. Una prima encontró al amor de su vida en un divorciado. Mis tíos en un principio se acalambraron y todos los prejuicios relucieron. Pero para mi prima fue mejor, porque él ya tenía experiencia y había aprendido de sus errores. Convenció a sus papás de que eso era lo que realmente quería y se casaron. Hay que mantener la mente abierta para todo.

En su travesía, Giselle creció y maduró como persona, pero siempre conservó su esencia: la de la mujer positiva, abierta a las situaciones y a las personas, que espera lo mejor de todo y trata de dar lo mejor también.

Las diferentes generaciones de mujeres han tenido ese viaje, y por eso ahora estamos donde estamos, con mucho más opciones. Nosotras, como Giselle, hemos tenido vivencias diferentes, nos hemos probado y descubrimos resultados que jamás hubiéramos pensado. Giselle descubrió que sabe pelear, que es feliz trabajando, y que su hombre ideal no era un príncipe.

"...Y así, todos vivieron felices para siempre."

LO QUE LOS PROTAGONISTAS OPINAN...

Cuando se estrenó *Encantada* (2007) tuve la oportunidad de entrevistar al elenco de la película y pedirles su opinión sobre la representación de las relaciones en este cuento contemporáneo. Las entrevistas se publicaron en "Top Magazzine", suplemento del periódico *Reforma*.

"Creo que hubiera sido irresponsable de mi parte contar un cuento de hadas clásico como nos lo han contado siempre. Simplemente porque ahora hay mucho más oportunidades para las mujeres y está mal perpetuar la idea de que tienen que esperar eternamente a que un hombre venga por ellas. Así que el viaje de Giselle pasa de ser bidimensional —literalmente— a tridimensional, era importante que cambiara, que creciera y que tomara el mundo en sus propias manos." [Kevin Lima, director]

"Giselle es muy femenina, y sigue pareciendo dócil, aunque es una mujer muy fuerte que va creciendo internamente. Ella tiene una gran evolución: descubre el verdadero significado del amor, y se da cuenta de que la vida es mucho más complicada y profunda que un simple final feliz. Pero lo más importante es que todo esto le gusta." [Amy Adams, actriz (Giselle)]

"Lo que más me gustó es que la película lanza la pregunta de cuál sería tu final feliz, cuál sería tu cuento de hadas personal. Aquí toma la forma de algo que nunca imaginaste. A veces estás buscando algo que no te corresponde y cierras los ojos a lo que sí es para ti." [James Marsden, actor (Príncipe Edward)]

"Hay dos lados en la mujer contemporánea: la romántica que quiere a su príncipe azul; y está la mujer realista, profesional

y trabajadora que tiene que encontrar el balance para tener compañero. Además, ese compañero debe ser lo suficientemente seguro de sí, como para dejarla ser ella misma y que ambos crezcan profesionalmente; de eso se trata la película…"
[Patrick Dempsey, actor (Robert)]

14. Tiana: saltando por un sueño

> Alguien dijo que los cuentos pueden ser realidad, pero el fin de ti depende si así sucederá. Hay que trabajar duro cada vez y lo demás vendrá después.
>
> TIANA, *La princesa y el sapo*, 2009

La princesa y el sapo causó muchas expectativas, al ser el regreso de las princesas tras una década de espera. Sobre todo porque Tiana es la primera heroína afroamericana, y aunque no fue tan exitosa como sus antecesoras (perdió el Oscar en 2010 ante *Up: una aventura de altura*, de 2009, de los estudios Disney-Pixar) lo importante es el concepto de la mujer contemporánea que se retrata en una cinta basada en un cuento muy pequeño. ¿Será que todavía creemos en besar sapos?

SOÑANDO Y TRABAJANDO

Tiana es la primera protagonista con la que realmente convivimos cuando es niña. Su mamá les cuenta el cuento de "La princesa y el sapo" a ella y a su amiga Charlotte.

"Yo besaría cientos de sapos para casarme con un príncipe y ser una princesa." Charlotte es la típica niña rica y consentida, pero llena de ilusiones. Está disfrazada de princesa, y su máximo sueño en la vida es casarse con un príncipe. Es una mujer clásica.

"Yo no haría algo así por nada del mundo. Juro que jamás, de verdad jamás besaría a un sapo." A Tiana le da asco la idea. Me acuerdo que yo de pequeña pensaba que los besos en la boca sólo se daban entre esposos. Cuando me enteré de que también entre novios, me dio el peor asco y pensé, como Tiana, que "no haría algo así por nada del mundo". Y luego uno crece y se traga sus palabras.

Tiana se aleja de las mansiones de Nueva Orleans y llega a su pequeña cabaña. Ahí, cocina con su papá y comparte con sus vecinos la comida. El sueño de su padre es tener un restaurante. Así que la pequeña hace lo que aprendió de los cuentos: pide un deseo a la estrella.

Sin embargo, el papá la alienta a que, aunque tenga fe, debe de seguir trabajando: "Esa estrella sólo te guiará una parte del camino, tú tienes que trabajar duro y dar todo tu empeño y entonces vas a poder hacer todo lo que te propongas". El padre da consejos coherentes y muy realistas. Me acuerdo de que mi abuela paterna, y por ende mi papá, siempre me dijeron: "A Dios rogando, y con el mazo dando". Que es prácticamente lo mismo.

Así que Tiana crece con esa idea, y se vuelve mesera de noche y de día para ganar el doble. Siente la obligación de terminar el sueño del padre, ya fallecido, y poner su restaurante. Sus amigos la invitan a bailar, pero no puede por la carga de trabajo. Ella no piensa en un hada madrina, ni en un príncipe que la rescate, tiene mucha fe en sí misma.

Así tengo una amiga, que trabaja casi siempre más de 12 horas. ¿Su sueño? Un departamento y volverse socia del negocio para el que labora. Casi es imposible verla, y cuando se casó pensamos que renunciaría; pero, al igual que Tiana, ella quiere conseguir las cosas por sí misma y no abandona su sueño.

Primero la realización profesional, luego la amorosa

"El corazón de un hombre se consigue conquistando su estómago."

Éste es el típico aviso de abuelita, que yo nunca seguí, pero que Tiana conoce porque tiene el don de la cocina. Así que se lo aconseja a Charlotte, para que le dé algo bueno de cenar al Príncipe Naveen, que llega de visita a su casa y con quien asistirá a una fiesta de disfraces.

Yo hubiera hecho lo mismo que Charlotte, ella le pide a Tiana que prepare algo. Si yo le diera palomitas quemadas al príncipe, creo que en vez de conquistarlo lo ahuyentaría. Debido a ese encargo, Tiana ha juntado el dinero suficiente para su restaurante y va a decírselo a los vendedores. El lugar está descuidado, pero empieza con sus planes. Sin embargo, la mamá, que la acompaña, no está contenta con la idea: "Tu padre no logró abrir el restaurante de sus sueños pero tenía algo mucho mejor, tenía amor. Y es todo lo que quiero para ti, cariño, que busques a tu príncipe y que bailes al compás del felices para siempre". Otra vez los papás con el deseo de que su niña se case. No les importa cuán exitosa pueda ser su hija, prefieren boda.

—Mamá, no tengo tiempo para bailes, eso ya lo haré después.

—¿Y eso en cuánto tiempo será? —si es nefasto que la sociedad te presione, el que lo haga tu familia es mucho peor.

Cuando éramos pubertas, la mamá de una compañera siempre nos preguntaba que para cuándo ya íbamos a tener novio; que porqué no éramos como las "populares" del salón. Y aunque a nosotros nos valía, pensábamos que a su hija sí le ha de haber afectado escuchar eso todos los días.

—No me voy a desperdiciar, eso no me va —sigue Tiana segura, como las mujeres de los dos mil, que primero prefieren realizarse profesionalmente y luego encontrar una pareja.

—Yo quiero que me des nietos —continúa la mamá. Así también le dijo su abuelita a una amiga mía (pero le pedía bisnietos), y ella, para que ya no la presionaran, le contestó:

—Te los doy, pero sin casarme y tú me los mantienes —fin de la presión.

Una vez fui a visitar a un pariente que hace tiempo no veía. Le conté de mis logros en el trabajo, las entrevistas interesantes que había hecho, los diplomas que había recibido en la universidad, mi posgrado en Australia, mi primer libro. Él me escuchaba atentamente y al final me preguntó: "¿Y el matrimonio?"

Aunque las nuevas generaciones ya no se fijen tanto en eso, para los padres todavía es importante.

"Yo sé a dónde voy, ya llegaré —sigue Tiana, y no se deja influir por la presión social—. Piensan aquí que estoy loca y yo lo sé. Y es que mi camino difícil es, pero nada a mí me detendrá porque ya llegaré." El camino de la mujer que aplaza el matrimonio por un negocio no siempre es bien visto, pero no le importa.

"Alguien dijo que los cuentos pueden ser realidad, pero el fin de ti depende si así sucederá. Hay que trabajar duro cada vez y lo demás vendrá después." Definitivamente, comparto su opinión.

Las apariencias engañan

Charlotte está desesperada, pero aunque tarde, Naveen por fin llega, y de inmediato se ponen a bailar. Tiana está tranquila repartiendo sus famosos panecillos en la fiesta, pero llegan los dueños del restaurante y le dicen que hay otra oferta de compra y que la tiene que mejorar para el miércoles. Su decepción es grande, así que se cae, se mancha toda, y su amiga viene corriendo a ayudarla y le da otro vestido de princesa.

Eso me gusta mucho de esta película, porque aunque las dos amigas son muy diferentes entre sí, y sus sueños no podrían ser más opuestos, se quieren, se ayudan, se apoyan, se llevan bien. Se respetan y no se critican, aunque no entiendan bien la meta de la otra. Y por muy feliz que Lotte esté con su príncipe, lo deja a un lado para ir a auxiliar a su amiga, y luego vuelve con él. No es como las mujeres que ya se sienten "importantes" por tener galán y se olvidan de sus compañeras.

Tiana, al ver que su deseo se le está cumpliendo a Charlotte, le pide a la estrella por su restaurante. Pero lo que le aparece es un sapo:

—¿Y ahora qué, quieres que te bese? —ella le pregunta irónica.

—Creo que eso me gustaría, sí —el sapo responde inesperadamente. Tiana grita, le empieza a lanzar juguetes y le da un librazo. Resulta ser que el anfibio es el verdadero Príncipe Naveen.

El de Charlotte es en realidad Lawrence, el asistente, disfrazado por un hechizo, y que interesadamente le pide matrimonio. Ella, aunque ve señales raras porque su galán se está transformando físicamente en un calvo gordito, acepta y se emociona con todos los planes de boda que hay que hacer.

El original le pide a Tiana que lo bese, y la chica se niega, por supuesto, pero él la chantajea con ponerle su restaurante y por eso duda.

"Te encantará, lo garantizo, no hay mujer que no goce los besos de Naveen." Además, es odioso, al estilo Gastón.

La pregunta es… ¿besarías a un tipo realmente espantoso, como sapo, que además es presumido y soberbio, con tal de que te realice tu sueño? ¡Híjole! Tendrías que estar muy pero muy desesperada. Vaya, ¡si yo no quería ni siquiera que me pagaran la cuenta!

Una vez le estaba contando a un amigo, con tristeza, que había llevado mi libro a una editorial pero que no me lo aceptaban. Él me dijo: "Deja que les lleve un jugoso cheque, y a ver si no cantan al compás que les toco". Podrías pensar que es un comentario lindo, pero a mí me ofendió. Era como si mi amigo dudara de mi talento, mis ganas y mi lucha, y sólo pensara que el dinero resuelve todo.

Sí, soy bien orgullosa; me cuesta aceptar ayuda, me gusta conseguir las cosas por mí, y admiro siempre a quien llega alto por sí solo. Así que no creo haber besado al sapo, pero nunca digas nunca (porque qué tal que lo termino besando), a lo mejor si mi estado de angustia fuera muy, pero muy grande.

—Sólo un beso, a no ser que supliques por más —insiste el anfibio, y Tiana se lo da, pero ella, ¡ups!, se convierte en rana. Ya ves, ya decía yo que no era buena idea besarlo. El susto hace que ambos caigan a la fiesta y después de una terrible persecución logran escapar.

—Eso me pasa por confiar en una estrella. El único modo de conseguir lo que deseas es trabajando duro —la heroína se arrepiente por haberse comportado urgidamente. En base a la experiencia, no cree en los deseos que de pronto llegan fácilmente.

Naveen y ella empiezan a pelear y a echarse la culpa. El doctor Facilier, villano de la película, fue el responsable de que quedaran como anfibios. Pero el hechizo es elitista. Es una princesa la que tiene que besar al sapo; como Tiana no lo es, la magia es en reversa. Ella lo critica a él por haber confiado en un brujo, y él, para molestarla, se confiesa:

—Yo no tengo más riquezas, estoy totalmente quebrado, ja, ja —es como mi amigo el del coche lujoso, que vivía endeudado y en condiciones muy poco cómodas. Sólo era la pura fachada.

—Estás quebrado y te atreves a decir que fui yo quien te engañó.

¡Bueno! Creo que Tiana tiene grandes razones para decepcionarse no sólo de la estrella, sino de los hombres.

Una ex compañera de la universidad estaba muy orgullosa por haberse casado con un tipo de gran alcurnia y linaje, con una familia dueña de un gran negocio importante del país. Él la trataba como reina, le daba los mejores lujos, camionetas, una gran casa, alberca. Poco después de casarse, descubrió que todos eran regalos de los suegros para tenerlos "contentos". Y que él era bastante flojo. Como Naveen, que estaba acostumbrado a tenerlo todo de forma fácil. Aunque siguieron teniendo la ayuda de los suegros, la chica se decepcionó terriblemente, entre otras cosas, y terminó divorciándose.

Naveen es perseguido por unos cocodrilos y le pide auxilio a Tiana, que logra escapar. Si lo hace, él le pondrá su restaurante cuando se case con Charlotte.

Tiana vuelve a ayudarlo (sí está desesperada), y todo el camino se la pasan peleando. Él es peor que Gastón y Shang juntos (¡imagina eso!). Soberbio, narciso, creído, y que gusta de despreciar a Tiana por ser "camarera". Un asco. Suponemos que dejará de ser sapo hasta que cambie su actitud, que es la que verdaderamente lo tiene así.

Tiana rema, pero él se acuesta a tocar la guitarra.

—Me vendría bien algo de ayuda —le insinúa.

—Tocaré más fuerte entonces —responde cínico.

Una amiga se quejaba de que ella siempre era quien le hacía cenas románticas al novio, y él nunca le tenía una sorpresa. Ella le hacía masajes, y él nunca le correspondía. Sentía que la relación, como la balsa, avanzaba gracias a ella; mientras él se limitaba a "tocar la guitarra" cómodamente y a satisfacerse a sí mismo sin ayudar.

Polos opuestos

—Hay que vivir con diversión. Festejar con rubias, morenas y pelirrojas —va cantando Naveen, que para el colmo es mujeriego.

—Tú vas a casarte pronto —le recuerda Tiana.

Un amigo tenía novia, pero se la pasaba presumiendo de todas las mujeres que querían con él, y cuánto "sufría" por romperles el corazón y batearlas. Como era mi amigo, me divertía escucharlo, pero sí pensaba que debía ser difícil ser la novia de alguien que se siente taaaaan cotizado. Como Gastón. Y el cuate distaba mucho de ser Johnny Depp.

—Oh, es cierto, dejaré una hilera de corazones rotos a mi espalda —dice Naveen. Finalmente la novia cortó a mi amigo. Pero él siguió siendo sapo que no aprendió la lección.

—Conmueve tu modestia, también tu responsabilidad, trabajar por lo que lograrás, es sólo así como debe ser. Si vuelvo a ser humana, así me portaré. Si das lo mejor, siempre y cada vez lo bueno se pondrá a tus pies —no habíamos visto una princesa que cantara tantísimas veces su "himno de los deseos". Tiana lo repite hasta el cansancio: trabajar, trabajar y trabajar. Como mi amiga, a la que esclavizan demasiado, pero nos sigue contestando: "Trabajar por lo que lograrás, es sólo así como debe ser".

—Oye, camarera, al fin he comprendido qué es lo que te sucede. Tú no sabes divertirte —Naveen le dice a Tiana, como si fuera un profeta.

—Yo también descubrí cuál es el problema contigo.

—Soy maravilloso.

—Sólo eres un perezoso y un bueno para nada.

En la universidad conocí a muchos Naveen. Es que es el ambiente perfecto para pretender ser cosas que no eres. Como muchos no trabajan, se basan en la posición social de "sus papis" para impresionar. Incluso ahora, dando clases sigo viendo alumnos "Naveen".

Uno que estaba a punto de reprobar se me acercó diciéndome: "¿Sabes quién es mi papá?", y, ante mi negativa, me "sorprendió" con que era un actor de televisión. ¿Eh? ¿Eso me tenía que dar miedo? Digo, sí me dio, pero por la mentalidad del chico. Sin embargo, la villana de ceja levantada resulté yo, porque el chico "telenovela jr." reprobó.

—Gruñona, aguafiestas —Naveen insulta y le parece divertido.

—Pon atención, amigo, esta aguafiestas ha tenido dos empleos toda su vida; mientras tú pasabas el día rodeado de lujos y de chicas hermosas en tu torre de marfil.

—Y techos de mármol pulido —sigue con su cinismo.

Otro alumno, que ya estaba complicado que pasara, me dijo: "Doly, no tienes que ser maestra, nosotros podemos hacer algo padre en el mundo del cine".

Me dijo "maestra" como Naveen le decía "camarera" a Tiana. Y no sabía que, efectivamente, yo tenía dos trabajos más como periodista. Era un tipo que, por supuesto, ni estudiaba, ni entregaba tareas, ni asistía a clase. Creía que yo lo iba a pasar por "ofrecerme trabajo", y con una sonrisita que él creía seductora, y yo le veía baba de sapo. Reprobó no una, sino dos, tres veces la materia hasta que se cambió de carrera. No sé, yo a los Naveen no los soporto. Shang al menos era trabajador, y Gastón al menos era cazador. Este tipo de plano no es nada. Y aun así se las da de importante.

Entre tanta discusión son atrapados por unos cazadores, y los ayuda una luciérnaga que les ofrece llevarlos con Mamá Odie, la reina del vudú. Un cocodrilo que quería ser humano también se les une en el camino, como si estuviéramos viendo *El mago de Oz*.

Como ya oscureció, Tiana se pone a cocinar, y, obvio, Naveen no quiere ayudar y está acostadote, pero ella lo pone a rebanar los champiñones.

—Yo jamás había hecho una cosa como ésta, cuando vives en un castillo siempre te atienden, te visten, te alimentan, te transportan, lavan tus dientes. Admito que era una vida envidiable hasta que mis padres me despojaron y entonces caí en la cuenta de que en realidad no sé hacer nada —sí, lo notamos desde el principio de la película. Tu perfil nos es familiar.

—Al menos serías un buen rebanador de champiñones —Tiana lo consuela.

—¿En serio lo crees? —él se conmueve.

Una Tiana que conocí estaba entregada en cuerpo y alma al negocio de sus padres, que estaba quebrando, y ella trabajaba día y noche para levantarlo. Conoció a su novio, un "principito" que no era muy bueno en sus intentos por obtener empleo. Pero ella lo quería y decidió meterlo al negocio. Lo puso a trabajar como mensajero y como chofer.

—Es una magnífica cena, tienes un don de verdad —Naveen la felicita y la saca a bailar. Ella se niega, pero Naveen la enseña y están a punto de besarse; hasta que Tiana cae en cuenta de que está con el prometido de su mejor amiga, así que se separa.

—Lotte se casará con un magnífico bailarín —otra vez, está antes la amiga que el galán.

Lo que necesitas y lo que quieres

Por fin llegan con Mamá Odie, aparentemente una gran bruja, pero resulta que se queda dormida hablando, no sabe cocinar y come dulces podridos. Ellos le piden su deseo, y ella replica:

—Quieren convertirse en humanos, pero no saben lo que necesitan.

—Querer, necesitar, son la misma cosa —contesta Naveen. Y ella lo niega.

Dicen por ahí que a la hora de rezar hay que pedir por lo que necesitas y no por lo que quieres. Mamá Odie les trata de explicar cantando:

"No importa tu disfraz ni los anillos en tus dedillos. No importa ni tu origen, no importa incluso qué serás." Como en *Aladdin,* no importan las apariencias.

"Es tu deber, trabaja duro y te encontrarás", continúa con la lección que nos han repetido hasta el cansancio, y la recita varias veces más. "Es tu deber, trabaja duro, yo sé que rudo será." Al final, pregunta satisfecha:

—¿Ya, niña? ¿Ahora entiendes lo que necesitas?

—Sí, Mamá Odie, ya entiendo —parece que todos entendimos—. Tengo que trabajar mucho más y luchar para un día conseguir mi restaurante.

Pero la bruja y todos los animalitos hacen ademán de tristeza, porque Tiana no entendió. Pues la verdad yo tampoco. Después de cantar mil veces "es tu deber, trabaja duro", es lo único que comprendí. Así que alguien me explique.

Como nadie entendió nada (yo creo que ni los guionistas), Mamá Odie decide explicarles que para convertirse en humanos Naveen tiene que besar a una princesa (el hechizo sigue siendo muy elitista). No hay princesas en Nueva Orleans, pero se inventan que Charlotte sirve, al ser la princesa del desfile. Sin embargo, dejará de serlo hasta la media noche. Para colmo, cuando el cocodrilo le pregunta a la hechicera qué tiene que hacer él para volverse humano, ¿qué crees que le responde? Adivinaste: "Tu deber es trabajar duro, así hallarás lo que necesitas".

De verdad creo que la bruja con la que yo fui era mucho más claridosa, sincera, profesional y experta que ésta. Y no era la reina del vudú.

Todo por un sueño

Naveen se enamora de Tiana porque fue la única que vio que tenía la habilidad de… partir champiñones. Bueno, algo es algo. Así que ahora él quiere lograr los sueños de la "camarera".

Otra vez encontramos al hombre que está dispuesto a dejar a un lado sus propias ambiciones con tal de complacer a la mujer que quiere. ¡Incluso piensa en conseguir un empleo, o dos o tres! Eso sí es amor, sobre todo para alguien que de plano era un flojonazo. Ya no quiere ser príncipe, quiere que Tiana sea feliz. Así que le prepara una cena e intenta declarársele.

"Amo cómo tu cara se ilumina cuando estás hablando de tu sueño —se sincera Naveen, que por fin cambió de personalidad—. Un sueño tan maravilloso que te prometo que no voy a descansar hasta ver que se cumpla", eso sí suena romántico, no como la dizque proposición salvadora de mi amigo que era más bien *poser*.

Recuerdo cómo un primo se la pasó ahorrando mucho tiempo para cumplirle el sueño a su esposa de conocer Europa. Ya que lo consiguió, llegó con los boletos de avión envueltos en una guía de turistas. A ella todavía se le nublan los ojos cuando cuenta la anécdota. ¿Ya oyeron, muchachos? Eso sí es luchar por el sueño de una. Tiana se da cuenta del cambio real —esperemos— en Naveen y se enamora.

Pero los secuaces de Facilier atrapan al galán, y Tiana lo encuentra casándose con Lotte. Ella no sabe que es Lawrence disfrazado.

"No porque desees algo significa que se cumplirá." Se vuelve a decepcionar de los hombres, de la estrella y de su sueño. ¡Ah! Y no hay que olvidar: piensa en "trabajar duro".

En ese estado depresivo, se le aparece Facilier y le ofrece ponerle su restaurante a cambio de un talismán que tiene la sangre de Naveen; pero ella ya aprendió a no venderse por un sueño. Digo, el beso con el sapo no resultó, así que rompe el talismán y el villano se va hacia el "más allá". La verdad fue un antagonista bien chafa de derrotar.

Lawrence termina en la cárcel; Naveen es libre como sapo y corre con Charlotte para explicarle que a cambio de casarse quiere que le pongan a Tiana su restaurante. Hay prisa porque la espera del pago es hasta el día siguiente. Pero la heroína escucha el plan y lo impide: "Mi sueño no estaría completo si no estás en él. Te amo, Naveen". Tiana acepta su amor.

Charlotte, quizá el personaje más noble de la película, con tal de ver a su amiga feliz, dice: "Toda mi vida leí sobre el amor verdadero en los cuentos y, Tiana, tú lo pudiste encontrar. Lo besaré, por ti, linda, no habrá matrimonio", otra vez, la mujer que siempre apoyará a sus amigas antes de "arrebatarles" a un hombre. Pero suenan las campanadas y siguen como anfibios. Ellos están tan en la baba, que no les importa, con tal de "estar juntos".

La verdad es que en el cine sí se me atragantó la palomita cuando vi esta escena. Tiana es la primera princesa que de pronto se olvida de su sueño. ¿Tanto "trabajar duro" para nada? O sea, comerán moscos ¿y serán felices? Se oye lindo, pero conozco muchas Tianas que por haber dejado atrás su sueño y casarse con un sapo se la pasaron quejándose cuando la realidad les llegó y pensaban: "Si yo hubiera hecho mi sueño. Si yo hubiera continuado con él".

Serás muy sapo, pero nunca tienes por qué abandonar tu sueño. Al contrario, sapo y rana deben trabajar como equipo y apoyarse. ¿Por qué la mediocridad de quedarse en el pantano? Pero ellos, con la ilusión de que los moscos bastarán (cosa que en la realidad, después de unos añitos, no es cierta), se casan, y, ¡oh sorpresa!, al besarse se convierten en humanos.

Esto es según Mamá Odie, porque al casarse ella se convirtió automáticamente en princesa; entonces, al besarla Naveen, ya son humanos. Medio sacado de la manga, pero, bueno. Se vuelven a casar ante los hombres (ora sí que por todas las leyes). Compran el restaurante con los ahorros de Tiana (y con la ayuda del cocodrilo, que amenaza a los dueños), y trabajan para arreglarlo y mantenerlo. Él ayuda siendo mesero y tocando la guitarra. Y los dos continúan el sueño de ella. ¡Uf! Qué descanso. Ya salí tranquila del cine.

La Tiana que te contaba, que puso a su esposo de chofer y mensajero, levantó el negocio de sus papás, y vivieron de él, trabajando juntos como pareja.

Otra conocida que se casó con un cuate que tampoco era muy bueno para trabajar, lo impulsó y lo apoyó para poner un negocio. Se involucró, y lo promovió como pudo. La realidad es que el negocio también quebró y perdieron dinero. Pero no dijeron: "Bueno, no importa, quedémonos como sapos, comamos moscos y seamos felices". Ella se puso a trabajar el doble, mientras él va de empleo en empleo, ayudando como puede.

Y otra más, que es quien lleva el mayor sueldo a casa, porque su esposo trabaja en algo muy idealista, y por lo mismo poco económico.

Puedes besar a cuantos sapos quieras, puedes convertirte en rana. Pero espero que no decidas quedarte así. Recuerda que si tienes ancas es para saltar alto. Así que junto con tu sapo sigan impulsándose juntos, a ver hasta dónde llegan.

Test: ¿Cuánto llevas saltando?

¿Piensas que ya besaste a muchos sapos y no encuentras a tu príncipe? ¿Crees que la que se está convirtiendo en rana eres tú? Responde sinceramente y ve si te pareces a Tiana.

1. ¿A cuántos "sapos" estás dispuesta a besar para encontrar al príncipe?
   a) ¿Por qué sapos? Besar es delicioso. Cada que se presente la ocasión, yo besaré los labios que estén frente a mí. A besar, que el mundo se va a acabar.
   b) Yo cuido mucho a quién beso. Sólo a los que me gustan, y si no, no.
   c) Soy de la idea de que hay que besar al prospecto para realmente conocerlo bien. A lo mejor no te gusta a la primera, pero cuando lo besas ¡te encanta! Me muevo a prueba y error.
   d) Ni que besar fuera lo máximo, hay muchas otras cosas más importantes para conocer realmente al galán. Que sepa besar o no, me tiene sin cuidado.

2. Tu deseo en la vida es...
   a) Casarme.
   b) Casarme y tener hijos.
   c) Casarme y triunfar profesionalmente.
   d) Triunfar profesionalmente.

3. La forma para obtener lo que deseas o llegar a tu meta...
   a) Meditar, visualizar, manejar la ley de atracción.
   b) Rezar para que me lo concedan.

c) Ya he comprobado que lo anterior no funciona, hay que hacer las cosas por una misma.
d) Pedir y actuar.
e) A veces te tienes que sacrificar y pagar un precio para lograr algo.

4. Para conquistar a un hombre…
a) Arreglarte y verte lo mejor posible.
b) Darte a desear, hacerte la difícil.
c) Atenderlo y darle gusto con detalles que le agraden.
d) Adularlo, levantarle el ego.
e) Ser como soy, si le gusto, qué bueno, y si no, ni modo.

5. Cuando no tienes pareja…
a) ¡Me la paso súper! Salgo con las amigas, soy libre, ser soltera es lo mejor.
b) Es que no tengo tiempo de tener pareja. Mi trabajo me exprime y no tengo vida social.
c) Me deprimo, es horrible estar sola.
d) Salgo a la búsqueda de un nuevo prospecto.
e) A mí me da igual, pero la presión social es nefasta.
f) Hay que estarle aclarando a la gente por qué no tengo pareja. Y es molesto, pero ya me acostumbré.
g) Siento que decepciono a mis padres.

6. Tu sueño, por más complicado que parezca, el de toda la vida, se va a cumplir en el momento en que beses al cuate que te da repele, él te comprueba que tiene la solución a cambio de que lo beses.
a) ¿Quién se cree? ¡Que se vaya al demonio! Yo puedo conseguir mi sueño sola.

b) Si compruebo que lo que dice es verdad, lo hago. Total, es sólo un beso.
c) ¡Por supuesto! Si él me lo cumple, ¿qué me cuesta?

7. Para conseguir trabajo…
a) Lo mejor son los contactos, las palancas y las relaciones; con recomendación importante entras a lo seguro.
b) Pues uno manda los currículums y espera, ¿no?
c) Hablo por teléfono, pido entrevista, mando pruebas de lo que podría hacer, voy personalmente a presentarme. Que vean que estoy interesada.

8. Cuando tu deseo no se está convirtiendo en realidad…
a) Pierdo la fe. La verdad es que es muy cansado luchar y no ver la salida.
b) Espero el momento adecuado para regresar a la lucha. Descanso un poco.
c) Si no es para mí, pues no es para mí y ni modo. Ni cómo hacerle.
d) Si veo que está muy complicado, emprendo la retirada. No me voy a desgastar.
e) Agoto hasta la última oportunidad.

9. En el amor, ¿qué tanto estás dispuestas a ceder?
a) Con tal de estar con quien amo, lo doy todo de corazón.
b) Dando y dando, creo que es lo mejor.
c) Cedería si creo que me generará ganancias.
d) No mucho, ¿por qué tengo yo que ceder?

10. Tu trabajo o el matrimonio, tienes que escoger…
a) Lo más importante siempre es la familia, ¿cómo voy a trabajar y a educar a mis hijos?

b) Mi sueño era casarme, no veo la complicación.
c) Depende qué cosa esté mejor… ¿El galán es ideal? ¿El trabajo es ideal? Hay que hacer una balanza.
d) ¿Y quién dice que tengo que escoger? ¡Al diablo! Me quedo con los dos. Y si a él no le gusta, que se quede en su pantano.
e) Ahorita sí prefiero realizarme profesionalmente. El matrimonio puede esperar.
f) Me enamoré de él, ¡al diablo con lo demás!

11. ¡Felicidades! Encontraste al amor de tu vida. Sólo que tienes que mantenerlo… ¿qué dices?
a) Alguien así no puede ser el amor de mi vida. Yo lo tengo que admirar.
b) Si de verdad es el amor de mi vida, no le veo problema.
c) Si no trabaja, de plano no me apunto. Si gano más que él, pero le echa ganas, está bien.

Puntuación de las respuestas

1.
a) 0
b) 3
c) 2
d) 5

2.
a) 3
b) 2
c) 4
d) 5

3.
a) 2
b) 2
c) 3

4.
a) 0
b) 3
c) 5

d) 4
e) 5

d) 2
e) 4

5.
a) 2
b) 5
c) 0
d) 0
e) 4
f) 5
g) 3

6.
a) 0
b) 5
c) 3

7.
a) 3
b) 1
c) 5
d) 0

8.
a) 2
b) 3
c) 0
d) 1
e) 5

9.
a) 5
b) 3
c) 1
d) 0

10.
a) 3
b) 0
c) 4
d) 4
e) 3
f) 5

11.
a) 0
b) 5
c) 3

Resultados

Suma tus puntos, el máximo es de 55. Tu resultado multiplícalo por 10 y divídelo entre 55. Ése es tu porcentaje de Tiana. Ahora deja de saltar y conoce más sobre ella.

Close up **de Tiana**

Características principales de Tiana:	Es mesera y la enseñaron a luchar duro por lo que quiere. No cree en pedirle su sueño a una estrella, sino en tomar las riendas de su vida. Es excelente cocinera.
Meta en la vida:	Tener un restaurante propio. Lleva toda su vida ahorrando y trabajando para por fin conseguirlo, y no descansará hasta lograrlo.
Conflicto:	Su meta se ve interrumpida cuando se convierte en rana. Luego, para su asombro, se empieza a enamorar del sapo al que besó, aunque en un principio le caía mal.
Puntos débiles:	No te has dado el chance de divertirte por trabajar tanto. Cuidado con los efectos del enamoramiento, puedes creer que comiendo moscos la eternidad serás feliz. Recuerda que tus ancas sirven para saltar obstáculos. No te quedes en la mediocridad, siempre es bueno superarse y luchar con tu pareja.
El hombre debe:	Apoyar a la mujer en su crecimiento profesional. Superarse junto con ella. Trabajar en equipo por sus sueños, y mejor si los dos sueños son compatibles.

... Y viviste feliz por siempre

Gracias por acompañarme en esta aventura. Juntas pasamos obstáculos, vencimos brujas, tomamos decisiones (algunas equivocadas, otras acertadas), visualizamos, pedimos nuestros deseos, nos decepcionamos, aprendimos de nuestras debilidades y fortalezas, nos levantamos y seguimos luchando por nuestro final feliz. Escribimos nuestra propia historia.

La verdad, nunca volví a ver los cuentos como antes. El echarme un clavado en mi vida (y en la de mis amigas) de la mano de estas princesas cambió la perspectiva que tenía de las películas Disney. El viaje, como toda aventura, a la vez fue divertido y doloroso. Pero, como dice un viejo poema: "ahora sé que no estamos solas, pues las heroínas de todos los tiempos han pasado ese camino antes que nosotras".

Sí, descubrí que los cuentos nos influyeron demasiado, pero también que todas somos princesas. En un principio no lo creía, pero terminé metiéndome en la piel de cada uno de estos personajes, mientras sus historias me mostraban un estilo de vida a elegir: el que creían que era correcto para la sociedad de determinada época. El ponerme en sus zapatillas (y sus coronas) hizo que después pudiera cuestionarme sobre mi propio final feliz.

Es evidente que me identifiqué más con algunas y menos con otras. Pero al responder los test me di cuenta de que compartía algo con todas, aunque fuera un pequeño porcentaje, porque somos multifacéticas, con miles de posibilidades y opciones, todas válidas.

Acepto que cada vez que me encuentro a una nueva y joven Cenicienta me sorprendo. Los cuentos y las películas, por muy antiguas que sean, siguen contándose una y otra vez sin descansar y seguirán influyendo en generaciones enteras. Pero lo increíble de esta época es que, precisamente, tenemos completa libertad de elección, no para ser esa o aquella princesa, sino para ser simplemente quien queremos ser. Y no sólo eso, sino para que entre todas nos apoyemos como seamos.

Obviamente me siento más a gusto con las princesas parecidas a mí, con las que comparto una forma de pensar y de ser. Pero puedo ir al *baby shower* de Blanca Nieves, a la boda de Cenicienta, al bautizo de la Bella Durmiente (siempre estando invitada, claro está), o a otros mundos con Ariel, a estudiar con Bella, a la aventura con Jazmín; a un bar a hablar con Pocahontas de su divorcio, a ligar con Megara, a la lucha con Mulán, a soltarme con Jane, o a escuchar las quejas de Tiana por haberse vuelto rana. Ya no las veo igual, pues ese encuentro es con un espejo mágico que me muestra a la Blanca Nieves o a la Pocahontas que hay en mí, y que reconociendo esa parte me hace respetarlas, entenderlas y admirarlas.

La DIVERsidad es DIVERtida. Puedo honrarme de tener a todas las princesas por amigas. Cada caso que escribí es real, los he visto de cerca, porque tengo la enorme fortuna de conocer a todo tipo de heroínas. Y he escuchado y presenciado su propio cuento. Para mí esto es un homenaje a cada una de ellas. Y a las demás que aún no conozco.

Hubo un tiempo en que yo misma empecé a creer que los cuentos tenían la culpa. Pero los cuentos no nos fallaron ni nos mintieron. Por el contrario, gracias a ellos me pregunté quién soy, de dónde vengo y a dónde voy. Gracias a ellos descubrí mi viaje personal, mi propio poder, mi magia; me invitaron a cuestionar y a desenmascarar, a luchar por mi propio final feliz sin importar el camino que eligiera.

También lloré, reí y me abrí para descubrir a la princesa en mí. Aprender la lección. Ahora, cuando me doy cuenta tardíamente de que mordí una manzana envenenada, sé que la fe de mi Blanca Nieves revivirá; cuando no me entra la zapatilla y me quedo en andrajos busco la ayuda de un hada madrina (o de una amiga que me consuele); si me quedo dormidota en mi inconciencia, sé que me ayudarán a despertar (con un beso, con magia o a dragonazos y espinazos); si me topo con una bruja que quiere callar mi voz, sé lo que mi Sirenita interior hará; cuando me siento rechazada o que no pertenezco, recupero la fuerza de Bella, o si me siento encerrada, mi Jazmín me hará conocer gente y mundos nuevos; cuando conozco a alguien diferente, me acuerdo de Pocahontas; intento abrir mi corazón sin miedo como Megara; invoco a Mulán si me veo en una injusticia; aprendo de los demás como Jane, y si me caigo y doy el "ranazo", aprendo a levantarme y a saltar.

A lo mejor tu fuerza está en cantarle a un pozo y obtener lo que quieres. A lo mejor está en el servicio, los detalles y en la gentileza para con los demás. A lo mejor está en el conocimiento que da la experiencia de ir a otros mundos, o de leer y cuestionarte, o de inventarte nuevas reglas. A lo mejor tu sueño no es el que te dicen los demás, a lo mejor tomas los caminos menos transitados, o estás rompiendo con creencias. Pero es tu camino.

Podrá haber brujas envidiosas, amargadas, que nos quieran quitar lo que es nuestro (nuestra voz), o galanes ardidos, visires que nos quieran gobernar, tribus invasoras, patanes que nos lleven al inframundo, un jefe que demerite nuestra vocación, un cazador que le dispare a nuestro crecimiento personal, o un mugre sapo que no se convirtió en príncipe.

Sólo hay que escuchar claramente el himno de los deseos, jamás perderlo, jamás comprometerlo. Ahí está nuestro poder.

Con nosotros siempre estarán las hadas, los animalitos o los genios, los dioses, los grillos de la suerte, si los sabemos ver. Y los podemos invitar a ellos, al príncipe (o a la Bestia o a Tarzán) a volar en una alfombra, o a la cabaña del bosque, a ir a la guerra, a la selva, o al fondo del mar; pero nuestro final no depende de ellos. Ése es tuyo, es mío, no importa cómo lo consigamos, con unas palabras mágicas o con una espada, pero la autora de esa historia, la princesa, eres tú.